인류 사분의 일

맬서스의 신화와 중국의 현실, 1700~2000년

인류 사분의 일

맬서스의 신화와 중국의 현실, 1700~2000년

제임스 리·왕펑 지음

손병규·김경호 옮김

동아시아자료총서 05

성균관대학교
출 판 부

차례

Ⅲ 함 의

식량이 충족된 뒤에 일어나는 가장 강렬하고 보편적인 욕망은 남녀 사이의 정욕이다. 이러한 인류의 애정이 초래한 환락 가운데 무의식적인 것은 거의 없다. 우정이 승화된 도덕적 애정은 육체와 정신적 쾌락의 결합이며 더구나 인류의 본성에 부합한다. 그리하여 그것은 가장 강력하게 영혼의 동정심을 유발시키고 아울러 최대의 환락을 낳는다. 한 개인의 정신적 쾌락이 얼마가 되든지 일단 이러한 도덕적 애정의 진정한 쾌락을 경험하기만 하면, 그는 평생 잊지 못할 그때를 그리워하게 된다. 그의 상상은 거기에 머물기를 원한다. 가장 따스하게 추억하며 거기에서 음미하고 심취할 뿐만 아니라 다시 그러한 것들을 경험하길 원한다.

— 토머스 맬서스(THOMAS R. MALTHUS), 『인구론(AN ESSAY ON THE PRINCIPLE OF POPULATION)』(1803년 판)

지금부터 15년 전인 1997년 여름, 왕펑(王豐)과 나는 『인류 사분의 일: 맬서스의 신화와 중국의 현실, 1700~2000』의 초고를 완성했다. 몇 달 후인 1998년 초, 오랫동안 함께 공동연구를 해온 캐머론 캠벨(Cameron Campbell)의 도움으로 결론 부분을 추가하였고, 이 완성된 원고를 하버드대학 출판부에 제출하였다. 그리고 마침내 1999년 가을에 이 책의 초판이 출간되기에 이르렀다.

이 책이 나오기까지 20년 동안, 우리는 이 책 초판의 감사의 말 부분에서 밝혔던 많은 동료들과 친구들의 분에 넘치는 격려를 받았다. 그 외 초판에서는 밝히지 못했던 몇몇 지인들의 격려도 잊지 못하는데, 특히 하버느대학 출판부의 사회과학 부문 편집장인 마이클 애론슨(Michael Aronson)은 출판과정에서 엄격한 논평을 통해 이 책과 우리들을 성공적으로 이끌어줬다.

이 책의 출간 후 우리는 연속해서 최고의 행운을 누리게 되었다. 우선, 미국 역사사회학회와 미국 사회학회의 인구사회학 부문에서 각각 그 해의 책으로 선정되었다. 또한 2000년에는 중국어 번역판 『人類的四分之一』이 출판되었고, 샤를 블랑(Charles Le Blanc)에 의해 훌륭한 프랑스어 번역판이 출판되었다. 특히 그에 의한 번역서 『*La population chinoise. Mythes et réalités*』는

2007년 최고의 사회과학 분야 프랑스어 책으로서 캐나다 정부에서 선정하는 인문사회과학 분야 장 샤를 팔라도(Jean-Charles-Falardeau)상의 최종 세 권 중 하나로 선정되었다.

이제 우리는 성균관대학교 출판부에 의해 멋진 한국어판 번역서가 출간되는 기쁨을 맛보게 되었다. 우리는 이번 한국판의 번역을 주도한 성균관대학교의 손병규 교수와 이 책의 출판을 주선한 아주대학교의 이상국 교수에게 감사의 말을 전하고 싶다.

이 책에서 우리는 토머스 맬서스(Thomas R. Malthus)와 20세기 후반 저명한 신맬서스주의자들[1]에 의해 오랫동안 중국 인구과정의 특징으로 알려져 왔던 신화를 비판하였다. 그것은 토머스 맬서스의 『인구론(인구 법칙에 대한 에세이)』[2]에서 중국의 특징으로 언급된 보편혼제, 높은 출생률 그리고 높은 사망률이었다. 그 대신 우리는 우리 연구와 기타 중국 역사인구학자들의 연구결과[3]를 통해 맬서스주의자들과는 다른 중국 인구시스템의 네 가지 독특한 특징을 찾아내고, 입증하고, 서술하였다. 즉, 낮은 결혼율, 높은 여아 사망률, 성별에 따라 서로 다른 결혼율, 그리고 결혼으로 형성되는 친족의

. . . .

1 E.A. Wrigley and Roger Schofield. 1981. The Population History of England, 1541-1871, A Reconstruction (Cambridge University Press); John Hajnal. 1982. "Two kinds of pre-industrial household formation system." Population and Development Review 8, 449~494; Roger Schofield. 1989. "Family structure, demographic behavior and economic growth," In Famine, Disease, and the Social Order in Early Modern Society, eds. John Walter and Roger Schofield (Cambridge: Cambridge University Press); Philip Huang. 1990. The Peasant Family and Rural Development in the Yangzi Delta, 1355~1988 (Stanford: Stanford University Press)

2 Malthus, Thomas. R. 1798/1826/1986. "An Essay on the Principle of Population." In The Works of Thomas Malthus, eds. Edward A. Wrigley and David Souden, 7 volumes. (London: William Pickering)

3 George W. Barclay, Ansley J. Coale, Michael A. Stoto, and James Trussell. 1976. "A reassessment of the demography of traditional rural China." Population Index 42-4, 606 35; Zhongwei Zhao. 1997a. "Demographic systems in historic China: some new findings from recent research." Journal of Population Research 14.2, 201~232; Zhongwei Zhao. 1997b. "Deliberate birth control under a high-fertility regime: reproductive behavior in China before 1970." Population and Development Review 23-4, 729~767.

높은 비율과 중국의 인구 과정을 이해하기 위해 다른 실증적 근거로 상정한 인구에 대한 사회적 통제 등이 그것이다.

『인류 사분의 일』이 처음 출간된 이후 15년 동안, 우리의 중국 인구 과정에 대한 대안적인 연구는 기존 학계에 많은 영향을 미쳤고 관련 논문들에 의해 활발하게 평가되고 있다. 한편으로는 비판적인 논지로 우리를 비평한 연구들, 즉 테오 엔겔런(Theo Engelen)과 아더 울프(Arthur Wolf)가 'Life at the Extremes'의 시리즈로 대표 편집한 네 권의 책들[4]과 개별 논문들[5]이 있다. 이 연구들은 19세기 후반에서 20세기 초 대만과 네덜란드 인구의 특징에 대한 그들의 분석결과가 맬서스주의자의 신화에 도전한 우리의 주장을 뒷받침해 주는 경우가 있는데도 우리의 연구에 대한 도전을 계속하고 있다.

반면 우리 연구를 긍정적으로 평가한 연구들도 있었다. 2010년 캐머론 캠벨과 제임스 리가 부분적으로 정리한 작업의 더 많은 부분은 『인류 사분의 일』에서 처음으로 발견한 사실을 확인·확장했다.[6] 가장 현저히 긍정적으로

. . . .

4 Theo Engelen and Arthur Wolf. Eds. 2005. Marriage and the Family in Eurasia: Perspectives on the Hajnal Hypothesis. Aksant (Life at the Extremes I); Chuang Ying-chang, Theo Engelen, and Arthur Wolf. Eds. 2006. Positive or Preventive: Reproduction in Taiwan and the Netherlands, 1850~1940. Aksant (Life at the Extremes II); Theo Engelen and Hsieh Ying-hui. 2007. Two Cities, One Life: Marriage and Fertility in Lugang and Nijmegen. Aksant (Life at the Extremes III); Theo Engelen, John R. Shephard, Yang Wen-Shan. 2012. Death at the Opposite Ends of the Eurasian Continent: Mortality Trends in Taiwan and the Netherlands 1850~1945. (Life at the Extremes IV)

5 Arthur Wolf. 2001. "Is there evidence of birth control in Late Imperial China?" Population and Development Review 27-1, 133~154; Theo Engelen. 2006. "Low fertility in premodern China: Positive, preventive or proactive behaviour?" The History of the Family 11-3, 125~134

6 Zhongwei Zhao. 2002. "Fertility Control in China's Past." Population and Development Review 28-4, 751~757; Zhongwei Zhao. 2006. "Towards a better understanding of past fertility regimes: the ideas and practice of controlling family size in Chinese history" Continuity and Change 21-1, 9~35; James Z. Lee, and Cameron D. Campbell. China Multi-Generational Panel Dataset, Liaoning (CMGPD-LN), 1749~1909 〔Computer file〕. ICPSR27063-v2. Ann Arbor, MI: Inter-university Consortium for Political and Social Research 〔distributor〕, 2010 08-17. doi:10.3886/ICPSR27063 http://dx.doi.org/

평가한 책은 토미 벵쓴(Tommy Bengtsson), 캠벨, 제임스 리 등이 2004년에 공동으로 저술한『*Life Under Pressure: Mortality and Living Standards in Europe and Asia, 1700~1900*』였다.[7] 이 책은 미국 사회학회의 아시아와 아시아 아메리카 분과(the Asia and Asian American section of the American Sociological Association)에서 2003 · 2004년에 출간된 아시아 관련 연구서 중 최고의 책으로 선정되었다. 그리고 츠야 노리꼬(津谷典子), 왕펑, 조지 알터(George Alter), 제임스 리 등의 2010년 공저『*Prudence and Pressure: Reproduction and Human Agency in Europe and Asia, 1700~1900*』또한 우리 연구의 결과를 뒷받침했다.[8] 이 책은 일본의 인구학회에서 2009 · 2010년 출간된 저서 중 최고의 책으로 뽑혔다. 이 두 권의 책들은 MIT 출판부에서 '유럽과 아시아 역사와 가족사 시리즈'로 출간된 것이었다. 가장 고무적인 것은 최근에 발표된 일련의 연구들인데,[9] 이 연구들은 "어떻게 출생 간격은 중국의 낮은 결혼 출생률을 설명할 수 있는가"에 대한 우리의 1999년 해석이 중국뿐 아니라 서부 · 북서부 유럽 등의 역사적 인구 과정에 대한 이해를 충족시킨다고 주장했다.

. . . .

10.3886/ICPSR27063

7 Tommy Bengtsson, Cameron Campbell, James Z. Lee, et al. 2004. Life Under Pressure: Mortality and Living Standards in Europe and Asia, 1700-1900. (Cambridge; MIT Press) Published in 2008 in Chinese as 壓力下的生活: 1700~1900年歐洲与亞洲的死亡率和生活水平. (北京: 社會科學文獻出版社)

8 Noriko Tsuya, Wang Feng, George Alter, James Lee, et al. 2010. Prudence and Pressure: Reproduction and Human Agency in Europe and Asia, 1700~1900. (Cambridge; MIT Press)

9 Jan van Bavel. 2004a. "Deliberate birth spacing before the fertility transition in Europe: Evidence from Nineteenth-Century Belgium." Population Studies 58, 95~107; Jan van Bavel. 2004b. "Detecting stopping and spacing behaviour in historical demography: A critical review of methods." Population (English Edition) 59-1, 117~128; Jan van Bavel and Jan Kok. 2010. "A mixed effects model of birth spacing for pre-transition populations: Evidence of deliberate fertility control from nineteenth century Netherlands." The History of the Family 15, 125~138; Tommy Bengtsson and Martin Dribe. 2006. "Deliberate control in a natural fertility population: Southern Sweden, 1716~1864." Demography 43-4, 727~46.

동시에 현재 많은 연구자들은 우리가 대중에 공개·배포한 두 개의 중국 역사 데이터를 활용하고 있다.[10] 이 데이터는 장기적으로 지속된 중국 사회 계층화 문제를 『인류 사분의 일』에 기술된 인구 과정의 결과로서 살펴보기 위한 것이다.

반세기 전 루이 앙리가 과거의 인구 특성을 연구하기 위해 주체적으로 역사기록 문서를 활용하도록 영감을 불어넣은 이후,[11] 역사인구학 분야는 과거뿐 아니라 현재에도 전 지구적 맥락에서 우리의 이해를 돕는 인류의 특성에 대한 중요한 사실과 통찰력을 계속해서 제기해 왔다. 우리는 『인류 사분의 일』이 특히 서구적 관점에서 벗어나 인구와 사회에 대한 학문적 연구를 계속해서 이끌어왔다는 것에 대해 매우 기쁘게 생각한다.

우리는 이번 한국판 『인류 사분의 일』의 출간으로 한국 독자들이 쉽게 우리 연구에 접하게 되었다는 점에 감사한다. 성균관대학교 동아시아학술원 대동문화연구원에서 17세기에서 19세기 단성호적과 대구호적을 디지털화하여 배포한 것을 계기로, 이를 활용한 연구 결과를 김건태 서울대 교수, 손병규 성균관대 교수, 이상국 아주대 교수, 박현준 펜실베이니아대 교수, 그리고 박희진 경북대 교수 등이 세계 학계와 공유하면서, 한국 역사인구학

· · · · · · · · · · · ·

10 James Z. Lee, and Cameron D. Campbell. China Multi-Generational Panel Dataset, Liaoning (CMGPD-LN), 1749~1909 [Computer file]. ICPSR27063-v2. Ann Arbor, MI: Inter-university Consortium for Political and Social Research [distributor], 2010 08-17. doi:10.3886/ICPSR27063 http://dx.doi.org/10.3886/ICPSR27063;

James Z. Lee, Cameron Campbell, Shuang Chen. 2010. A User Guide to the China Multi-Generational Panel Dataset-Liaoning (CMGPD-LN). Ann Arbor: Inter University Consortium for Political and Social Research Study 27063. http://www.icpsr.umich.edu/icpsrweb/CMGPD/studies/27063/documentation; James Z. Lee, Cameron D. Campbell, Shuang Chen, Hongbo Wang. China Multi Generational Panel Dataset, Shuangcheng (CMGPD-SC), 1855~1913 [Computer file]. ICPSR. Ann Arbor, MI: Inter-university Consortium for Political and Social Research [distributor], in preparation for release in 2012/2013/2014

11 Louis Henry. 1961. "Some Data on Natural Fertility." Eugenics Quarterly 8, 81~91; Louis Henry. 1967. Manuel de démographies historique. (Geneva: Librairie Droz)

은 새로운 학문 분야의 발견과 같은 유사한 파장을 준비하고 있다. 사회적인 전통, 문화가치, 역사기록보존 그리고 현대 인구학적 변화들에서 한국과 중국 사이에 많은 유사성이 있다면, 우리는 중국에 관한 이 책이 중국에 대한 더 나은 이해뿐 아니라 한국에 대한 이해 그리고 한국과 중국의 비교에 대한 관심을 불러일으키기를 희망한다.

제임스 리(James Z. Lee),
왕펑과 캐머론 캠벨의 도움을 받아 집필

우리는 캘리포니아주의 파사데나(Pasadena)와 어바인(Irvine), 중국의 베이징, 이 세 도시에서 2년 반에 걸쳐 이 책을 썼다. 이 작업은 멀리 떨어진 캘리포니아공과대학과 십 년 동안 수행해 온 공동연구의 결과물이기도 하다.

이 책에서 우리는 캐머론 캠벨을 비롯하여 여러 분들과 함께 한 공동연구 성과에 의존한 바가 크며, 그 외의 여러 다른 학자들의 식견을 필요로 했다. 여기서 그들에게 진정한 감사의 마음을 표한다. 우선 가장 감사해야 할 사람은 우리의 공동연구자이며 동료이자 친구인 캐머론 캠벨이다. 그와 의 학문적 교류와 편집상의 조언은 이 책에 큰 공헌을 했다. 더불어 우리 는 1996년 학술회의 발표문을 교정하는 데에 도움을 준 리보종(李伯重)에게 도 감사의 뜻을 표한다. 이 발표문은 본서의 3장을 구성하고 있다.

많은 친우들이 또 다른 방법으로 도와줬다. 차이용(蔡泳)은 지도를 제작해 주었다. 토미 벵쏜(Tommy Bengtsson), 궈쯔강(郭志剛), 앤디 하인드(Andy Hinde), 하오홍성(郝虹生), 잔 올더볼(Jan Oldervoll), 로저 스코필드(Roger Schofield), 군나 토르발젠(Gunnar Thorvaldsen), 한 빌라르트(Hanne Willert), 씨에전밍(解振明) 등 은 적시적소에 꼭 필요한 정보를 제공했다. 구바오창(顧宝昌), 타마라 하레븐 (Tamara Hareven), 우청밍(吳承明)은 중요한 서지학적 도움을 주었다. 마크 엘리어트(Mark Elliott), 힐 게이츠(Hill Gates), 자몬 마이어스(Jamon Myers), 윌리엄 로우(William Rowe), 찰스 틸리(Charles Tilly), 수잔 왓킨스(Susan Watkins), 아더 울프(Arthur Wolf) 등은 초고를 읽고 유용한 조언을 주었다.

조지 알터(George Alter), 토미 벵쓴, 마크 엘뤼(Mark Elwin), 샤롯 퍼스(Charlotte Furth), 프랑수아 고드망(François Godement), 수잔 그린하프(Susan Greenhalgh), 모건 코우저(Morgan Kousser), 윌리엄 레블리(Wolliam Lavely), 리 보종, 존 맥네일(John McNeill), 케네스 포메란츠(Kenneth Pomeranz), 데이비드 레어(David Reher), 로저 스코필드, 존 쉐퍼드(John Shepherd), 도로시 솔링어(Dorothy Solinger), 주디스 트리스(Judith Treas), 츠야 노리꼬(津谷典子), 빈 윙(R. Bin Wong), 뤼글리(E. A. Wrigley), 자오종웨이(趙中維) 등도 내용과 편제에 대한 광범위한 제언을 해주었다.

우리의 편집자 마이클 애론슨(Michael Aronson), 안 호손(Ann Hawthorne)과 마찬가지로 원고를 검토해 준 몇몇 독자들의 조심스런 조언들은 주요한 곳에서 이 책의 질을 높이는 데에 도움을 주었다.

우리는 역시 그동안 우리를 지원했던 다섯 기관과 그 스태프들에게 감사할 필요가 있다. 다섯 기관은 캘리포니아공과대학, 캘리포니아대학 어바인 분교, 베이징의 중국고등과학기술센터(中國高等科學技術中心), 호놀룰루(Honolulu)의 동서문화교류센터(East-West Center), 하와이대학을 말한다. 특히 캘리포니아공과대학은 별도로 기금을 마련하여 왕펑을 초청했는데, 그는 네 가지 분야에서 강연했다. 우리는 또 이러한 초청을 주선한 기관장 바클레이 캄(Barclay Kamb)과 스테인 쿠닌(Steen Koonin), 주임인 데이비드 그레더(David Grether)와 존 레드야드(John Ledyard)에게 감사한다.

끝으로 우리를 끝까지 지지해 준 가족과 친우들에게 감사한다. 앤드리어(Andrea), 앤드류(Andrew), 맥스(Max)에겐 고맙다는 말만으로는 부족하다.

1부

신화

제 1 장

서론

인류 초기의 이동과 정착 및 그것을 유발시킨 동인의 역사는 인구증가가 생존수
단을 초과하는 지속적인 추세를 놀라운 방식으로 설명해 낼 것이다.

— 맬서스 『인구론』(1826년 판)

맬서스의 유산

과거 300년 동안 세계의 인구는 열 배나 증가했다. 1700년에 세계 인구는
7억에도 이르지 못했지만 오늘날 60억을 넘어선 것이다. 이러한 급속한 증가
는 18세기 후반부터 사망률(mortality)이 지속적으로 하락하고 출산력(fertility)
이 증가한 결과다. 이어서 세계 인구는 1850년에 12.5억, 1950년에 25억,
1985년에 50억으로 계속 두 배씩 증가했다. 최근에 비록 출산력이 급속히
감소하여 대부분의 지역에서 인구 성장률이 하락하기 시작했지만, 2200년
무렵에 세계 인구가 안정화되기 전까지 110~120억으로, 다시 두 배의 성장
이 예상된다.[1]

18세기 이래로 인구문제는 사회이론의 초점이 되어왔다. 아담 스미스 (Adam Smith), 리카도(David Ricardo), 맬서스 등을 비롯한 모든 고전경제학자들은 인구와 사회복지의 관계에 몰두했다. 그들의 저작은 인구변동의 과정과 결과에 관한 우리의 인식에 많은 영향을 미쳤다. 20세기 후반, 경제성장의 현대적 전환에도 불구하고 인구증가가 경제성장과 사회복지에 제약을 줄 것이라는 맬서스주의적 우려가 여전히 지속되었다. 경제에 대한 우려는 생태문제에 대한 불안으로 확장되었다.[2] 우리는 경제적 제약에 대해 탄력성이 증가하고 있다고 믿으면서, 환경적 제약에 대해서는 탄력성이 줄어들고 있다고 여기는 것이다.[3]

맬서스의 유산은 인구억제에 관한 우리의 인식에 깊은 영향을 미쳤다. 인구에 관한 자신의 유명한 저서에서 그는 두 가지 중요한 유형의 억제를 구분하였다.[4] 하나는 혼인을 억제함으로써 인구성장을 통제하는 방법인데 맬서스는 현대 서구세계에 존재한 이 방법을 '예방적 억제(the preventive check)'라고 부른다. 또 하나는 인구가 무제한적으로 성장함으로써 발생하는 빈곤의 확대로 사망률이 상승하는 결과를 초래하는 것을 말한다. 맬서스는 이것을 '적극적 억제(the positive check)'라고 부르고, 주로 후진적 서구 지역이

· · · · · · · · · · ·

1 이 데이터는 유엔 경제사회정보과 정책분석부 인구분과(United Nations Population Division Department of Economic and Social Informationi and Population policy Analysis)에서 나온 것이다. 또 Durand(1974), Coale(1975), McEvedy와 Jones(1978), Biraben(1979)을 참고하라.

2 Overbeek(1974)은 지난 300년 동안의 인구학 이론의 역사를 요약했고 과잉인구를 둘러싼 이론적 논쟁의 전개를 잘 서술했다.

3 National Acamemy의 최근 연구 가운데 인구와 경제적 제약의 관계에 대해서는 National Research Council(1986)과 Easterlin(1996)을, 그리고 인구와 환경적 제약의 관계에 대해서는 Royal Society and National Academy of Science(1991)를 보라. Keyfits(1992, 특히 1996)는 이상의 두 가지 문제에 대해서 좋은 분석을 제공한다.

4 맬서스는 1798년 『인구론』 제1판을 익명으로 발표했고, 1803년 제2판에서는 내용을 크게 수정했다. 이후 1806, 1807, 1817, 1826년에 재판되었다(James, 1979). 이 책에서는 Winch(1992)에 의해서 1798, 1803, 1826년 판이 수록된 최종판본, 그리고 Wrigley와 Souden(1986)에 의한 최종판을 인용한다.

나 서구 이외 지역과 연관시켰다. 맬서스에 의하면 산아제한은 독특한 서구 근대적 능력을 요구하며, 의식적으로 아이를 낳는 비용과 수익을 계산함으로써 결혼의 연기나 취소를 결정하는 따위를 말한다. 기존의 예방적 억제방법을 대체한 피임과 낙태 기술의 출현은 출산력에 대한 통제를 가능케 했다. 그러나 전근대 인구 메커니즘에 대한 우리의 인식은 근본적으로 여전히 맬서스적이라 할 수 있다.

그러나 근현대의 과학과 기술은 근본적으로 인구 역학관계의 성격을 변화시켰다. 근대적 의학 및 공공위생의 발견과 전 세계적인 보급으로 최근에는 출산력과 사망률이 하락했다. 먼저 사망률이 떨어짐으로써 인구가 증가하고 최종적으로 출산력이 하락하는 현상을 주로 '인구학적 전환(demographic transition)'이라고 정의한다. 인구행위의 변화 가운데 최근 몇 세기 동안에 이루어진 기대수명의 상승, 또는 최근의 신생아 출생의 하락만큼 개인에게 광범위하고 심각한 영향을 준 것은 거의 없었다. 동시에 인구폭발만큼 전 세계적으로 영향력을 미치는 인구학적 변화도 없었다.

기술혁신이 아니라면 이와 같은 기술전파의 속도는 분명히 문화재건이나 사회형성과 본질적으로 연관되어 있다. 생식기술에서는 이런 연관성이 더욱 강하다. 산아제한은 아이를 낳는 비용과 이익을 의식적으로 계산하고 의도적으로 인구재생산의 통제를 결정하는 우리의 증가된 능력과 연관되어 있는 것이다. 이와 같이 의료기술의 발견과 전파는 인류 자신과 자연관을 통제하는 새로운 관념을 요구한다.

더욱 중요한 것은 이런 인식의 대두는 개인의 의사결정력이 확산되는 것과 관련되어 있다. 이러한 개인 의사결정은 또한 소가족의 증가, 식자율(識字率)의 상승, 서구 개인주의의 부상과 확산, 시장경제의 침투와 관련이 있다. 존 헤이날(John Hajnal), 앨런 맥팔레인(Alan Macfarlane)을 비롯한 여러 학자들은 유럽에서 인구학적 전환의 기원, 개인주의의 근원, 심지어 19세기 유럽 자본주의의 발전까지도 모두 유럽인의 가족과 인구학적 문화에 뒤얽혀서구현되어 있다고 본다. 또한 이 문화는 이와 같은 혁신적인 사회와 경제변화를 촉진하게 된다. 이들과 다른 사회이론가들은 맬서스가 한 것보다 더욱 명쾌하고 계통적으로 인구학적인 시스템을 사회·경제·문화 시스템과 연결시켰다. 그럼으로써 맬서스적 담론의 수준을 향상시키고 맬서스 이론의 이론적 함의를 더 자세히 서술했다.

그런데 이런 관념 속에서 비서구 지역의 가부장제, 사회형태 그리고 경제적인 발전과정은 모두 보편적인 이항대립의 타자(他者)에 포함되어 본질적으로 전근대적인 것이 되어버렸다. 중국은 더욱이 또 다른 측면의 전형이 되었다. 규모가 크고 비교적 완성도가 높은 역사기록을 가지기 때문이다. 맬서스는 중국 사회를 적극적 억제가 지배하고 예방적 억제가 거의 존재하지 않는 중요한 사례로 간주하고 있다.[5] 헤이날과 로저 스코필드(Roger Schofield)는 만약 서구의 가족시스템이 사회 스펙트럼의 한쪽 끝이라면 중국과 인도는 그 반대쪽 끝에 있다는 비슷한 견해를 내보였다.[6]

끼워 맞춘 듯한 이러한 견해는 적어도 부분적으로는 중국 사회와 인구에 대한 실증적인 지식이 부족하기 때문에 발생했다. 심지어 20년 전만 하더라도 중국 인구에 대해 연구하는 인구학자는 거의 없었으며 사용할 수 있는 데이터도 거의 없었다. 중국은 한때 인구가 가장 많았으면서도 과거와 당대의 인구실상에 대해서는 가장 적게 알려진 곳이다.[7] 그 결과, 서구의 인구사에 대한 연구는 서구― 특히 영국― 의 인구행위[8]에 대한 맬서스의 관찰을

----

5 맬서스는 제1판에서 중국에 대해 언급하지는 않았다. 그러나 1803년 이후의 판본부터 중국에 대해서 한 장 정도 언급하기 시작했다.
6 Macfarlance(1997, 363~367)는 이러한 비교에 대해 아주 새로운 재구성을 제시했는데, 이번 것은 중국과 일본의 비교이다.
7 중국인구학의 상황에 대한 상세한 논의는 Lavely, Lee and Wang(1990)을 참고하라. 1990년 이후의 주요 변화는 인구이동의 급속한 증가와 그에 따른 Solinger(1999)와 같은 이민 연구의 증가이다.
8 Cambridge Group이 행한 인구와 사회구조사에 대한 가장 중요한 연구는 두 권의 책에 요약되

확신시켰으며, 그와 동시에 중국의 인구사에 대한 연구의 부재는 맬서스의 이항대립론이 영구화될 가능성을 주었다.[9] 따라서 18세기에 유럽 여행자들이 수박겉핥기로 살핀 관찰이 한때 권위적인 진실로 받아들여졌으며 맬서스의 가설도 확고한 이론으로 받아들여졌다.

하지만 모든 것이 변해가고 있다. 최근의 인구조사와 샘플조사는 20세기 중국의 인구사를 밝혀내고 있다.[10] 새로운 데이터와 방법은 나아가 18세기와 19세기의 인구사에 대해서도 밝혀내고 있다.[11] 초보적인 연구는 이미 1950년 이후에 생존한 17억 인구, 그리고 18, 19세기 및 20세기 초에 생존한 30억 인구 가운데 50만의 인구를 복원했다.[12] 이 연구는 중국 인구행위의 지역적인 다양성을 확인하는 시작에 불과하다. 그러나 서구 및 맬서스적 인구현상과 비교해서 커다란 차이가 있다는 사실은 이미 명백해졌다.

그러므로 우리는 중국의 과거와 현재 인구의 중요성을 더욱 확실히 인식하게 되었다. 중국의 면적은 세계에서 3위, 인구는 1위를 차지하고 있다.[13] 20세기 말에는 12억 인구로 세계 인구의 5분의 1을 차지하고 있다. 이 비율은 과거에는 더 컸던 것이다.[14] 〈그림 1-1〉은 과거 2000년 사이에 기록된

· · · · · · · · · · · ·

어 있다. 즉, Wrigley와 Schofield편(1981), Wrigley 등 편(1997)이 그것이다. 그들은 "맬서스의 예견에 의하면 아마 결혼을 인구조절기로 삼는 예방적 억제 사회를 영국 사회라고 불렀을 것이고 사망률을 인구조절기로 삼는 적극적 억제 사회를 중국 사회라고 불렀을 것이다(549)"라고 결론 내렸다.

9 Goody(1996)는 동서양간의 이원대립의 흥기를 서술하고 많은 유사한 오해들을 확인했다.
10 1982년과 1990년의 인구조사, 1982, 1988, 1995년의 출산력과 인구조사에 대해 특별히 주의해야 한다. 부록을 참조하기 바란다.
11 중국 역사인구학의 중대한 발전은 서구와 같이 성명기록의 발전과 분석에 의해 이루어졌는데, 특히 족보와 호적기록이 그것이다. 이런 자료들은 Genealogical Society of Utah(이하 GSU를 통해서 볼 수 있다. GSU에 관한 장서와 정보의 상세서술은 Finegan, Telford(1988), Thatcher(1995, 1998)를 참고하기 바란다.
12 중국 인구사 자료의 간단한 소개 및 평가는 부록을 참고하기 바란다.
13 중국은 곧 가장 인구가 많은 나라에서 밀려날 것이다. 최근의 예측에 따르면 21세기 중엽 이전에 인도가 중국을 대신할 것이다. 중국의 인구는 2030년에 16억으로 최고치에 이를 것이고 인도의 인구는 지금의 비율로 성장하면 무한으로 성장할 것이다.

인구학적 데이터가 있는 모든 시기의 중국과 세계 인구를 보여준다. 역사상 대부분 시기에 3~4명 중 한 명이 중국인이었던 것이다.

〈그림 1-1〉 중국 인구와 세계 인구(0~2000년)

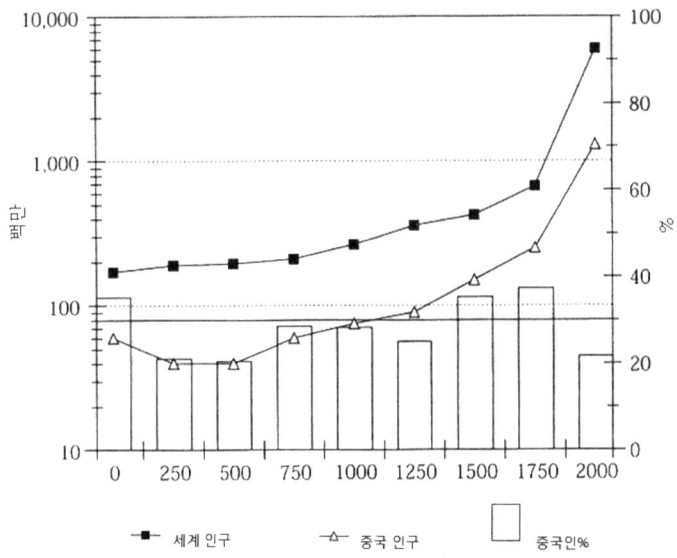

출처: Durand(1974), Mcevedy and Jones(1978), Biraben(1979), 자오원린(趙文林)와 시에수쥔(謝淑君 1988).

. . . .

14 인류역사 대부분의 기간에는 세계인구가 매우 적었다. 인류의 기원은 100만 년 전으로 거슬러 올라갈 수 있지만, 기원전 5000년 세계인구는 500만에 미치지 못했으며 주로 아시아와 아프리카에 집중되어 있었고 당시 인구성장은 느렸다. 인구학적으로 높은 사망률과 낮은 출산력은 전 지구의 인구성장률을 2/10000 이하로 제한시켰다. 기원전 5000년 정착농업, 그리고 기원전 1000년의 문자문명의 생산과 전파에 따라 인구성장률도 다소 올라갔지만 인구가 두 배까지 성장하는 데는 1000년이나 걸렸다. 서기 1년, 세계인구는 1.5~2.0억에 불과했고 르네상스 이후 300년, 신대륙발견 200년 이후인 1700년에 이르러서도 세계인구가 6~7억을 초과하지 못했다.(Durand 1974; Coale 1975; McEvedy and Jones 1978; Biraben 1979)

이 책은 중국 인구학에 대한 현재의 인식을 개괄하고 중국의 인구학적 행위에 대한 특정의 모델을 구상했다. 이 모델은 맬서스가 처음 제출하고 다른 학자들이 유럽, 특히 영국의 인구학적 행위에 근거하여 정교화한 '이상적인' 모델과 대조될 것이다. 과거 300년 동안에 있었던 중국의 사회와 경제에 대한 현재의 인식을 수정함으로써, 중국의 인구학적 행위는 맬서스의 예방적 또는 적극적 억제의 모델에 대해 하나의 대안으로 제공될 것이다. 뿐만 아니라 동서양간 인구행위의 차이는 서로 다른 인구억제의 결과라기보다는 사회조직의 지역적·역사적 차이의 산물이라는 것을 보여줄 것이다.[15]

중국의 현실

중국의 인구시스템

오늘날까지 유지된 중국의 인구행위, 그 네 가지 독특한 현상은 인구행위에 대해서 상대화한 맬서스적인 인식에 대해 의문을 제시했다. 이것은 또한 이른바 '중국인구시스템'을 특징지어 주었다.[16]

사망률은 맬서스의 첫 번째 유산이다. 맬서스는 "기근은 중국 인구에 대한 적극적 억제 중 가장 강력하고 널리 쓰이는 수단"이라고 생각했다. 그러나 최근의 연구에 따르면 명·청대 중국에서는 인구억제에 '여아살해(女兒殺害)'의 영향이 더 컸다고 한다.[17] 중국 인구의 사례를 보면 가족은 흔히 영아살해

15 이곳과 다른 곳에서도 신맬서스주의가 먼저 사용하던 용어를 따르기로 한다. 즉, '동양'은 중국을 가리키며 '서양'은 서유럽, 특히 영국을 가리킨다(Schofield 1989, 284~285).
16 Flinn(1981)이 확립한 '유럽인구시스템, 1500~1820'과 구별하기 위해 여기서의 '시스템(체계)'은 과거 300년 간 '중국' 인구행위의 특징으로 정의하고자 한다.
17 사망률의 성별 차이에 대한 구체적인 토론은 제4장을 참고하기 바란다. 중국인의 남아에

를 통해서 자녀수와 성별비율을 통제했다. 특정 해의 기록에 따르면 이것은 출생한 여아의 40%에 이를 정도로 높은 비율이었다.[18] 심지어 남아도 이런 운명을 피하지 못했다. 이에 반해 서구사회에서는 적어도 17세기 이후로는 영아살해가 거의 없어졌다고 알려져 있다.[19] 20세기 초반에는 영아살해가 크게 감소했지만 성비는 지속적으로 남성 쪽으로 치우쳤다. 이것은 영아의 살해와 유기(遺棄)가 과거에 비해 줄어들기는 했어도 여전히 시행되고 있었음을 암시한다. 그 결과로서 서구에 비해 성년에 이르는 여아의 평균수가 현저히 낮았던 것이다.

지나친 여아의 사망률은 중국 인구시스템의 두 번째 특징을 가져왔는데 이것이 결혼 시장에서 성별의 불균형이다. 여성이 대부분 결혼했거나 초혼연령이 빠른 데 비해 남성은 늦게 결혼하거나 결혼하지 않았던 것이다. 그리고 결혼 가능한 여성의 부족 상황은 일부다처제(一夫多妻制)와 여성의 재혼을 반대하는 관습에 의해 더욱 악화되었다. 서구에서는 항상 남녀 모두 결혼에 제약을 받아왔지만 중국에서는 적어도 여성에게는 결혼이 널리 행해졌다.[20] 예를 들어 19세기 서유럽의 경우 15~50세 사이에 결혼한 여성은 60%에도 이르지 못했지만 중국은 같은 나이 대에 여성이 90%나 결혼했다. 20세기에 이르러도 결혼은 유럽에서 점점 더 보편화되었지만 여전히 5~10%의 여성

· · · · · · · · · · · ·

대한 선호는 기원전 2000년, 또는 더 이른 시기까지 거슬러 올라갈 수 있다. Ho(1975, 323)에 의하면 갑골문에 상(殷)나라 왕이 출생할 아이의 성별에 대해 물어보는 기록이 자주 보인다. "좋다"라는 단어는 남아를 가리키며 "안 좋다"라는 단어는 여아를 가리킨다.

18 지금까지 알려진 바에 의하면 중국에서 유일하게 영아살해를 하지 않은 지역은 20세기의 대만이다. B. Lee(1981)와 리보쭝(李伯重)(출판예정)의 실증자료에 대한 요약을 참고하기 바란다. 하지만 많은 인구에서 여아의 기록이 없기 때문에 이 책에서 수량적인 증거는 특정 인구, 약 12,500명에 제한될 수밖에 없다.

19 Langer(1974a, 1974b)는 가장 고전적인 조사를 제공했다. 이런 행위의 흔적은 고대 지중해 지역에서 많았고 한동안 지속되었지만 Kertzer(1993)는 이탈리아와 같은 부권사회에서도 17세기까지 이런 성별 선택이 점점 사라졌음을 증명했다.

20 중국 혼인의 보편성 분석 및 서양 혼인제도와의 상세한 비교는 제5장을 참고하기 바란다.

이 45세까지 결혼하지 않았다. 중국에서 그에 해당하는 미혼녀 비율은 거의 제로였다.[21]

그러나 중국 인구시스템의 세 번째 특징, 즉 결혼 후 낮은 수준의 출산력 때문에 지속적으로 높은 결혼률이 출산력의 상승을 초래하지는 않았다.[22] 피임을 하지 않은 서구 기혼 여성의 합계혼인출생률(TMFR: 기혼여성이 각 나이마다 출산을 경험하는 것을 전제로 계산된 출산 자녀의 수)은 평균적으로 7.5~9이다.[23] 중국 기혼 여성의 합계혼인출생률은 6 이하였다. 이러한 낮은 합계혼인출생률은 중국 인구시스템의 가장 뚜렷한 특징 중 하나이다. 맬서스 및 동시대 학자들이 중국의 경우에 상대적으로 출산력이 높다고 인식한 것과는 달리, 중국의 출산력은 유럽보다 높지 않았을 가능성이 있으며 합계혼인출생률은 유럽보다 상당히 낮았다.[24]

출산력이 하락하기 시작하면서 중국은 서구보다 늦지만 급속하게 하락했다. 적어도 1970년에 중국의 합계출생률(TFR: 여성이 각 나이마다 출산을 경험하는 것을 전제로 계산된 평생 출산자녀의 수)은 6에 불과했다. 그러나 1995년에 중국의 합계출생률은 2까지 떨어졌다. 비록 중국과 서구의 출산력이 모두

---

21 이들의 예측은 1982년과 1990년 프랑스, 이탈리아, 스페인, 영국의 45~49세 기혼여성의 비율에 기초했다(United Nations 1984, 1992).
22 중국의 낮은 합계혼인출생률 및 이런 행위가 장기간 지속되는 이유와 메커니즘에 대해서는 제6장의 자세한 토론을 참고하기 바란다.
23 Wilson(1984, 228)은 17, 18세기 20~44세 유럽인구 일부의 TMFR을 국적별로 요약했다. 그 범위는 6.6~10.8로 평균치는 8.5이며 최대빈수(mode)는 8이다. Flinn(1981, 31)은 86개 유럽의 역사인구자료 가운데 20~44세를 국적별로 합계했다. 그 결과 1750년경 영국의 TMFR은 7.6, 독일 8.1, 스칸디나비아 8.3, 벨기에 8.9, 프랑스 9이다. 다양한 샘플 사이즈와 인구정의 때문에 그의 결론이 의심스럽다. 1997년 Wrigley, Davies, Oeppen, Schofield는 1600~1824년 영국 26개 교구의 부부자료를 대규모로 복원하였는데 그 중 20~49세의 TMFR은 7.4였다(355, 450).
24 서구 미혼여성 또한 상당한 출산이 있어 서양의 출산력을 증가시켰다. 이에 비해 중국은 이와 같은 상황이 없었다. 사생아 출생률은 중국의 역사 및 당대 인구에서 0에 가깝다. 유일한 예외는 20세기 초 일본통치하의 대만인데 이런 출생률은 5% 미만이었다. 이 시기의 오스트리아, 스웨덴, 덴마크, 독일, 헝가리, 포르투갈에서 혼외 출생률은 상대적으로 높았으며 18, 19세기에 상당히 높았다(Barrett 1980; Flinn 1981).

인구보충을 위한 치환 수준의 출산력— 부부당 2.1명— 이나, 그보다 더 낮은 수준의 출산력까지 떨어졌지만, 이것에 이르기까지 서구는 반세기 이상 걸렸는데 중국은 20여 년도 걸리지 않았다.[25] 바꿔 말해 중국의 합계혼인출생률은 서구의 합계혼인출생률보다 낮을 뿐 아니라 하락 속도도 매우 빨랐던 것이다.

마지막으로 중국인들의 혈연관계에 대한 강한 집착, 그리고 가족과 친족에 의지한 복지시스템에도 불구하고 낮은 출산력과 낮은 생존율을 보인다. 그 때문에 중국의 부모들은 관념적 친족관계에 의지함으로써 낮은 생물적 번식력에 대응했다.[26] 근대 초기 서구에서는 입양이 거의 존재하지 않았다. 지금도 100명 혹은 1,000명의 아이 중 1명꼴로 입양될 뿐이다. 그러나 중국은 10명 혹은 100명의 아이 중 한 명이 친부모가 아닌 사람에게 입양된다. 서구인들이 대부분 영유아를 입양하는 것과 달리, 중국에서의 입양은 대부분 청소년 혹은 성년이다. 이와 같이 비교적 많은 나이의 입양자는 거의 대부분 남자이고 어떤 경우에는 사위이다. 이에 비해 상대적으로 어린 나이의 입양자는 대부분 여자이며 며느리가 포함된다.

따라서 중국의 인구시스템은 선택의 다양성이란 특징을 가진다. 이것은 연애와 중매결혼, 애정과 혼인 연기, 부모의 사랑과 영아살해나 유기, 입양이 서로 균형을 이루게 하였다. 맬서스의 전형적인 예와 달리, 중국에서는 인위적으로 혼인율을 제한하지는 않았다. 게다가 이것은 대체로 개인보다 집단 차원에서 실행되었다. 중국에서 개인은 늘 집단의 조건에 따라 자신의 인구행위를 조절함으로써 집단적인 이익을 최대화하고자 한다. 중국의 인구행위

· · · · · · · · · · · ·

25 Coale과 Treadway(1986, 42~44)에 따르면 유럽 전체의 합계혼인출생률이 1900년의 7.5에서 1960년의 4.3에 이르는 데 60년이 걸렸다.
26 이런 현상에 대한 간단한 토론에 대해서는 제7장을 참고하기 바란다. 20세기 초 대만 농촌의 입양에 대한 상세한 서술은 A. Wolf와 Huang(1980)을 참고하기 바란다. 18, 19세기 청 황실 입양문제에 관한 서술은 Wang과 Lee(1998)를 참고하기 바란다.

에 나타나는 선명한 특징은 중국의 두드러진 역사적 유산, 즉 부계적 조상숭배와 관료국가적 전제정치의 결과이다.

중국의 인구학적 전환

중국의 이와 같은 특징들과 전통은 서구와는 다른 인구학적 전환을 가져왔다. 중국에서는 인구전환 과정이 대체로 연속적이지만 서구는 그렇지 않다. 게다가 서구에서 인구학적 전환의 발생은 주로 혼인부터 출산, 사망 행위까지의 개인 역할의 확대를 통해서 이루어진 것이다. 그에 반해 중국의 인구학적 전환은 가족에서 국가까지 집단적인 의사결정의 확장이 반영되어 있다.[27]

서구의 출산력이 하락하는 주된 과정은 결혼의 연기와 그로부터 결혼 후 출산통제로의 전환을 말한다.[28] 서구인에게 결혼한 후에 출산을 통제한다는 관념은 매우 새로운 것이며 새로운 기술과 사고를 대담하게 받아들이도록 요구한다. 기술적인 혁신으로 새로운 피임방법이 소개되었다. 동시에 그러한 문화의 전파는 산아제한이 바람직하고 가능하다는 인식을 많은 사람에게 알렸다. 개인은 이제 일찍 결혼할 수 있으며 그 뒤에도 출생을 제한할 수 있게 되었다.

이에 비해 중국의 인구학적 전환은 아주 긴 전통을 가진 인구학적 계획에 기인하며 그로 인해 여러 인구행위가 변화한 산물이다. 중국인에게 인구학적 이벤트에 대한 계획은 늘 생활의 일부였던 것이다. 출생과 아이의 생존을

· · · · · · · · · · · ·

27 이와 같은 공동체적 전통과 그에 따른 인구학적 결과에 대한 토론은 제8장을 참고하기 바란다.

28 유럽의 출산력 하락에 관한 인구학 연구는 여러 권으로 묶인 Coale와 Watkins(1986)의 요약보고와 Gillis, Tilly, Levine(1992)의 최근 비슷한 역사연구의 심포지엄 논문집을 참고하기 바란다.

통제하는 것은 새로운 개념이 아니었다. 그러므로 전환은 새로운 관념으로 인구재생산을 제한하거나 질병률과 사망률을 감소시킬 것을 요구하지 않는다. 단지 제도적 프로그램과 기술적인 창안이 필요할 뿐이었다. 과거 중국의 부모는 가족의 경제적 요구에 따라 출산을 축소시키거나 아이를 죽였다. 오늘날에는 주로 국가경제의 발전과 강한 경제적 욕구, 그리고 점차 진행되어 가는 가족복지의 극대화에 의해 출생이 제한되고 있다.

서구의 인구전환은 20세기 초부터 개인적인 인구행위의 상승과 긴밀히 연결되었지만 중국의 인구 의사결정은 21세기를 앞두고 여전히 주로 집단적 사업에 의존하고 있다. 서구에서 대부분의 개인은 새로운 피임기술과 결혼 후 출산통제의 새로운 관념을 이용하여 개인의 이익을 최대화했다. 개인은 인구를 결정하는 힘이 있으며 궁극적으로 그들이 행한 행위의 결과에 대해 책임을 져야 한다.[29]

중국에서 인구에 관한 의사결정은 결코 개인의 일이 아니다. 결정은 가족과 국가, 이 두 가지 최종적 사회범위의 집단적인 필요를 세심하게 고려해야 한다. 예를 들어 결혼은 두 사람 사이의 개인적인 합의라기보다는 가족과 친족관계를 형성하고 유지하며 확대할 수 있는 제도이다. 마찬가지로 영아살해는 부모의 사랑이 부족하기 때문이라기보다 전 가족의 이익을 위한 하나의 희생행위이다. 이와 같은 집단적 논리는 출산과 입양 행위에도 적용된다. 이런 맥락에서의 이성적 의사결정은 계층적 특권과 집단의 이익을 충분히 고려한 하나의 타협이다. 이것은 개인의 선호뿐 아니라 성별, 출생순위, 가족 내 호주와의 관계, 직업, 거주유형, 사회에서의 정치적 지위와

. . . .

29 제9장의 서구 개인주의와 중국 집단적 인구행위의 발전에 관한 더 체계적인 검토를 참고하기 바란다. 이러한 역사적인 과정은 복잡하여 Perot(1990)가 서술하듯이 서구의 여성해방과 사적 가족영역의 발전과 크게 관련되어 있다. Gillis, Tilly, Levine(1992)은 이러한 과정들이 어떻게 상호작용하여 유럽 출산력의 하락을 초래하였는지를 검토했다.

관련된다.

아이러니하게도 이러한 집단적 과정이 개인의 의사결정으로부터 가장 뚜렷하게 구별되는 점은 개인이 치러야 할 거대한 대가이다. 개인이 일생 동안 타자의 이익을 희생시키고 자신의 이익을 최대화하는 행동은 불가능하다. 최근 몇십 년 동안에도 결혼은 부모와 어른에 의해 결정되며 결혼생활은 남에 의해 감시되고 통제를 받았다. 개인의 로맨스나 성적 방종은 거의 존재하지 않았다. 가족관계를 주축으로 하는 사회에서 아마 가장 고통스러운 것은 많은 부모들이 자기의 아이를 죽이도록 강요받거나 살해를 묵인하는 것이다. 중국인은 이제 자기의 배우자를 선택할 수 있지만 자녀수는 여전히 선택할 수 없다. 만약 도시나 국유기업에서 일하고자 한다면 하나의 자녀만 가져야 한다. 다시 말해 중국의 인구시스템은 서구에서 기본적인 인권으로 간주되는 개인을 부정함으로써 성립하는 듯하다.

중국의 인구학적 의사결정에서 보이는 집단적 특성으로 가장 눈에 띄는 사례는 과거 20년 간 실행된 국가의 산아제한 계획이다. 공동의 이익이라는 명목으로 중국 정부는 다시 한 번 경제 및 정치에 대한 일련의 장기적인 제한을 개인의 인구학적 행위에 부과했다. 열정적이지는 않더라도 국민들은 이에 대해 매우 효율적으로 부응했다. 그로 인해 지금까지 중국의 출산력 하락은 이미 세계인구를 2억 5,000만 명이나 감소시켰다. 2030년까지 중국 인구가 16억 정도로 절정에 이를 예정이다. 이러한 인구규모는 인구억제를 하지 않고 자연적으로 출산되는 인구를 가정할 때, 그보다 10억이나 적은 수이다.[30]

최근 몇십 년 사이에 출산력이 아주 낮은 수준으로 하락하는 동시에 성별

. . . .

30 세계인구는 2025년에 95억이 아니라 85억으로 증가할 것이다(United Nations 1993). 세계인구 통제에 대한 중국의 공헌은 10~15억 그 이상이었다.

을 선택하는 낙태가 오히려 늘어나고 있다. 하락하거나 사라지던 영아살해와 입양의 현상은 현대적인 색채를 띠고 어느 정도 복귀하고 있는 셈이다.

이 책의 구조

중국 인구시스템의 특징과 인구행위의 집단적 성격은 바로 이 책의 주제가 될 것이다. 제2장에서 배경 소개, 맬서스의 인구성장에 관한 전형적인 패러다임, 그 이후의 사회이론들, 당대와 역사상의 인구행위, 특히 중국 인구변동에 대한 오해를 총괄할 것이다.

2부에서는 중국 인구행위의 현실로 눈을 돌릴 것이다. 3장에서 우리가 '중국의 인구과잉'이라는 신화에 대해 도전하고 맬서스 시대 중국인의 생활수준이 서구에 견줄 수 있을 뿐만 아니라, 직선적이고 균형적이지는 않더라도 최근 몇십 년, 심지어 최근 몇 세기 동안은 서구보다 나을 수도 있다는 사실을 제시할 것이다.

제4, 5, 6장에서 우리는 중국 인구성장 과정에 관한 맬서스의 신화를 뒤집을 것이다. 그렇게 함으로써 중국의 인구행위가 인구변동에 대한 기존의 이해와 근본적으로 다르다는 것을 서술할 것이다. 맬서스는 기근을 중국에서의 적극적 억제의 주된 형식으로 생각하지만 우리는 제4장에서 의도적으로 성별을 선택한 영아살해와 유기, 그것을 통해 이루어낸 사망률의 역할을 강조할 것이다. 맬서스는 중국에서 결혼이 보편적이었고 혼인연령이 이르다 ― 조혼(早婚) ― 고 생각했지만, 우리는 제5장에서 이 패턴이 여성에게 적용될지는 몰라도 남성은 결혼이 보편적이지 않으며 일찍 혼인하지도 않는다는 사실을 보여줄 것이다. 맬서스는 결혼의 연기 ― 만혼(晩婚) ― 와 결혼 전의 금욕과 같은 의도적 예방억제 형식만 강조하지만, 우리는 제6장에서 중국에서 결혼 후의 금욕 ― '혼인제한'이라고 부른다 ― 도 중요하다는 것을 강조할 것이다.[31] 맬서스는 중국의 인구성장을 적극적 억제의 산물로 규정하지만 우리는 중국에서 예방적 억제가 적극적 억제보다 더 중요했다는 것을 보여줄 것이다.

3부 제7장에서는 입양을 포함한 중국의 전체적인 인구시스템에 대해 총괄적으로 평가할 것이고 제8, 9장에서는 이러한 인구행위의 사회정치적 근원과 영향을 검토할 것이다. 인구성장에 대한 자발적 통제로 오직 한 가지 결혼만 존재하는 유럽 인구시스템과 달리, 중국의 인구시스템은 다양한 형식의 통제로 특징지어진다. 중국인들은 서로 다양한 인구·사회·경제 환경에 따라 혼인연령과 결혼유형을 조절했고, 결혼 후 출산력을 통제하고 출생아의 생존율을 제한한다. 사실상 다양한 형식의 입양을 통해서 인류생물학적 한계까지도 극복할 수 있다. 결과적으로 중국의 인구학적 행위는 일찍부터 이성적이었으며 전환 후의 인구상황에 필적할 만하다는 것이다.

중국의 이러한 인구억제와 제도는 장기적인 사회·문화·정치적 전통에 기원을 둔다. 맬서스가 강조한 개인적 제한과 사유재산이라는 것과 달리, 중국의 인구학적 행위는 집단적 책임감과 공공제도의 산물이다. 물론 개개인은 어느 정도 기회를 최대화하고자 추구하지만 집단적 제도, 이익과 이데올로기에 의해 제약받는 기회구조 내부에 국한되고 만다.[32] 이런 외부환경은 유럽, 심지어 영국에도 존재하지만 중국과의 차별성은 매우 크다.

이 책은 기본저으로 괴거와 현재의 인구과정에 대한 이해를 제시함으로써 맬서스적 모델과는 다른 대안을 제출하고자 한다. 맬서스 시대 중국의 인구

. . . .

31 맬서스는 예방적 억제가 여러 가지 형식을 가질 수 있다고 생각했다. 그러나 대부분은 비의도적이거나 불가능하며, 더구나 맬서스에게는 비도덕적이고 일상적이지 않다. 예방적인 억제에 관해서는 제2, 6장의 토론을 참고하기 바란다.
32 Lee and Campbell(1997)은 18, 19세기 몇몇 중국 북동부지역 농촌인구에서 세습적인 가족적 특권, 개인의 능력과 가족계획 사이의 긴장, 그 결과로 인한 인구학적 유형에 대해서 서술했다.

규모는 3억이었는데 오늘날에는 4배인 13억으로 증가했다. 한편, 아마도 중국문화와 제도의 지속성 때문에 인구대국 가운데 중국은 가장 낮은 출산력과 사망률을 갖게 될 것이다. 이러한 이례적 현상─돌발적인 성장과 예상치 못한 하락─은 오늘날까지 존재해 온 서구적 사회이론의 주류적 체계에 하나의 도전이 될 것이다.

1798년에 『인구론』 제1판이 출판된 이래로 맬서스의 적극적 억제와 예방적 억제는 인구학적 영역에서 늘 지배적인 지위를 차지해 왔다. 한편으로 과학적이고 기술적인 생산력이 지속적으로 높아지면서 그의 세계인구와 생활수준에 대한 비관적인 예측이 옳지 않다는 사실이 증명되고 있다. 이 시점에서 맬서스주의자들에게는 인구와 자원 간의 잠재적이고 불안정한 불균형이 여전히 중심과제로 남겨져 있다. 게다가 인구행위의 사회경제적 영향에 관한 경험적·이론적인 저술은 여전히 후대의 사회학자에게 깊은 영향을 미치고 있다. 그는 이후의 많은 인구학적 연구에 다양한 기준을 만들었으며[33] 또한 최근의 경험적인 연구는 그가 제시한 이론의 큰 틀이 사실상 19세기 이전의 서유럽, 특히 영국의 경우에 적용될 수 있음을 입증했다. 따라서 맬서스의 저명한 저술이 출판된 지 200여 년이 지난 지금, 맬서스 패러다임에 대해 다시 검토하여 그와 그의 계승자들의 논리가 중국의 현실에 얼마만큼 적용될 수 있을 것인지를 검토하는 일이 매우 중요하다고 생각한다.

· · · · · · · · · · · ·

33 맬서스의 생물학·경제학·지리학·역사학·사회인류학 등 여러 분야에 대한 공헌에 관해서는 Wrigley(1986)의 논의를 참고하기 바란다.

제**2**장

맬서스의 신화

역사상 존재했던 어느 시대, 어느 국가에서나 인구의 증가는 생존수단에 의해 항상 제한되어 왔다. 강력하고 확실한 억제를 통해 막지 않는다면 생활수준의 향상은 언제나 인구증가를 초래한다.　　　　　— 맬서스 『인구론』(1798년 판)

모든 사회에서 여러 가지로 진행되고 있는 인구억제 그리고 생존자원에 대한 제한은 일반적으로 예방적 억제와 적극적 억제, 두 가지로 구분된다.
　　　　　— 맬서스 『인구론』(1803년 판)

맬서스의 유산

맬서스의 패러다임은 두 가지 측면을 가지고 있다. 우선 맬서스는 인구증가가 필연적으로 자원에 제약되고 있다고 생각했다. 널리 알려진 그의 기본 전제들은 인구증가가 식량에 기반하며, 인구정책이 사회복지(well-being)를 위해 필수적이라는 것이다.[1] 맬서스는 인구증가에 대한 이전의 정책들을 인구통제에 대한 현재의 정책으로 전환시키는 데에 공헌했다. 이전의 정책결정자들은 많은 인구가 강한 국가를 만들 것이라고 믿었지만, 맬서스 이후 그들은 인구가 많을수록 삶의 질이 떨어질 것이라고 우려하게 되었다.

다음으로 맬서스는 모든 사회에 인구성장을 억제하는 방법에는 두 가지 유형이 있다고 주장했다. 『인구론』 첫 번째 판에서 그는 인구규모를 제한하기 위한 적극적 억제의 역할에 대해서 강조했다. 적극적 억제는 인간의 수명을 감소시키는 모든 강제력들을 포함하기 때문에 일반적으로 사망률의 유형으로 분류된다. 『인구론』의 두 번째 판과 그 이후 판에서 맬서스는 인구규모를 제한하는 예방적 억제의 역할에 대해서 자세히 언급했다. 예방적 억제는 출산을 방지하는 모든 관습과 제도를 포함하기 때문에 일반적으로 출산력 유형에 포함된다. 맬서스는 사망의 원인에 광범위한 차이의 존재를 알고 있음에도, 적극적 억제의 작용을 궁극적으로는 생존경제 및 생존위기와 관련지었다(1798/1992, 42~43; 1826/1986, 314~315). 이와 유사하게 맬서스는 예방적 억제가 출생의 다양성을 포함하고 있음을 알면서도, '남녀 사이의 애정(passion)'의 정도가 모든 연령·사회에서 거의 동일하다고 예상했기 때문에 예방적 억제가 혼인의 연기를 통해서만 크게 작용될 수 있을 것으로 생각했다.[2]

맬서스는 인류 사회를 서구와 비서구 둘로 구분했다. 그는 『인구론』 두 번째 판과 그 이후 판의 25개 장에서[3] 당시까지 존재하던 인구억제의 상호작

. . . .

1 비록 이 관점이 맬서스에 의해 만들어진 것은 아니지만, 그의 잘 짜인 논리구조와 이후 5번째 판과 다른 글들에서 계속된 그 중요성에 대한 강조는 그 지적 유산이 매우 오래 지속되도록 했다(Overbeek, 1974).
2 맬서스(1803/1992, 40; 1826/1986, 312). 맬서스는 남녀간의 욕정이 강렬하고 지속적이어서 혼인 후의 성적 억제가 불가능하다고 생각했다. 하지만 매춘부와의 관계로 인한 불임, 영양부족으로 인한 저출생률과 같은 비의도적 유형의 예방적 억제에 대해서 인식했다. 결국 그는 피임수단들에 대해서 알고 있었으면서도, 그것이 비자연적 성행위이고 피임기구를 필요로 하기 때문에 부도덕하며 일반적이지 않다고 생각했다.
3 비록 맬서스는 이 장들에서 지속적으로 민족학적·역사적 사례를 제시하고 자료들을 입증했지만 적극적 또는 예방적 억제로서의 특정한 행위들을 분류하지는 않았다.

용에 대해서 설명했다. 그리고 근대 유럽사회,[4] 즉 서구는 예방적 억제라는 특징을 가지며, 서구의 후진 지역이나 비서구 지역에서는 적극적 억제가 두드러진다고 결론 내렸다.[5]

다시 말해 서구에서 개인의 합리성은 번영을 가져다준 사회경제적 인구시스템을 만들어냈다. 소득의 증가는 혼인율 증가를 유발했지만, 출산력의 증가는 소득의 감소를 가져왔다. 개인들은 그들의 경제적 조건과 앞으로의 예상에 기초하여 혼인행위를 합리적으로 변화시켰다. 이러한 예방적 억제는 인구의 과잉을 막았고 생활수준을 유지시켰다. 이것은 인구를 상대적으로 안정시켰을 뿐 아니라 경제적 번영도 가져왔다.

다른 사회에서 이러한 예방적 억제의 부재는 생활수준을 하락시켰다. 창의성이 떨어지고 토지가 척박한 사회에서는 문명이 발전하지 못했다.[6] 더 발전한 사회, 시장이나 소유권이 그다지 발달하지 못했거나 자본에 대한 국가의 규제가 지나친 사회에서는 축적이나 생활수준의 향상이 있을 수 없었다.[7]

· · · · · · · · · · · ·

4 비서구에 대한 서술과 달리, 맬서스는 서구에 대한 자신의 논의를 노르웨이부터 시작해 시계방향 순서대로 스웨덴, 러시아, 중부유럽, 스위스, 프랑스, 영국, 그리고 스코틀랜드와 아일랜드에서 끝나도록 지리학적으로 구성했다.

5 맬서스가 명료하게 말한 것은 아니지만, 그는 티에라 델 푸에고(Tierra del Fuego)로부터 시작해 그리스·로마 문명으로 끝마쳤는데, 이는 가장 원시적인 사회로부터 가장 발전된 문명으로의 자신의 이해에 따라 장들을 구성한 것이었다. 그 둘 사이에는 미국 인디언, 남태평양 제도들, 고대 북유럽 거주자들, 근대 유목민족들, 아프리카, 시베리아, 터키제국과 페르시아, 인도아대륙과 티벳, 중국과 일본을 다루었다. 맬서스의 결론은 명확했다. "근대 유럽에서 인구에 대한 적극적 억제는 우세하지 않으며 예방적 억제는 과거나 세계의 덜 문명화된 지역들보다 더 강력하다."(1803/1992, 43; 1826/1986, 315)

6 예를 들어 맬서스가 "인류 사회의 가장 낮은 단계"라고 언급했던 티에라 델 푸에고의 "주민들은 먹을 수 있는 동물과 식물 자원이 매우 부족한 상황에서 생계를 유지해야 했으며, 그 자원 획득에 필요한 노동력도 부족했다. 그 지역에 인구가 매우 희박하게 존재했음이 분명하다."(1826/1986, 24)

7 예를 들어 시베리아는 "옥수수 시장이 매우 협소하고 그 가격이 매우 낮기 때문에 농민들이 항상 가난하다. 하나의 작물만으로 가족을 충분히 부양할 수 있을지라도, 자녀들에게 분배하거나 새로운 경작지를 맡길 만한 자본은 있을 수 없다."(앞의 책 106) 또 터키는 "전제정치와 무력함, 조악한 법률, 그보다 더 열악한 법 집행력과 함께 그 결과 발생한 소유권의 불안

이렇지 않은 주요 정치·경제체제에서도 과도한 혼인율은 인구의 생활수준을 떨어뜨렸다.[8] 근대 서구에서 예방적 억제의 존재는 번영을 보장했지만, 서구 후진지역과 비서구 지역에서 예방적 억제의 부재는 빈곤을 가져왔다.

그 결과 가장 부유한 사회 중 하나였던 중국도 가장 가난한 사회가 되었다.[9] 지리적 이점, 국가산업, 가부장적 정부가 농업생산성을 상당히 높였음에도 불구하고, 개혼(皆婚)의 경향과 조혼의 확산은 대부분 사람들의 생활수준을 떨어뜨렸고 가난한 자들을 비참한 상황으로 몰아갔다.[10] 부자들마저도 몇 세대 후에는 가난에 떨어뜨리는 재산균분상속의 관행은 이러한 경향을 더 악화시켰다.[11]

. . . .

전성은 농업발달에 장애가 되었으며 생계수단이 매년 감소하는 결과를 초래했다. … 술탄에게 지불하는 토지세는 높지 않지만, 정부의 근본적인 남용으로 인해 관료들은 극단적인 방법을 취하게 되었다. … 이러한 지속적인 압박은 엄청난 갈취를 불러왔고, … 이러한 수탈의 결과, … 거의 모든 농민들의 식량은 약간의 보리, 양파, 콩과 물에 지나지 않을 정도로 감소했다."(앞의 책, 110~111)

8 예를 들어 인도에서 "혼인은 매우 장려되며, 후사로 아들을 얻는 것이 가장 중요한 목표가 된다. … 조혼의 경향은 여전히 강하며, 이런 상황에 직면하게 되는 사람은 한 가족을 유지할 수 있는 기회가 거의 없다고 예상할 수 있다. 그 결과, 자연스럽게 하층계급 사람들일수록 빈곤으로 떨어지며, 매우 검소하고 궁핍하게 생계를 유지하도록 요구받는다. 그 정도는 계속 더해갔으며, 더구나 검소가 미덕으로 여겨지면서 사회의 일부 상위계급으로도 그러한 경향이 확대되었다. 따라서 인구는 생존수단의 한계로 인해 크게 압박받으며, 국가 전체의 식량은 대다수의 사람이 생명을 유지할 수 있는 최소의 수준으로 분배된다. 이런 상황 속에서 기후 악화로 인한 식량생산의 감소는 매우 심각한 결과를 가져온다. 예상할 수 있듯이 모든 연령대에서 인도는 가장 심각한 기아에 처해왔다."(앞의 책, 118~120)

9 따라서 맬서스는 이 모순을 다음과 같이 강조한다. "세계에서 가장 부유하고 번성한 제국이었음에도 어떤 의미에서 가장 가난하고 비참한 곳이기도 하다"(앞의 책, 130)

10 "혼인에 대한 굉장한 장려는 국가의 막대한 부가 매우 작은 몫으로 나뉘고, 그 결과 중국이 다른 어떤 국가들보다 생계수단에 비례해서 더 많은 인구를 가지도록 만들었다."(앞의 책, 128, 126, 130도 참조)

11 "부자들 사이에서 혼인에 대한 이러한 격려 효과는 인구증가를 촉진시키는 재산의 분할이었다. … 토지 재산은 아들들 사이의 균등한 분배가 대를 거쳐 지속됨으로써 매우 작은 부분으로 나누어졌다. … 이러한 상황은 지속적으로 재산을 평준화시켰으며, 스스로 재산을 증식할 수 있을 정도의 토지를 갖는 자손은 거의 없었다. 이는 '부자는 삼대를 가지 못한다'는 중국의 속담과 같다."(앞의 책, 129~130)

다시 말해 인구는 중국을 빈곤으로 가차없이 끌어내렸다. 중국인들의 생활 수준은 낮은 임금과 영양결핍이라는 특징을 보였다.[12] 비참한 상황은 영아살해를 일반화시켰는데, 이는 멀리 보면 혼인율의 증가 때문이었다.[13] 맬서스는 이러한 빈곤의 확대가 빈번한 전염병과 관련이 없음을 알면서도, 제국의 구휼시스템 속에서도 기근이 일반적이었다고 생각했다.[14] 맬서스는 중국인구의 추이가 압도적으로 예방적 억제가 아닌 적극적 억제에 의해 조절되고 있다고 결론 내렸다.[15] 사실 그는 기근이 "중국 인구에 대한 적극적 억제중 가장 강력하다"고 생각했다(1826/1986, 109).

바꿔 말해 맬서스는 근대 서구사회와 후진적 서구사회, 비서구 사회들을 비교하고, 부의 격차를 인구에 연결시킨 최초의 사회이론가였다.[16] 서구의

. . . .

12 "각지의 노동 가격은 일반적으로 일반인들의 최저생계수준 정도로 낮다. … 그들은 채소류나 매우 적은 고기만을 살 수 있는 지경으로 떨어지게 된다."(앞의 책, 130)

13 "중국인들의 총명함과 근면함에도 불구하고 수많은 중국인들은 매우 비참하게 살아간다. 너무 가난해서 자녀들에게 최소한의 것들도 주지 못해 거리에 유기하는 부모들도 있다."(앞의 책) 맬서스는 다음과 같이 결론 내린다. "실제로 버려지는 많은 영아들의 수에 대해서는 정확히 알기가 매우 힘들다. 하지만 만약 중국인들의 글을 믿는다면, 이런 관습은 매우 일반적인 것임에 틀림없다."(앞의 책, 134쪽) 맬서스는 영아살해가 적극적 억제로 작용하며, 혼인에 대한 동기로 작용했다고 확신했다. "따라서 자녀를 유기하는 부모에 대한 용인은 분명 혼인을 격려하며 인구증가를 조장했다. 미리 이러한 극단적 방법을 고려함으로써 혼인하는 것에 대한 두려움은 거의 없었다."(앞의 책, 129)

14 "인구에 대한 적극적 억제로서 질병은 상당한 영향력이 있긴 하지만 예상했던 만큼 큰 효과가 있었던 것으로 보이지는 않는다."(앞의 책, 133) 반면, "매우 잦은 기근으로 인해 수백만 명의 사람들이 굶어 죽었다. … 모든 작가들은 중국에서 기근의 빈번함을 언급한다."(앞의 책, 131~132) 맬서스는 황실과학원(Royal Academy of Science)의 멤버였던 예수회 신부의 글도 인용한다. "또 하나의 믿을 수 없는 사실은 중국에서 기근이 매우 자주 일어났다는 것이다. … 기근이 그렇게 자주 일어나지 않았더라면 중국의 엄청난 인구는 감소하지 않았을 것이고 평화로운 생활을 할 수 없었을 것이다."(앞의 책, 135~136)

15 맬서스가 중국에서의 유일한 예방적 억제라고 생각했던 것은 불교 승려들의 독신 관습이다(앞의 책, 132). 그 결과 그는 적어도 오늘날 중국의 일부가 된 티베트에서는 예방적 억제가 우세하다고 생각했다(앞의 책, 122~123). 물론 맬서스에게 티베트는 동아시아가 아닌 남아시아의 일부였다.

16 Goody(1996)는 동양에 대한 서양의 우월성 신화에 대한 맬서스의 책임에 대해서 자세히 언급한다(190~191). 비록 그가 자신의 책의 1/6이나 되는 부분에서 이러한 신화에 신맬서스

부가 개인주의와 합리주의에서 초래된 만혼(晚婚)의 결과라고 생각한 맬서스의 결론은 서구 사회이론가들뿐 아니라 중국에도 큰 영향을 주었다. 두 세기가 넘는 동안 세계 인구가 부와 빈곤의 격차 속에서 증가해 왔기 때문에, 많은 학자들은 맬서스의 패러다임을 확장시키고 발전시켜 왔다. 서구에서 이 노력은 경제적 자유주의와 문화적 다양성(cultural particularism) 추구의 중요한 흐름이 되어왔다. 중국에서 그것은 중요한 국가정책의 기초가 되어왔으며, 최근에는 국가이념의 일부가 되었다.

서구의 신화

서구, 특히 영국의 몇몇 유명한 사회이론가들은 서구의 인구변화와 성취, 사회유동성, 그리고 개인주의를 설명하기 위해 그 역사적 기원과 맬서스 패러다임의 사회적 함의에 대해 열심히 연구해 왔다. 특히 인구학자들은 인구변환에서 가장 중요한 전제로 '개인의 선택'의 중요성에 초점을 맞췄다. 물론 이 생각은 맬서스의 예방적 억제 이론에서 나왔다.[17] 개인이 혼인을 결정할 자유와 능력을 가진 것과 마찬가지로, 개인은 자신의 행위가 초래한 결과와 기회비용과 편익을 고려하면서 이 책임을 합리적으로 이용했다. 이 논리를 출산으로 연장하면 출생률의 감소로 연결된다. 이 논리는 1960년 게리 베커(Gary Becker)의 출생률 분석에 보이는 경제학적 이론모델에서뿐 아니라 선진국의 출산에 대한 대부분의 이론적·분석적 모델에서도 가동될

. . . .

주의 이론이 지금까지도 영향을 주고 있음을 지적하고 있지만, 그는 이러한 자민족중심적 사회이론에 대한 맬서스의 책임에 대해서는 큰 비중을 부여하지 않고 있다.

17 Ansley Coale(1973)은 가장 최근에 맬서스의 이러한 전제를 다시금 공식화했다. 그에 의하면 출산력 하락에는 세 가지 조건이 있다. 의식적인 선택에 대한 계산, 이익, 기술적인 가능성이 그것이다(65).

수 있었다(Bulatao and Lee 1983).[18] '개인의 의사 결정'이라는 개념은 출산력 감소의 결정요소에 대한 서구의 학술적 설명을 주도했다.[19]

개인주의에 대한 인구학적 관심에 부분적으로 반발하여 일부 인류학자들은 이러한 의사결정이 서구의 사회구조와 사회적 행위의 도입을 필요로 한다고 주장한다. 그들은 많은 발전된 사회에서 수입이 자녀들로부터 부모에게로 흘러가기 때문에 부모들은 출산을 줄이는 것을 주저한다고 지적했다. 존 콜드웰(John Caldwell)의 이러한 설명에 따르면(1976), 부모들은 부의 흐름이 부모로부터 자녀에게로 방향을 바꿀 때만 출산을 제한하기 시작한다. 사회적 변혁은 종종 대가족(large, multiple-family)이 핵가족으로 대체되는 변화를 가져오기도 한다.[20]

사실 존 헤이날에 의해 정교해진 이론에 따르면 맬서스가 예방적 억제라고 규정한 만혼시스템은 생애주기출장노동(life-cycle service), 만혼, 혼인으로 인한 독립 가구의 형성 또는 유지 등의 특징을 가진 서구 가족시스템의 일부이다. 헤이날은 두 편의 주요한 논문에서(1965, 1982) 만혼이 서유럽의 특징이며 서구적 가족시스템의 산물이라는 것을 밝혔다. 또한 그는 생애주기출장노동, 만혼, 독립 거주의 특징을 가진 서구의 시스템을 가족노동, 조혼 및 보편혼, 부계적 거주, 공동거주의 특징을 가진 비서구 지역의 시스템과 대조했다. 영국을 서구시스템의 전형이라 할 수 있다면, 비서구시스템의 전형은 인도와 중국이었다.[21]

· · · · · · · · · · · ·

18 이러한 개인의 의사결정 모델들에 대한 새로운 접근 노력은 McNicoll(1984, 1992), Greenhalgh(1995), Mason(1997)에게서 보인다.
19 수십 년 간 이러한 개인적 선택에 대한 실증적 연구가 진행되어 왔는데도 일부 인구학자들은 발전된 국가들에 대한 이러한 연구들의 유용성에 대해 여전히 불만을 가지고 있다(McNicoll 1992; Greenhalgh, 1995, Mason 1997).
20 하지만 방글라데시에 대한 중요한 논문에서, Mead Cain(1992)은 농촌지역에서 핵가족의 증가, 그로 인한 친족적 가족노동력의 상실이 인구성장의 자극제가 되었음을 보여준다. Schultz(1983)도 참고하라.

부분적으로나마 헤이날의 이론에 영향을 받은 다른 사회이론가들은 12세기 서구 가족시스템에까지 거슬러 올라가 맬서스 이론이 이후의 서구 상업주의와 자본주의를 촉진했으며 서구사회의 핵심이 된 '자기 중심적', 개인주의적 의사결정을 확산시켰다고 주장했다. 앨런 맥팔레인에 의해 주장되었던 이러한 논리에 따르면(1978, 1986, 1987), '맬서스 혁명'의 한 가지 중요한 원칙은 신혼부부가 혼인할 때에 독립해야 한다는 것이었다.[22] 혼인의 목적은 개인의 심리적·성적·사회적 필요들을 만족시키는 것이었다. 자녀들은 혼인의 이유라기보다는 결과라고 할 수 있었다. 따라서 혼인은 경제적 필요와 심리적·생물학적 압력의 절충안이었다. 무엇보다도 혼인이 궁극적으로 개인을 만족시키는 선택이 될 수 있다는 것은 사실상 혼인 결정이 기회비용과 편익을 분석한 결과라는 것을 의미한다. 맥팔레인에 의하면 맬서스는 의식적으로 오늘날 시장경제라고 부르는 자연적 결과로서의 혼인, 가족시스템을 지지했다. 자본주의가 발달하는 곳에서는 만혼과 개인적 선택의 문화가 발전하게 된다(1986, 322~323).

최근에서야 수정된 신맬서스주의와 함께, 시장경제가 개인의 인구학적 의사결정에 필수적이라는 관점은 정책결정자들에게 매우 큰 영향을 주었다. 물론 미국에서도 이런 관점은 매우 일반적이었다(Finkle 1985). 1984년 멕시코시티에서 개최된 세계인구대회(World Population Conference)에서 미국은 1974년 부쿠레슈티(bucureşti)에서 개최된 제1차 세계인구대회에서의 인구억제정책에 대한 입장을 바꾸어 '시장경제가 가장 좋은 피임법'이라는 개념을 강력하게 주장했다. '자유'시장시스템이 경제성장과 개인의 의사결정 문화

. . . .

21 Hajnal의 모델은 매우 유력해 보인다. Schofield(1989)는 명쾌하고 간결한 수정을 제공한다. Hajnal의 모델에 대한 평가는 1987년 『Journal of Family History』의 토론문과 Goody(1996)의 최근 비평을 참고하라.
22 '맬서스 혁명'이란 용어는 책의 1/4을 맬서스의 혼인시스템에 대해서 논하고 있는 Macfarlane(1986)을 따랐다.

를 동시에 촉진시킬 수 있다는 주장은 계속 주장되어 왔으며 지금도 여전히 우세하다.[23] 이러한 경제시스템 하에서만 개인들이 재생산에 대한 책임을 지고 출산의 비용과 편익을 고려하게 된다는 것이다.

중국의 신화

서구학자들이 발전시킨 다양한 신맬서스주의 신화들이 맬서스 패러다임에 기초했던 것처럼, 중국학자들은 중국이 기아와 빈곤의 땅이라는 맬서스의 신화를 유지해 왔다. 허빙띠(何炳棣)가 진행한 1400~1950년 중국 인구사에 대한 기념비적 연구는 맬서스의 영향력 아래에서 이루어졌다. 그는 중국의 인구가 1400년 8천만에서 1950년 5억 3천만으로 증가하는 상황을 이해하는데 큰 기여를 했다. 하지만 그도 중국이 19세기 초까지 맬서스의 함정에 빠져 있었다고 생각했다.[24] 지금은 인구과잉의 추세가 지역에 따라 다양하다는 것이 일반적으로 받아들여지지만, '국가적' 규모의 이러한 인식은 거의 반세기 동안 지속되어 왔다.

중국학자들은 오랫동안 16세기부터의 지속적인 인구성장에 대한 맬서스의 함정에 빠져 있었다. 사실 근대 중국에 대해 거시경제적으로 이해하려는 거의 모든 시도들은 인구증가의 영향을 고려해야 했다.[25] 인구추세기 중국의

· · · · · · · · · · ·

23 Demeny(1986)의 반대글을 참고하라.
24 "(1800년까지) 중국의 인구가 4억 명에 도달한 뒤, 인구의 지속적인 증가와 기술의 정체 속에서 국내에서 일자리를 얻을 수 있는 모든 기회는 급격히 감소하기 시작했다. 생존에 필요한 자원 이외의 잉여가 전통적 또는 관습적 생활수준에 비해서 훨씬 작아지게 되면서 인구의 여분에 대한 비합리적 토지임대의 효과가 불균형적으로 증가했을 것이다."(Ho 1959, 226)
25 유일한 예외는 1950~75년에 지배적이었던 모택동 학설로, 이 학설은 계급투쟁을 강조하고 인구증가는 무시한다. 하지만 지난 25년 간, 중국 역사학자들도 인구억제의 중요성을 점

경제발전에 긍정적이든 부정적이든 결정적인 요소라는 것이 일반적인 견해이다.[26] 한편으로는 인구와 인구밀도의 증가가 18세기의 집약적 생산, 상업화, 대규모 도시화를 가져왔다. 또한 지속적인 인구증가가 결국 이후 19~20세기에는 필연적으로 1인당 생산량의 감소와 빈곤화를 불러왔다. 이 과정에서 상승시에는 보저럽(Boserup) 유형이 되지만, 하강시에는 맬서스 유형이 된다(Boserup 1965/1996; R. Lee 1987).

많은 학자들은 중국의 빈곤화의 구체적 과정을 설명할 방법을 오랫동안 찾아왔다. 이 과정에 대한 그들의 묘사에 따르면, 맬서스의 가위(malthusian scissors)는 양날을 가지고 있다. 보편혼과 다자녀 — 특히 아들[27] — 에 대한 욕구로 인한 높은 출산력, 노동력의 과잉으로 인한 낮은 임금이 그것이다.[28] 그 결과는 '기술정체 속에서의 양적 성장'(Elvin 1973; Chao 1986), 그리고 '발전 없는 성장'(P. Huang 1990)이라고 불리는 것들이었다. 간단히 말해서 노동력의 과잉은 서구에서 근대적 경제성장의 기반이 된 노동절약적 기술의 발전을 저해했다.[29] 농업에서의 쇠퇴(involution)와 1인당 생산성의 하락을 초래했다. 맬서스의 가위가 닫혀서 간극이 좁혀질 때에는 빈곤화와 사망률의 상승이 뒤따랐다.

게다가 이 학자들은 사망률, 즉 적극적 억제가 장·단기적으로 인구유지와 자원균형을 위한 유일한 수단이라고 생각했다. 이 논리는 기본적으로

. . . .

점 강조해 왔다. '인구압력'에 대한 최근 중국의 관심과 서구 학설의 유사성에 대해서는 Li Bozhong(1996c, 1998)을 참고하라.

26 Ho(1959), G. Skinner(1964, 195a, 1965b, 1977, 1985), Perkins(1969), Elvin(1973), Myers(1980), P. Huang(1985, 1990), Chao(1986), Liu Ts'ui-jung(1986)을 참고하라.

27 Chao(1986)와 P. Huang(1990)은 이러한 사고의 가장 분명한 예이다.

28 Elvin(1973)은 처음으로 낮은 노동가격이 가지는 경제적 함의에 대해서 지적했다. 하지만 노동가격에 대한 가장 정밀한 연구는 Chao(1986, 1990)의 것이다.

29 과거에는 인구의 변화가 중국의 사회적·정치적 과정을 형성한 결정 요소들에 의해 확인되어 왔다(P. Huang 1990). 왕조의 주기는 인구의 증감과 일치한다(G. Skinner 1977).

맬서스와 동일했다. 확대가족 시스템에서 자원의 분배가 혼인연령이 단기적 변동에 영향을 받지 않도록 할 뿐 아니라, 혼인연령에 대한 자원의 압박이 증가하는 장기적 추세의 영향으로부터 벗어나게 하였다.[30] 이와 유사하게 대가족으로의 경향성은 부부가 단기변동으로 인해 출산을 연기하는 것을 막았으며, 부부가 경제상황의 장기적 악화로 인해 가족규모를 줄이는 것을 제한했다. 따라서 인구압력의 증가로 사망률만이 변동했고 이는 재앙적인 결과로 이어졌다.[31] 중국에서 맬서스적 위기로 인식되는 가장 일반적인 예는 18세기 후반부터 19세기 후반까지다.[32]

그러나 중국역사에 대한 맬서스적 해석은 현대 중국에서 최근에서야 일반화되었다. 중국의 관찰자들이 19세기 초부터 맬서스적 우려를 밝혔음에도 이러한 우려, 특히 중국의 지속적인 인구성장에 대한 관점은 거의 무시되어 왔다.[33] 1960년대에 와서야 중국정부는 도시지역에 대한 가족계획을 장려했

· · · · · · · · · · · ·

30 예를 들어 유명한 역사학자이자 사회평론가인 Richard Tawney는 1년 간 중국을 관찰했다. "중국의 관습과 정책은 서구의 시각에서는 비정상적이며 인위적인 인구성장에 초점이 맞춰져 있다. 고대의 전통에 의해 신성화된 감정은 아들을 낳아야 한다는 의무를 부여했다. 그런데 공산주의적 가부장제 가족에서 자녀 출산은 양육의 책임과 분리된다. 따라서 조심스런 억제는 다른 나라만큼 강력하지 않으며, 대신 개인에게 점점 가해져 오는 경제적 압박에 의해 억제되지 않는 맹목적인 성장이 오히려 공동체 전체를 재앙의 끝자락으로 몰아간다." (1932, 104) 이러한 이해에 대한 최근의 연구에 대해서는 Chao(趙岡)(1986)의 9장 각주 9를 참고하라.
31 예를 들어 P. Huang은 다음과 같이 주장한다. "중국의 인구 변화는 사망률의 변화에 의해 추동되었던 것이지 초기 근대 유럽과 같이 출산력에 의한 것이 아니었다." (1990, 329)
32 Ho(1959, 270~278)는 이러한 관점의 옛 사례이지만, 최근 Harrell의 중국 사망률에 대한 재평가는 이러한 관점을 부활시켰다(1995, 7~9, 14). 하지만 Harrell의 연구는 19세기 말과 20세기 초의 중국 족보학자들이 18, 19세기 특정 인구를 매우 제한적으로 재구성한 것에 기반을 두었을 뿐이다.
33 홍량지(洪亮吉, 1746~1809)의 짧은 글은 맬서스의 적극적 억제에 대한 정리와 매우 유사하다. 하지만 그는 예방적 억제에 대해서 언급하지 않았으며, 맬서스와 같은 철저한 조사와 동일 범위에서의 논의도 없었다(何 1959). 조금 더 가까이는 북경대학교의 총장을 역임한 마인추(馬寅初, 1882~1982)가 1958년에 제안한 인구 통제에 대한 강한 주장이 있다. 하지만 마오쩌둥은 마인추를 맬서스주의자라고 비판하면서 그를 그 지위에서 해임시켰다. 마인추는 1970년대 후반에 와서야 복원되었다. 그에 대한 바오시천(包世臣, 1775~1855)의 평가는 전형

다.[34] 1970년대 후반에 와서야 정부는 강력한 인구통제 정책을 수립하고 강제하기 시작했다. 마오쩌둥과 그 후계자인 화궈펑(華國鋒)의 정책은 가족계획의 부재로 1950년 이후 인구가 5억에서 10억 가까이 두 배로 증가한 것이 주요 동기가 되었다. 가능한 빨리 1인당 생활수준을 세계강국들 수준으로 향상시키기 위해, 이 정책은 덩샤오핑(鄧小平) 통치하에서도 지속되었다.

2000년까지 인구를 12~13억으로 유지한다는 최근 중국의 인구정책은 중국의 생활수준을 2000년까지 1인당 800달러로 4배 증가시키겠다는 분명한 목표 속에서 도출되었다.[35] 그 결과 역사상 가장 엄격한 가족계획이 만들어지고 시행되었다.[36] 이 정책은 출생률을 낮추는 데 매우 성공적이었다. 하지만 중국의 경제발전과 생활수준 향상에 대한 필요성을 빌미로 출산계획에 대한 다양하고 극단적인 방법들을 정당화해 왔다. 증가하는 맬서스적 우려로부터 시작된 인구통제는 경제개혁과 함께 국가의 가장 중요한 정책이 되었다. 이전의 가족들은 국가적 정책하에서도 인구학적 행위를 경제적 현실에 따라 조절했지만,[37] 최근의 정부는 일부 가족들의 저항이 있는데도 가족계획을 강제하고 있다.[38]

다시 말해 중국의 지도자들은 19세기에 태어난 사회이론을 바탕으로 대대

· · · · · · · · · · · ·

적이다. "중국의 토지는 인민들을 먹여 살리기에 충분하다. 더 많은 인구는 더 많은 노동력을 의미하는데, 더 많은 노동력은 부의 근간이지 빈곤의 원인이 아니다."(『安吳四種』26, 2b)

34 중국정부의 가족계획정책 초기진행에 대해서는 Chen Pi-chao와 Kols(1982), Lavely와 Freedman (1990)을 참고하라.

35 이러한 소득 목표 속에서, 중국 '씽크탱크'는 1970년대 경제성장률에 기초한 다양한 최적화 연구들을 생산했다. 여기에서는 12억 명이 절충안으로 제시되었다. 어떤 극단적인 추정에 따르면 중국의 최적 인구는 6~7천만 명으로 계산되기도 했다(Song, Tuan, and Yu 1985).

36 2000년 12억 명이라는 인구 목표를 설정한 씽크탱크는 부부당 두 자녀 이상을 가져서는 안 된다고 예상했다. 그들은 이것이 직접적인 목표가 아닌 일종의 지표라고 가정한 뒤 한자녀갖기운동을 구상했다(앞의 책).

37 이러한 정책적 전통의 사례에 대해서는 8장, 특히 각주 20, 21번을 참고하라.

38 Banister(1987)와 Aird(1990)는 이러한 저항에 대해서 자세히 밝히고 있다.

적인 가족계획을 20세기에 시도한 것이다. 정부의 정책은 그 결과에 대한 충분한 이해 없이 맬서스의 이론을 사실상 그대로 수용하고 있는 것으로 보인다. 중국의 빈곤은 중국의 인구과잉 때문이라고 널리 생각되어 왔다. 이 설명은 진지한 사회과학적 연구 없이 받아들여져 왔다. 이후 중국 인구학의 발전과 중국의 인구추세에 대한 이해에 큰 진전이 있음에도 맬서스주의 또는 신맬서스주의 이론은 여전히 중국의 전례 없는 가족계획 정책에 정당성과 동기를 부여하고 있다.

이러한 배경 속에서 중국의 출생률 감소는 개인의 합리적 의사결정이라기보다는 전제적 국가정책의 산물로 보인다. 이런 정책의 존재와 서구적 개인주의가 부재한 결과, 중국의 인구학적 변화는 정부 개입의 결과이자 개인의 의사나 합리성이 전혀 개입되지 않은 강제적인 가족계획 정책, 그리고 개인의 인권에 대한 무시라고 생각되어 왔다(Aird 1990). 동시에 최근의 경제성장이 부수적인 기술이전과 자본유입을 동반한 세계경제의 침입에도 불구하고, 중국 가족계획 정책의 성공이라는 명예는 중국 국가의 전제적 유산으로 말미암은 것이다. 중국 내부에서 출산통제에 대한 주저는 '봉건적', 전근대적(antimodern), 비합리적이라고 평가된다. 바꾸어 말하면, 중국의 인구학적 변환은 변칙적이고 대체 불가능한 것으로 받아들여져 온 것이다.

이러한 태도는 왜 대중매체가 지속적으로 중국의 거대한 인구에 대해 맬서스적 결과를 경고했는지를 잘 설명해 준다. 최근의 빠른 경제발진과 급속한 출산력 하락에도 불구하고, 중국은 맬서스적 폭탄의 가능성을 염려하고, 레스터 브라운(Lester Brown 1995)은 최근 홀로 중국 인구과잉의 위험을 경고했다.[39] 그러나 그의 새로운 관점은 중국의 빈곤에 대한 경고가 아니라 중국의 부에 대한 것이었다. 브라운은 만약 중국이 이웃 아시아 국가들 — 일본,

---

39 Ehrlichs(1968/1971, 1990)의 유명한 연구도 참고하라.

한국, 대만— 처럼 식량 수요의 증가와 경작지의 감소라는 상황을 겪는다면, 중국은 2030년에는 3억 6,900만 톤— 이는 최근 세계 곡물 수출량의 두 배 정도— 의 식량부족에 직면하게 될 것이라고 경고했다. 이 이론에 따르면 중국의 생활수준 향상은 예상치 못할 세계적인 식량부족을 초래할 수 있으며, 이는 중국뿐 아니라 세계적인 빈곤을 가져올 수 있다. 이러한 주장이 잘못되고 과장된 것이라 하더라도,[40] 그들은 맬서스 패러다임에 대한 관심과 중국의 인구과잉에 대한 우려를 다시 일으키는 역할을 했다.

환경보호주의자들은 지속적으로 귀에 거슬리는 맬서스적 주장을 펼쳤다. 그들은 중국이 곧 에너지, 토지, 물, 공기에서 부족을 겪게 될 것이라고 주장했다. 넓은 영토와 인구 때문에 중국은 이미 세계의 오염과 고갈에 많은 책임을 지고 있다. 물론 1인의 수준에서 서구, 특히 미국에 미치지는 못한다. 서구에서 오염과 고갈의 수준은 중국의 10배 이상이 되는 일이 흔하며, 종종 수십 배에 이르는 경우도 있다(Press and Siever 1994). 그럼에도 중국의 경제성장은 1인당 오염의 증가와 함께 환경의 악화, 고갈, 그리고 '나쁜 지구'로의 변환을 더 촉진할 것으로 보인다(Smil 1984, 1993).

중국의 부의 급속한 증가와 중국의 과거와 현재에 대한 지식의 증가에도 불구하고, 중국 인구에 대한 맬서스의 신화는 지속되고 확장된다. 중국의 생활수준 향상과 중국의 출생률 감소에 대한 일반적인 인식은 결국 중국의 빈곤과 인구과잉이라는 인상과 큰 모순 없이 공존한다. 부분적으로는 중국과의 거리 때문에, 부분적으로는 최근에 한정된 중국의 인구와 경제에 대한 이해 때문에 중국의 인구에 대한 일반적인 이해 — 인구와 경제의 상관관계,

----

40 Brown은 지난 20년 동안 중국의 곡물생산이 인구성장률에 비해 두 배 증가했다는 점을 지적한다. 게다가 Brown의 연구는 대표적이지 않거나 심지어 부정확한 데이터를 사용한 것처럼 보인다. 더 균형 잡힌 논의는 Smil(1995)와 Alexandratos(1996)를 참고하라.

그리고 인구행위의 심리와 기제를 포괄하는— 는 여전히 맬서스의 글과 크게 다르지 않다.

물론 서구의 신화와 서술은 중국의 인구뿐 아니라 중국인들의 행위에 대해서도 폭넓게 존재하는 것이 사실이다. 동일한 모순이 눈에 띈다. 중국에 대한 경험적 지식은 최근 크게 증가했지만, 중국에 대한 신화도 확대되었다. 매체의 선정주의, 정치의 기회주의, 대중의 무지가 결합함으로써 선동되고, 자민족중심주의의 유산에 의해 조장된 '타자'로서의 중국에 대한 신화는 합리적 사고보다 우세하다.[41] 그 결과는 태평양 양쪽에서 교조적이고 유혹적인 선동으로 나타났다.

제2부에서 우리는 사망률과 혼인율의 높은 성별간 격차, 낮은 혼인출생률, 높은 입양률이라는 네 가지 뚜렷한 특징에 초점을 두고 중국의 인구 행위의 과거와 현재의 실재를 확인할 것이다. 하지만 우리는 중국이 겨우 자급적인 경제를 가지고 있는 기아와 빈곤의 땅이라는, 중국 인구에 대한 가장 강력한 신화부터 비판을 시작할 것이다.

· · · · · · · · · · · ·

41 중국이 저작권 침해와 불법적인 이주의 주동자라는 신화는 그 한 가지 예이다. 지적재산권 법은 중국에서는 매우 새로운 개념이며 개선할 여지가 여전히 많지만(Alford 1995), 중국이 세계인구의 1/5을 차지하고 있음을 기억한다면, 중국은 이러한 범죄의 주동자가 아니다. 미국영화협회(Motion Picture Association of America)에 의하면 1995년 미국 영화에 대한 중국의 불법복제의 1인당 비용은 0.1달러로, 이탈리아나 영국의 1/10 이하였으며, 러시아의 1/6이있다. 국제음반산업협회(International Federation of the Phonographic Industry)에 따르면, 1995년 중국의 불법 CD 및 카세트테이프 복제의 1인당 비용은 0.12달러로, 멕시코와 브라질의 1/100, 러시아의 1/10이며, 미국과 거의 동일한 수준의 비율을 보였다. 반면, 사무용소프트웨어협회(Business Software Alliance)에 의하면, 1995년 중국의 1인당 불법 소프트웨어 복제율은 0.59달러로 미국·일본·한국의 1/20 이하이다(International Herald Tribune, July 4, 1997, 6). 다시 생각해 보면, 멕시코는 불법 CD를 중국보다 10배 더 만들어내며, 일본은 불법 소프트웨어를 중국보다 2배 많이 생산했음에도 압력을 덜 받았던 것이다. 이러한 차이는 미국으로의 불법 이주에서 더 명백히 드러난다. 미국이민귀화국(United States Department of Immigration and Naturalization Services)에 따르면, 1996년 중국은 미국 내 불법이주자들 순위의 20위 안에 들지도 않았으며, 필리핀·파키스탄·인도·한국과 같은 다른 아시아 국가들보다 불법이주자의 숫자가 적었다(INS 1997).

2부

현
실

제**3**장

생 존

일부 국가에서는 인구압박이 매우 심한 것 같다. 즉 사람들은 거의 최소한의 식량으로 생존하는 데에 익숙해진 것이다. 이러한 나라는 인구가 지속적으로 증가하면서도 생필품은 전혀 증가하지 않는 시기를 반드시 겪는다. 중국은 이러한 설명에 어울리는 사례인 듯하다. 만약 이 설명이 믿을 만하다면 하층계급 사람들은 거의 최소한의 식량으로 생존하는 것에 익숙해지고, 서구의 노동자라면 죽을지언정 먹지 않고 썩혀버릴 쓰레기도 기꺼이 받아먹을 것이다. … 이러한 상황 아래 그 나라는 반드시 기근이 들 것이다. — 맬서스 『인구론』(1798/1992, 57~58)

맬서스의 유산

몇 세기 전부터 중국에 온 모든 서구의 여행가들은 중국의 가난한 사회와 조밀한 인구에 대해서 언급했다(Lach and Van Kley 1993).[1] 따라서 맬서스를

---

1 "중국 주민의 엄청난 절제와 근면에도 불구하고 그들의 엄청난 인구 때문에 불행을 초래하고 있다. 너무 가난해서 자신의 아이에게 일반적인 필수품을 주지 못할 때, 특히 어머니가

포함한 서구의 초기 경제학자들은 이러한 현상들을 자신들의 견해에 끌어들이는 데에 전혀 주저하지 않았다.[2] 맬서스의 관점에 따르면 18세기의 중국은 인구과잉과 빈곤을 가장 잘 실증하는 사례였던 것 같다. 경지면적당 인구로 보면 중국의 인구밀도는 인구대국 가운데 가장 높았다.[3] 그러나 일인당 평균 에너지와 식량 소비는 주요 인구대국 중 가장 낮았던 것 같다.[4] 그 결과 중국 남성의 평균신장은 같은 시기의 유럽 농민에 비해 확실히 작았다.[5]

생활수준은 이렇게 낮았지만 중국의 인구는 18세기 초 이후로 계속해서 기하급수적으로 증가하기 시작했다. 〈그림 3-1〉은 이러한 증가과정을 보여 준다. 이러한 과정은 대략 세 단계로 나눌 수 있다. 1700년의 1.6억에서 급속히 증가하여 1800년에는 3.5억, 그 후 1950년까지 천천히 증가하여 6억 가까이 되었다. 이어서 다시 급속히 증가해서 현재 13억이 되었다. 게다가 최근에는 국가에서 결혼과 출산을 억제하는데도, 속도는 더뎌졌지만 중국의 인구는 계속해서 증가하여 다음 세기 중엽까지는 적어도 16억이 될 것이다. 이 때문에 현재 중국은 일련의 경제적·생태적·사회적 제약에 직면하고 있다.

. . . .

병이 들거나 젖이 나오지 않을 때 아이를 거리에 버리는 사람도 있다. 따라서 이런 아이들은 태어나자마자 죽어야 한다."(Du Halde 1738, 1:277)

2 따라서 아담스미스(1776/1979, 174~175)에 따르면 "중국 하층민의 빈곤은 유럽의 가장 가난한 나라의 빈곤보다 훨씬 더 심하다. … 그들이 얻을 수 있는 생활필수품은 매우 부족하기 때문에 유럽 배가 배 밖으로 버리는 더러운 쓰레기를 얻으려 한다. 반쯤 부패한 냄새나는 죽은 동물의 고기, 예를 들면 죽은 개, 고양이의 시체는 다른 나라 사람들의 건강한 식품처럼 그들에게 환영받는다."

3 중국의 공식통계에 따르면 18세기 중엽에 인구밀도는 이미 평방킬로미터 경작지당 500명을 넘었다(량팡쫑梁方仲 1980, 400, 546). 경지면적 등록이 불충분했기 때문에 이들 숫자는 분명 과장된 것이지만(Ho 1995), 경작지 1평방킬로미터로 70명을 부양할 수 있었던 18세기 유럽과는 상당히 대조적이다(Braudel 1979, 56~64).

4 위에서 인용한 스미스와 맬서스에 의한 고전적 과정은 이 일반적 견해를 반영한 것이다.

5 18세기 중국인의 평균신장은 아직 밝혀지지 않았는데, 19세기 후반 평균신장은 163cm에 지나지 않았다(A. Chen and Lee 1996). 그에 비해 19세기 후반 유럽인의 신장은 약 170cm였다(Floud, Wachter, and Gregory 1990).

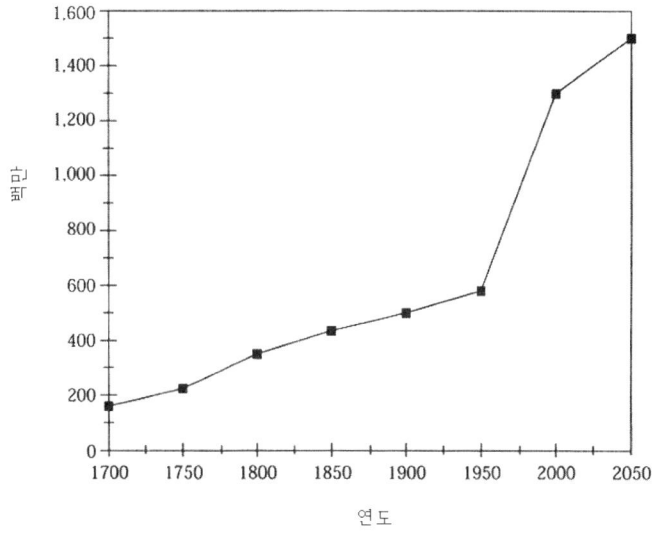

〈그림 3-1〉 중국 인구의 폭발적 증가(1700~2050년)

출처: 허빙띠(何炳棣 1959), Durand(1974), Schran(1978), 자오원린(趙文林)과 시에수쥔(謝淑君 1988)

이러한 인구증가에 대한 맬서스주의자들의 함의는 오랫동안 중국학자들을 사로잡았지만 그 결과에 대해서는 물론이고 기준점 및 그 시기에 이르기까지 아직 인식이 일치하지는 않았다. 맬서스 자신도 인구가 증가하여 1인당 평균생산량이 최저생계수준보다 낮아지면 사망률이 상승한다는 인구학적 결과를 강조했다.[6] 최근 일부 학자들은 더 폭넓은 경제과정에 주목하고 있다. 그 중 어떤 학자들은 중국의 인구가 자원과 기술에 따라 결정될 최적인구를 언제 초과할지를 밝히려고 한다.[7] 또 어떤 학자들은 노동력의 한계생산성이

· · · · · · · · · · · ·

6 맬서스와 리카도도 평균 생산량이 최저생활수준을 밑도는 지점을 인구과잉으로 정의했다. 그 결과 사망률 수준이 올라가거나 혼인이 연기되어 인구성장이 멈추었다(Grigg 1980).
7 1959년 Ho는 다음과 같이 언급했다. "당시 기술수준으로 최고상태(인구가 최고의 경제적 복지를 산출하는 지점)는 1750~1775년 사이에 나타났다"(270). 그러나 Mark Elvin(1973)은 처음

언제 0에 접근할지, 바꾸어 말하면 언제 농촌에서 고용이 불완전고용이 될지를 찾으려고 한다.[8]

지리적인 불명확성과 청대와 현대 중국 경제에 대한 실증적 분석량이 부족하기 때문에 이러한 중국의 인구성장을 둘러싼 혼란은 심각하다.[9] 중국은 가장 인구가 많은 나라 중 하나였지만 인구에 대한 이해가 가장 적었던 나라 중 하나이며, 가장 경제규모가 컸던 나라 중 하나이지만 경제에 대한 이해가 가장 적었던 나라 중 하나라고 할 수 있다.

최근 20년 동안의 변화는 현저하다.[10] 새로운 자료와 새로운 방법에 의해서 근현대 중국 인구사 및 경제사가 조명되기 시작했다. 그 결과는 상식에 반하는 것이었다. 지금 우리는 이 시기 전체를 통하여 식량생산이 최저생존수준을 훨씬 넘어서고 있었다는 것을 알 수 있다. 이 장 뒤에서도 보겠지만 18세기 강남(江南) 등지와 20세기 중국 전역에서 1인당 경제지표는 실제로 상승하고

. . . .

에 중국 경제사의 형식 모델로서 이것을 상술했다. 엄격한 인구통제정책이 처음 책정된 1970년대 후반에 우연히 유사한 견해가 중국에서 크게 유행했다(Song 1981).

8 중국의 역사가 가운데 Philip Huang(1985, 1990)은 이 인구과잉 정의의 가장 주요한 주창자인 것 같다. Chao(1986)의 중국이란 조건 아래서의 모델에 대해 상술하고 있다.

9 많은 연구자들이 Ho Ping-ti가 처음 제안한 '전국' 패턴에 거의 동의했지만 인구과잉의 장소와 시기에 대해는 엄청난 논쟁이 있다. 예를 들면 많은 연구자들이 중국 중심지역, 특히 장쑤(江蘇), 저장(浙江), 푸젠(福建), 산둥(山東), 후난(湖南) 등 동부지방 성들을 인구과잉의 장소라고 간주하고 청대 후기(17~20세기 초)를 인구과잉의 주된 시기라고 인식하고 있다. 어떤 연구자들은 인구과잉이 더 일찍, 그리고 여러 지역에서 일어났다고 주장한다(Cong 1984). 대부분의 역사가들은 인구과잉이 중국에서 인구밀도가 가장 높고 우리가 이 장에서 주목할 양쯔강 하류지역에서 특히 특징적이란 것에 동의한다. 리보쭝(李伯重 1996c, 1998)은 이들과 다른 견해를 나타낸다.

최근까지 중국의 인구와 경제에 대한 우리 이해는 다음과 같은 제도사연구에 따른 것이었다. Ho(1959), G. Skinner(1986), Jiang Tao(1993)의 중국인구사, Wang Yehchen(1973), 취안한성(全漢升1974, 1976) 량팡쫑(梁方仲1980, 1984)의 중국 경제사. 또한 Ho(1959); Liu Ta-chung and Yeh(1965); Aird(1968); Eckstein, Galenson, and Liu(1968); Prekins(1969); Schran(1978)의 중국 인구와 경제 성장에 대해 추정한 대체적인 윤곽에 따른 것이었다.

10 Lavely, Lee, and Wang(1990)의 중국 역사인구학, 당대인구학 상황에 대한 개설을 참조할 것. 유감스럽게도 우리는 중국경제연구를 개설한 유사한 논문이 있는지 알지 못한다.

있었다. 이러한 성장은 기술혁신과 그에 따른 경제성장이 인구성장을 자극했다는 거시적 차원의 역사과정에 기인한다. 또한 경제상황의 변화에 따라 가족이 그들의 집단행동을 바꾸고 그 규모와 구성을 규정했다는 미시적 수준의 피드백 루프(feedback loop) 때문이기도 하다. 다시 말해 인구증가가 반드시 수확체감을 초래한다는 맬서스의 전제는 근대 중국에서 사실이 아닌 것이다.

중국의 현실

1인당 식량생산, 1인당 식량소비, 평균여명(平均餘命)의 세 가지 지표가 빈곤과 기아의 나라라는 중국에 대한 맬서스의 신화에 구멍을 뚫었다.

식량생산

18세기부터 20세기까지 중국의 인구는 6배나 증가했는데도 18세기의 상업화, 19세기의 도시화, 20세기의 산업화 등 경제적 생산에 있어서 여러 가지 성장을 거쳤다는 사실을 최근의 경제연구들이 증명하고 있다. 처음에는 느리고 변덕스러웠지만 1인당 생산성과 소비량은 근래에 매우 급속히 증가했다.

농경사회에서 맬서스의 압력 중 가장 중요한 지표인 1인당 곡물생산량은 최근 300년 동안 감소하지 않았다.[11] 가끔은 느리게 변하고 균일하지도 않았

---

11 농업생산량은 인구성장기뿐만 아니라 경작면적이 축소한 시기에도 증가했다. 예를 들면 Waler(1988)는 1978~1986년 동안 주로 산업건설과 주택건설 때문에 전체 경작면적은 8% 감소했지만, 전국 곡물생산량은 24% 증가했음을 서술하고 있다. 리보쭝(李伯重)(Li bozhong1998)은 1700~1850년 장난지역에서의 유사한 과정에 대해서 서술했다.

지만, 이 기간 동안 경작지가 감소했음에도 오히려 1인당 곡물생산량은 유지되었고 일부 지역에서는 증가하기도 했다(Perkins 1969; 자오강趙岡 등 1995).[12] 20세기는 국가 수준의 통계를 얻을 수 있는데 이 기간 동안 1인당 생산량은 안정적으로 상승하는 경향을 보여준다. 〈그림 3-2〉에 따르면 집단농업시스템 아래 1인당 곡물생산은 천천히 상승했고 1970년대 후반까지 빠르게 증가했다. 1인당 곡물생산량은 1920년대 연간 1인당 260kg부터 1970년대 중엽에는 300kg, 1980년대 370kg, 1990년 390kg까지 상승했다.

〈그림 3-2〉 중국 1인당 곡물생산량(1930~1986년)

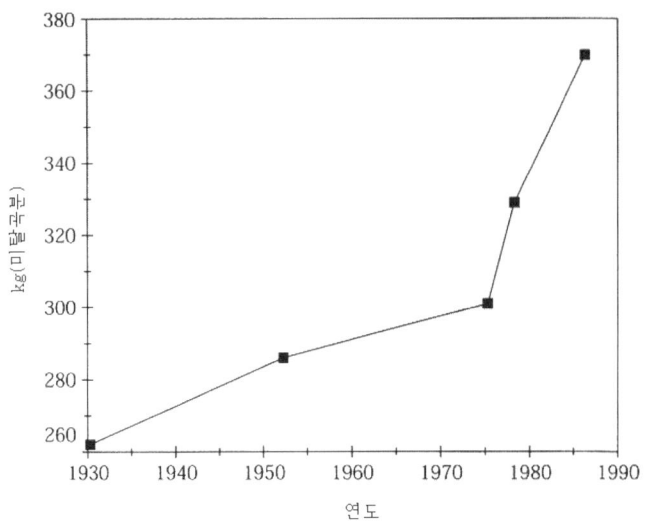

출처: 1930년은 1929~1933년의 추산(Buck 1966)을, 1952년은 Buck(1966)를, 1975년과 1978년은 1970~1978년의 추산(Rawski 1979)을, 1986년은 Walker(1988)를 인용했다.

· · · · · · · · · · · ·

12 Perkins(1969)는 최근 3세기 동안 1인당 생산성은 비교적 안정적이었다고 주장한다. Chao등(1995)은 18세기 후반과 19세기 초 1인당 생산성은 약간 감소했지만 19세기 후반과 20세기 초에 회복했다는 것을 증명했다. 이들 결론에 대한 리보쫑(Li bozhong 1998)의 비판을 참조할 것.

노동생산성도 이와 마찬가지다. 이 발전은 일정하지는 않았지만 경제성장
은 특히 양쯔강 하류와 동북지방에서 현저했다. 특히 기록이 잘 남아 있는
송강(松江) 서부에서 16세기부터 18세기에 거쳐 연간 농민 1인당 생산량은
18.8석에서 24.5석까지 30% 증가했다.[13] 리보쫑(李伯重, Li Bozhong 1998)은
같은 시기 양쯔강 하류 전역의 1무(畝: 1/6에이커)당 평균 수확량은 47%, 노동
자 1인당 연간 생산량은 52% 증가한 것으로 추산했다.[14] 이와 같은 농업
노동생산성의 증가는 여성노동의 양잠과 농촌수공업으로의 이행을 동반했
다. 1970년 후반까지 양쯔강 하류지방과 동북지방의 1인당 곡물생산량은
여전히 전국평균을 상회하고 있었다.[15]

이러한 생산성의 증가는 20세기 중엽에 와서 전국적인 현상이 되었다.
중국에서 인구가 가장 급속히 증가한 시기 — 1950년대 중엽부터 1970년대
중엽 — 조차 농촌의 노동생산성은 연간 1인당 232위안에서 255위안까지
증가했다(Rawski 1979).[16] 이와 같은 농촌의 노동생산성 증가는 느렸지만 이
시기 농촌 노동력의 대폭적인 증가를 성취했다. 1975년까지 농촌 노동자수
는 1950년 중엽 수준보다 40%나 높은 1억 명으로 증가했다. 물론 1970년대

. . . .

13 석(石)은 청말 중국의 용적단위인데, 1석은 정미 200파운드보다 약간 가볍다.
14 많은 관련 증거에 따른 리보쫑(李伯重)의 연구결과는 Perkins(1969)의 주요한 결론 중 하나
에 의문을 던진다. 여러 간접적 증거에 따라 Perkins는 14세기에서 19세기를 통한 농업발전
은 토지생산성 상승과 개간 증가의 결과라는 것을 보여줬다. 특히 그는 전국적으로 곡물수
량은 2배가 되고 대부분의 증가는 18세기 전에 일어났다고 주장했다(14~23). 이러한 상황은
불가능하며 경지면적은 Perkins가 생각한 것보다 훨씬 증가했을 것이라고 한 趙 등의 연구결
과에 의해서 李의 결론이 뒷받침되었다(1995).
15 Walker(1988, 608)의 계산. 예를 들어 1978년 저장성(浙江省)의 1인당 곡물생산량은 391kg이
며 전국평균의 329kg보다 19% 높았다. 장수성(江蘇省)은 전국평균보다 25% 높았다. 또한
1978~1989년 동안 장수의 1인당 곡물생산량은 533kg이며 29% 더 증가하고 전국평균증가량
보다 44% 높았다. 1978년 동북지방인 헤이룽장성(黑龍江省)과 지린성(吉林省)은 1인당 곡물
생산량이 각각 472kg과 426kg이며 전국평균보다 각각 43%, 29% 높았다. 1986년까지 1인당
곡물생산량은 533kg, 604kg으로 정점에 오르고 전국평균보다 44%, 63% 높았다.
16 이 숫자들은 1955년 당시의 위안이며 당시 1위안은 약 U.S.달러 40센트에 상당한다. 우리는
이 정보에 대해 Tom Rawski에게 감사한다.

후반 이후 농촌지역의 노동생산성은 한층 더 가속화했다. 1인당 수준으로 보면, 최근 20년 간 농업산출치의 평균증가율은 1957~1978년의 10배 이상 상승했다.[17]

한편 서북지방— 샨베이(陝北)·간쑤(甘肅) — 와 서남지방— 구이저우(貴州)·윈난(雲南) — 과 같은 구릉지역은 19세기 말부터 20세기까지 생태적 악화 때문에 1인당 생산성은 감소했다(옌루이쩐嚴瑞珍과 왕위안王援 1992). 과도한 경사지 농업과 계단식 농지의 불합리한 조성은 대규모 삼림파괴와 토양침식을 초래했다. 그 결과 1970년 후반까지 이러한 지방에서 1인당 곡물생산량은 전국평균보다 15~30% 낮았다. 최근 중국 역사상 가장 농업생산이 좋은 기간인 1970년대 후반부터 1980년대 중엽 사이도 이 지역의 상황은 개선되지 않았다. 1986년까지 이 지역의 1인당 곡물생산량은 전국평균보다 14~40% 낮았다. 간쑤성에서 1인당 곡물생산량은 전혀 개선되지 않았고 구이저우성과 윈난성에서는 감소했다.[18]

식량소비

그러나 전체적으로 보면 식량생산의 증가로 인해 영양상태는 개선되었다. 특정 집단의 영양과 신체상황을 보면 적어도 20세기 초에 중국의 생활수준이 개선되었고 일부 지역에서는 그보다 일찍이 개선되었을 것으로 보인다. 20세기 초 신체계측지표는 신체적 건강이 점차 증가한 것을 보여준다.[19] 전

. . . .

17 1인당 농업생산량 성장의 평균치는 1978~1986년이 4.8%이며 1957~1978년이 0.4%였다 (Field 1988).
18 1978년 샨시(陝西)의 1인당 곡물생산량은 전국평균의 87%이며 간쑤(甘肅)는 73%, 윈난(雲南)은 85%였다(Walker 1988, 608) Lee(근간)에 따르면 이러한 저하과정은 19세기 2, 30년대 이후 중국 서남지역에서 시작되었다.
19 18, 19세기의 이러한 지표를 현재 얻을 수 없다는 것은 이 기간에 영양상태가 개선되지

세계 역사인구학과 현대인구학에 관한 수많은 연구들은 영양과 신장이 연관성이 있다는 것을 이미 증명했다. 집단의 영양상태, 생활수준 등의 지표보다 청소년의 신장 평균치가 그것을 잘 반영하는 것 같다(Fogel 1986; Floud, Wacher, and Gregory 1990; Kolmos 1994; Steckel 1997).

물론 중국인은 유럽인 평균보다 작은데 이것은 식사구성 및 칼로리 섭취량 때문이다. 중국인은 적어도 12세기부터 고기나 유제품보다 야채와 곡물을 주로 먹어왔다. 이러한 식사로 제공되는 지방, 단백질, 기타 영양소의 배합은 유럽과 크게 다른 것이었다(Anderson 1988). 20세기 초 1인당 영양섭취량은 2,000kcal를 약간 넘었고 일부 지역에서는 이것보다 상당히 높았음을 확인할 수 있다. 그렇더라도 가장 높은 곳에서 같은 수준의 유럽인 칼로리 섭취량 평균보다는 뒤떨어졌다(Pan Ming-te 1997). 그러나 20세기 후반 1인당 영양섭취량은 상당히 증가했다. 1956년 2,326kcal 1970년대 말에는 2,500kcal, 1990년대에는 3,000kcal 가까이 되었다. 신장도 마찬가지로 커졌다(Piazza 1986; Brown 1995).[20]

그 결과 최근 75년 동안 중국인의 신장은 현저히 커졌다. 신장에 대한 전국적 조사는 1950년대 이후부터 확인할 수 있다. 특정한 집단에 대한 신체측정학적 분석에 따르면 20세기 초부터 영양수준이 상승하기 시작한 것을 분명히 알 수 있다. 〈그림 3-3〉은 이용할 수 있는 자료를 정리한 것이다. 베이징 궁정시위대 몇천 명에 대한 분석에 따르면 1900년 무렵 일반 남성의 신장은 163cm밖에 안 되었다.[21] 이것은 중국인의 신장에 대한 첫 전국적

<hr />

않았음을 의미하는 것이 아니다.

20 20세기 전반 중국의 빈곤함은 크게 보도되지만, 1959~1961년의 단기간의 심각한 기근을 제외하고 중국의 소비수준이 최저생활수준을 밑돈 명확한 증거는 없다. 국제연합 식량농업기구는 1600cal를 최저생존수준으로 삼는다. 1929~1933년을 포함한 폭넓은 조사에 따르면 하루 2,365cal를 얻을 수 있었다고 계산한다(Buck 1966, 11).

21 A. Chen and Lee(1996). 전체인구에 대한 추정은 Wachter(1981)와 Wachter and Trussell(1982)에

조사가 시도된 1920년대 도시거주민과 거의 비슷한 수치이다.[22] 1980년대 남성 신장은 171cm까지 커졌다. 즉 75년 만에 남성 신장은 8cm 이상 상승한 것이다. 이것은 두 단계를 거쳐 일어난 것 같다. 20세기 전반 중국대륙과 대만에서 신장은 성별과 거주지에 따라 10년마다 0.5~1cm 커졌다.[23] 1949년 이후 증가율은 10년마다 1~1.4cm로 증가하였는데 이것은 일본과 유럽에서 가장 급속히 신체가 개선되었을 때와 같은 비율이다(Piazza 1986).[24] 초기의 중국 농촌에 대한 전국 수준 자료는 충분치 않아서 장기간에 걸친 비교는 할 수 없다. 하지만 이용할 수 있는 특정한 농촌지역에 대한 자료에 따르면 농촌지역은 도시보다 훨씬 빨리 성장한 것을 확인할 수 있다.[25]

· · · · · · · · · · · ·

따른다. 이들은 평균치이며 변동치는 3cm를 넘어 비교적 컸다. 유사한 기록은 중국의 공문서에서 많이 얻을 수 있다. 우리는 현재 이들 데이터를 수집, 분석 중이다.

22 1915년 중화의학전교협회연구의원회(the Research Committee of the Chinese Medical Missionary Association, 이하 CMMA)는 가능한 한 많은 개인의, 가능한 한 크게 산재한 중국인 집단에서 신체측정이 필요하다고 발표했다(Stevenson, 1926, 95). CMMA는 당시 사용할 수 있는 신체발육기준이 유럽과 미국의 아동에 대한 연구에 따른 것이고 중국 아동의 기준으로 거의 사용할 수 없음을 알고 있었다. 중국의 신체측정조사에 대한 CMMA의 요구는 중국인의 건강에 대한 신체적 성장의 참고기준을 확립하는 첫 단계였다. 이 요구에 따라 대체로 1912~1925년 동안 CMMA에 관여한 의사와 의료관계자들은 도시에 사는 1만 1,000명 이상의 신체측정을 수집했다. 18세 남성 평균신장은 163.1cm, 여성은 151.1cm였다. 1949년 이후 농촌인구의 신체측정데이터에 관한 공문서를 많이 사용할 수 있게 되었다.

23 A. Chen and Lee(1996)에 따르면 1900~1950년 동안 도시에 사는 남성과 여성의 평균신장은 대륙에서 10년마다 각각 0.5cm, 1cm씩 증가하고 타이완에서 남녀 상관없이 10년마다 0.8cm씩 증가했다.

24 A. Chen and Lee(1996)에 따르면 1950~1990년 동안 남성과 여성의 평균신장은 대륙에서 10년마다 각각 1cm, 1.3cm씩 증가하고 타이완에서 10년마다 각각 1.4cm, 1.2cm씩 증가했다.

25 1979년 안후이성의 조사는 1958~1979년 동안 신장은 농촌지역에서 10년에 4.2cm, 도시지역에서 10년마다 2.3cm 증가한 것을 밝혔다(Research Group 1982, 508, Piazza 1986, 156~157에서 인용). 최근 쓰촨성(四川省)의 유사한 조사는 1985~1995년 동안 도시지역에서 남녀 신장은 각각 겨우 1.21cm, 1.31cm만 증가했음에 비해 농촌 남성과 여성의 신장은 각각 4.3cm, 3.5cm 증가한 것으로 밝혀졌다(UPI 1996.11.5 신문발표).

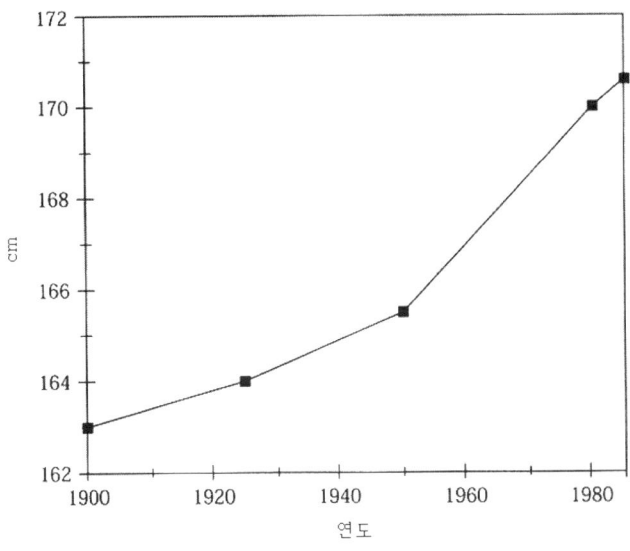

〈그림 3-3〉 중국 남성의 평균신장(1900∼1985년)

출처: A. Chen and Lee(1996)

　물론 신장의 변화는 질병·사망률의 변화와 영양상태의 변화를 반영한다.
인구가 지속적으로 증가했는데도 불구하고 영양섭취율은 상당한 수준으로
착실히 증가했다. 뿐만 아니라 질병관리와 예방에 직접 관련된 건강의 개선
도 현저했다. 물론 이러한 신장의 변화는 전체적인 생활수준 개선을 입증하
는 것이다.

　또한 중국의 일부 지역에서 영양에 대한 이러한 개선이 20세기보다 훨씬
전부터 시작되었음을 보여주는 증거도 있다. 대부분의 중국인 역사가들은
근대의 영양수준이 낮았거나 심지어 최저 수준이었다고 간주하는데, 그들의
결론에 역사자료에 따른 근거는 없는 것 같다. 최근의 연구는 가장 인구가
밀집한 지역의 사람들이 인구가 적은 지역 사람들보다 점차 좋은 음식을
먹게 되었다는 사실을 밝혔다(뤄룬羅侖 1989). 중국사상 가장 인구가 밀집한

지역인 청대 양쯔강 하류지역에서 농민의 일상적 음식에 대한 여러 기록을 보면 그들이 아마도 중국의 다른 지역보다 높은 수준의 음식을 먹고 있었을 것으로 여겨진다.

이러한 생활수준은 상당히 일찍부터 개선된 것 같다. 근대 농촌의 임금과 음식에 대해서 기록한 농업 안내서의 내용을 비교하면 17세기부터 양쯔강 하류 및 기타 지역의 중국인은 이전보다 생선·고기·두부를 더 많이 먹고 차와 술을 더 많이 마시고 설탕을 더 많이 소비한 것을 알 수 있다(팡싱方行 1996).[26] 16세기 일반 농업 노동자들은 농번기 한 달 중 10일 동안 고기를 먹었는데, 이것은 17세기에 15일, 19세기에 20일로 증가했다.[27]

고기의 질과 양도 개선되었다. 17세기에는 고기를 먹을 때 일용노동자는 조린 고기, 말린 생선, 동물의 내장 등 소위 변변치 못한 고기의 작은 일부만 먹었지만 19세기가 되면 돼지고기를 많이 먹게 되었다.[28] 고기의 양은 장기 고용 노동자보다 적었지만 그들은 고기가 없는 날은 생선을 먹었다.[29] 주류의 질과 양도 마찬가지로 증가했다.[30] 따라서 19세기 중엽까지 일부 농장노

. . . .

26 이들 안내서는 다음과 같은 책을 포함한다. 1630년경의 익명의 『심씨농서(沈氏農書)』, 1658
년 장리상(張履祥)의 『보농서(補農書)』, 이들에 청헌리(陳恒力)와 왕다(王達)가 주석을 달아
출판한 『보농서교석(補農書校釋)』(북경농업출판사, 1983)과 1834년 장가오(姜皋)의 『보묘철
자(補澗哲咨)』(상해도서관, 1963), 1864~1884년 쓰여지고 1927년 출판사 이름 없이 출판된
다오시(陶煦)의 『조복(租覆)』.
　　양쯔강 하류지역 농촌의 임금은 자주 식량, 현금 등으로 구성되었다. 현물의 비율은 17,
18, 19세기 동안 크게 변하지 않았지만 식량과 현금의 비율은 증가했다(뤄룬羅侖 1989; 팡싱
方行 1996). 실제로 Pan에 위한 최근의 분석(1997)에 따르면 성인 남성 농장노동자는 하루에
평균 4,000cal 이상을 소비했다.
27 농한기에 고기를 먹을 수 있는 날짜는 약간 적어졌다. 그러나 16세기는 한 달에 7~8일,
17세기는 한 달에 10일처럼 같은 경향에 있었다.
28 17세기 '고기'는 하루에 63g(1/8근)의 조린 고기, 혹은 100g(1/5근)의 동물의 내장, 혹은 생선
으로 이루어졌다. 19세기 비율은 250g(1/2근)의 돼지고기가 되었는데 이것은 17세기의 2.5~4
배가 된 것이다.
29 장기고용노동자는 고기를 먹을 수 있는 날 하루에 125g(1/4근)의 돼지고기를 먹고, 고기를
먹을 수 없는 날에는 같은 양의 생선을 먹었다.

동자들은 보통 날에도 고기와 술을 먹었다. 이것은 일반 농민들도 마찬가지였다.[31]

이러한 생활수준의 개선은 음식에만 한정되지 않았다. 최근 케네스 포머런츠(Ken Pomeranz, 근간예정)는 직물, 가구 그리고 에너지까지도 1인당 소비량에서 18세기 중국과 유럽이 같은 수준이었다고 추정했다.[32] 인구증가는 빈곤화와 기아를 초래한다는 일반적인 생각은 중국, 특히 양쯔강 하류지역에는 맞지 않는 것 같다.[33] 지속적인 맬서스적 압력에서도 중국의 인구는 증가했다. 뿐만 아니라― 다음 절에서 보겠지만 ― 사망률 증가나 기근도 없었다. 게다가 1인당 생산성도 감소하지 않았다. 실제로 20세기 후반의 경제발전 이전에도 생활의 질이 개선되었다는 증거가 확실히 존재한다. 이러한 의미에서 중국, 구체적으로는 가장 인구가 밀집된 양쯔강 하류지역은 인구과잉이 아니었다고 생각된다.

. . . .

30 팡싱(方行)에 따르면 예를 들면 17세기 이전 하루에 1/3컵의 술이 제공되었다. 17세기 농번기에는 중노동에 종사하는 자에게 술 1컵, 통상노동에 종사하는 자에게 술 1/2컵이 제공되었다. 17세기 후반까지 노동자는 술과 장작을 구입하기 위해서 은 1.2량을 받았다. 19세기 후반까지 술값만 1년 간 1.25량 증가했다(1996, 98).

31 다시 팡싱(方行)에 따르면 17세기와 19세기 사이 보통 소작농 가족 식비에 있어서의 곡물이외의 식량, 즉 기름·고기·생선·소금·야채·술 등의 지출은 1/5에서 1/3으로 팽창했다(불변가격으로 비교). 대체로 이러한 물품들에 '전형적' 19세기 5인 가족은 1년당 7량을 지출했다(1996, 93. 97).

32 Pomeranz(근간)에 따르면 1750년 무렵 독일이 1인당 5파운드, 프랑스에서 8파운드의 면포를 소비한 것에 비해 중국은 6~8파운드의 면포를 소비했다. Buck(1937, 456)과 De Vries(1975)의 1인당 가재도구에 대한 비교를 참조할 것.

33 이전까지 농촌의 생활수준, 특히 1인당 토지비율, 토지소유, 차지료가 특별히 높은 양쯔강 하류지역은 가난했다고 간주되었다. 어떤 연구자들은 이것은 농촌노동이 점점 봉건적으로 착취되게 된 과정의 결과라고 하였다(천전한陳振漢1955; 푸쭈푸傅築夫·구슈탕顧扨堂 1956; 푸이링傅衣淩 1991, 92, 95; 쉬신우徐新吾 1991, 40~44, 105~106; 왕팅위안王廷元 1993). 다른 어떤 연구자들은 이것은 맬서스주의 혹은 신맬서스주의의 인구과잉 때문이라고 하였다(Chuan 1958; 홍환춘洪煥椿 1989, 91; P. Huang 1990). Huang의 명확한 설명에 따르면 양쯔강 하류지역의 농촌산업의 발전과 상업화는 미시적인 가족수준에서 보면 단지 잉여노동의 부산물뿐이고 거시적인 사회수준으로 보면 단지 빈곤을 악화, 가속화시켰을 뿐이었다.

평균여명

대체로 중국은 높은 사망률과 빈번한 기근을 겪었다고 볼 수 없다. 이전까지 중국 인구는 주로 사망률, 즉 전쟁, 전염병, 기근 그리고 영아살해에 의해서 억제되었다는 생각이 상식이었다. 다시 말해 중국의 인구는 예방적 억제가 아니라 적극적 억제에 의해서 일정하게 파동을 보인다는 것이다. 생활수준의 개선은 인구규모를 증가시킨다. 반대로 인구가 생존자원보다 증가하면 생활수준은 떨어진다. 적극적 억제와 그보다 정도는 덜하지만 예방적 억제가 작용하여 인구성장률이 떨어진다. 말하자면 맬서스가 적극적 억제라고 부른 사망률이 중국의 인구성장을 억제했다는 것이다.[34]

이와 같이 중국에서 적극적 억제의 역할이 중요시되었다. 그렇기 때문에 중국 역사인구학의 초기 연구는 분석을 위해서 사용할 수 있는 계보자료에 한계가 있음에도 사망률에 초점을 기울였다(Harrell 1985, Liu Ts'ui-jung 1985; Lee, Anthony와 Suen 1988).[35] 이들 연구와 이후 연구에 따르면 18세기 중국 인구의 사망률은 서유럽과 거의 동일했다.[36] 출생 시 평균여명은 성별, 계급,

. . . .

34 따라서 Harrell은 다음과 같이 주장했다. "[청 말] 인구 형태는 출산력 요인보다 주로 사망률 요인에 의해 움직여졌다"(1995, 6). 직접적 증거는 없지만 Philip Huang도 마찬가지로 중국 사회경제 형태에 있어서 사망률의 기능을 강조한다. "중국 인구형태는 근대 초기 유럽과 달리 출산력이 아니라 사망률에 의해서 움직여졌다"(1990, 324).

35 계보를 거슬러 올라가는 것은 특별히 사망기록의 중대한 편향성 때문에 어려움을 겪는다. 편집시기에서 오래되면 오래될수록, 사망한 사람이 젊으면 젊을수록 그 사람이 기록될, 혹은 자세히 기록될 가능성은 낮아진다. 이것은 특히 후계자가 없는 사람에게 적용된다. 북미에서 계보를 거슬러 올라가서 편집된 자료를 사용한 Pope(1989)는 그 때문에 이러한 자료, 특히 유아와 아동의 사망, 그리고 편집시기에서 한 세기 이상 이전의 자료에 따른 사망률 역사 분석에 약점이 있는 것을 실증했다.

36 Blayo(1975)에 따르면, 1770~1779년 사이 프랑스 평균여명은 태어났을 때 남성 28.2세 여성 29.6세, 1세 때 남성 38.6세 여성 38.5세, 5세 때 남성 46.0세 여성 45.6세였다. 1780~1789년 사이 평균여명은 태어났을 때 남성 27.5세 여성 28.1세, 1세 때 남성 37.6세 여성 37.1세, 5세 때 남성 45.5세 여성 44.3세였다. 그것과 대조해, Wrigley and Schofield(1981)에 따르면 태어났

거주환경에 따라 달라서 20대 후반에서 30대 초반 정도였다. 남성의 여명은 여성보다 길었고(Lee, Anthony와 Suen 1988; Lee and Campbell 1997), 엘리트의 여명은 서민보다 길었다(Telford 1990a, 1990b). 계급에 관계없이 농촌거주민은 도시거주민보다 점차 오래 살게 되었다(Lee, Campbell and Wang 1993).

맬서스의 예측에 따르면 19세기와 20세기 초 중국의 인구증가는 높은 사망률과 빈번한 기근을 초래했지만, 이 시기 사망률은 증가하지 않았다.[37] 예를 들어 가장 기록이 잘 남아 있는 중국인 집단인 황족은 19세기에 그 구성원의 증가속도가 점차 정체되었는데, 그럼에도 그들의 평균여명은 감소의 징후를 보이지 않았다(Lee, Campbell and Wang 1993; Lee, Wang and Campbell 1994).[38] 이러한 패턴은 일반 서민에게도 그대로 들어맞는다(Lee and Campbell 1997).

오히려 20세기 초부터 특정 도시와 농촌에서는 지속적인 사망률 감소가 시작된 것이 분명하다. 예를 들면 캐머론 캠벨(Cameron Campbell 1997)은 베이징에서 5세의 남성과 여성 모두의 평균여명이 10세 이상 증가했다고 지적했

을 때 영국 평균여명은 1750~1775년은 36.3세, 1775~1800년은 37세, 1800~1825년은 41.5세와 같이 남녀 모두 높았다. 스웨덴의 태어났을 때 평균여명 역시 영국과 거의 마찬가지고 1751~1790년은 남성 33.7세 여성 36.6세, 1816~1840년은 남성 39.5세 여성 43.6세 그리고 1840에서 1890년대까지 남성은 40세 이하 여성은 40세 중간 이하였다(Statiskiska Cebtralbyran 1969, 61).

37 이러한 결과에 반대하는 중요한 주장이 있다. 1995년 Harrell과 Pullum은 씨아오샨(蕭山)현에서 1888년(石氏), 1897년(林氏), 1904년(吳氏)에 편집된 세 가지 족보를 거슬러 올라가서 19세기 후반 남성의 사망률을 분석했는데 이것은 17세기 후반보다 18세기 후반, 그리고 19세기 초보다 19세기 후반에 사망률이 높았다는 것을 나타냈다(7~10, 146~149). 그 결과의 문제점은 추출방법과 대표성과 연관된다. 즉 이 분석을 출생과 사망데이터가 기록된 남성에 제한했지만 이들은 더 오래 살아 있었던 가능성이 있는 것이다. 씨아오샨은 태평천국의 난 때 주전장이 된 지역 때문에 사망률이 높았다. Harrell과 Pullum은 이들 문제점을 인정한다. "시간이 흐를수록 각 가계에서 평균여명이 분명히 저하되고 그 저하가 너무 크기 때문에 이것은 오류라고 봐야 한다. 17세기 개인이 족보에 포함된 기회는 최종적으로 그 개인이 오래 살았는가에 연관된 가능성이 있다"(1995, 148).

38 이것은 1세 이상의 남녀에 들어맞는다.

다. 그는 이것이 주로 1910~20년대부터 자발적인 공중위생대책이 시작되었기 때문이라고 주장한다. 텐진(天津)과 다른 도시에서 시행된 위생정책에 대해서도 지적하고 있다(Benedict 1993; Rogaski 1996). 뒤이어 국가에 의한 공중위생정책도 실시되었는데 그 유효성은 최근에 와서야 비로소 평가되고 있다(Yip 1995).

갑작스런 사망률의 급증이 사망률 감소 추세를 중단시킬 때가 있었지만, 이것은 장기적인 인구성장을 그다지 제어하지는 못했다. 기근 현상은 별로 많지 않았고 그 영향은 매우 한정적이었다.[39] 또한 중국의 기근과 그로 인한 인구감소는 인구과잉 때문이 아니라 정책과 조직의 문제에 기인한 것이었다. 아마도 가장 분명한 사례는 1958~1961년 대약진 시기의 기근일 것이다. 이것은 역사상 최악의 기근이라고 할 수 있다. 3천만 명이 죽고 3천만 명의 탄생이 지연되었다(Ashton 등 1984).

이 기근은 이상기후과 혹독한 자연조건 때문에 악화되었지만 비현실적인 농촌의 집단농장화와 공업발전을 추진한 대약진정책이 동반한 일련의 인위적 실수가 그 주된 원인이었다(D. L. Yang 1996). 정보와 정치적 관심의 결여 때문에 기근이 절정에 달한 1960년에도 곡물을 수출한다는 어리석은 결정이 내려지기도 했다.[40] 초기 기근들은 이와 같은 혼란과 무지에 의한 것이었다

. . . .

39 기근이 적었다는 것은 Ho(1959)에 의해 처음에 입증되었다. Will and Wong with Lee(1991)는 이것이 적어도 어느 정도는 가난한 사람들의 이익을 위해 식량시장을 통제하려고 나라의 식량공급의 약 5%를 매년 배급했다는 국가복지정책의 결과였다고 한다. Liu Ts'ui-jung(1992) 의 한정적 영향에 대한 많은 사례를 참조하라. 사실 맬서스는 동일한 견해를 가졌다. "중국에 서는 가장 파괴적 기근의 흔적이 어디서 들어도 빨리 지워진다"(1798/1992, 49; 1826/1986, 323). Watkins and Menken(1985, 1988)은 시뮬레이션 연구를 통해 극히 높은 빈도(50년 이내에 한 번 이상)로 발생하지 않는 한, 어느 정도 심각한 기근도 인구성장을 억제할 원인이 되지 않는 것을 보여주었다. 그들은 다음과 같이 결론지었다. "통상적으로 사망률이 높은 원인은 사망률의 이상한 형태의 정점에서 찾는 것보다 완만한 성장 혹은 인구정체의 설명으로서 찾아야 한다"(1988, 170). Menken and Cambell(1992)의 그들의 시뮬레이션 연구에 대한 최근 개정판을 참조하라.

고 생각된다.[41] 인구가 아니라 정책이 중국을 생존의 한계까지 밀고 간 것이다(Bernstein 1984).

20세기 중엽까지 중국의 사망률은 세계의 인구대국 중 어느 나라와도 비교할 수 없을 정도의 비율로 감소하기 시작했다. 유아사망률은 1950년의 천 명당 200명에서 현재 천 명당 50명까지 떨어졌다. 세 번의 인구조사에 기초하여 구성된 생명표를 보면 남성의 평균여명은 1953~64년의 42.2세에서 1964~1982년 61.6세까지 상승했다. 이것은 1949년 이후 1년에 평균여명이 1.5년의 비율로 개선된 결과이다. 1980년까지 평균여명은 69세가 되었다. 공중위생에 대한 정부의 많은 투자 때문에 이와 같이 급속한 진전을 볼 수 있었던 것이다(Jamison 등 1984). 데이터에 따르면 최근 10년 동안 특히 간쑤성과 구이저우성에서 비록 느리기는 해도 사망률은 지속적으로 감소하고 있다.[42]

지금까지 300년 동안 사망률의 증가나 사망률 위기(mortality crises)가 빈번하고 격렬하게 일어났다는 증거는 없다. 반대로 사망률은 대체로 안정을 유지하고 인구의 증가에 따라 감소하기도 했다. 맬서스는 강력하게 주장했지

- - - - - - - - - - -

40 1958~1961년 기근의 원인과 결과에 대한 분석은 Ashton et al.(1984), Bernstein(1984), Peng(1987), D. L. Yang(1996)을 참조하라.

41 19세기 최악의 기근은 1876~1879년 사이에 일어났다. 심각한 가뭄(3년 동안 거의 비가 내리지 않았다)이 샨시(陝西), 샨시(山西), 쯔리(直隷 현재 후베이湖北) 후난과 산동성의 일부를 포함한 중국 북부에 확대되었다. 기아, 역병 혹은 이들과 관련된 폭력에 의한 사망자는 900~1,300만 명으로 계산된다. 20년대 화양의진회(華洋義賑會, China International Famine Relief Commission) 비서장이었던 Walter Mallory에 따르면 "엄청난 사망률은 통신수단의 결여가 원인이었다. … 국내의 재난에 관한 뉴스가 수도와 항구에 도달하기까지 몇 개월이나 걸렸다. 외부에서 원조를 보내기 위해 어떤 공동행동을 실시하기 이전에 넓은 지역에서 엄청난 사람들이 이미 죽어버렸다"(1926, 29). 1920~21년 같은 지역에서 유사한 기후조건이 발생했지만 새로 만들어진 6,000마일의 철도시스템과 좋아진 원조 조직을 통해서 사망자는 50만 명 이하가 되었다.

42 쟝정화, 리슈먀오, 순푸빈(蔣正華, 李樹苗, 孫富斌 1993)에 따르면 1990년 인구조사 자료는 1990년 전국 평균여명은 남성 68.4세, 여성은 71.7세인 것을 밝혔다.

만 그의 예측은 결코 맞지 않았다. 1750년의 2억 250만에서 1950년의 6억, 현재 약 12억까지 지속적으로 인구는 증가했지만 인구과잉의 위험은 신화로만 남아 있다.

인구와 경제

인구과잉을 회피할 수 있었던 것은 두 가지 인구경제학적 과정에 기인했다. 첫째는 인구성장이 기술혁신과 이에 잇따른 경제성장을 이끌었다는 사회적 수준의 인과관계이다(Boserup 1965/1966). 둘째는 경제순환의 변화에 의해서 사람들이 그들의 집단행동을 바꾸고, 그 결과 출산력과 그보다 정도는 덜하지만 사망률을 제한했다는 가족 수준의 피드백 루프다. 기술혁신과 노동생산성의 상승이라는 첫째 과정에 대해서는 이미 많은 학자들이 자세히 묘사한 바 있다(허빙띠何炳棣 1955; 탕치위唐啓禹 1986; 귀원다오郭文稻 1988; Li Bozhong 1998). 전근대 인구억제라는 둘째 과정에 대해서는 아직 잘 알려지지 않고 있는데 이것은 제4~7장에서 자세히 분석하고자 한다.[43]

농업확대

오랫동안 일반적으로 새로운 작물과 새로운 경작기법으로 식량생산의 기반이 확대되었기 때문에 근대 인구가 성장했다고 설명되어 왔다. 허빙띠(何炳棣 1955, 1959, 1978)는 특히 미국과 아시아의 다른 지역에서 들어온 새

· · · · · · · · · · · ·

43 Lee, Campbell, and Tan(1992); Lee, Campbell, and Wang(1993); 리쫑칭(李中淸), 귀숭이(郭松義)(1994); Lee, Wang, and Campbell(1994); Wang, Lee, and Campbell(1995); Campbell and Lee (1996); Wang and Yang(1996); Lee and Campbell(1997)을 참조하라.

로운 식용작물이 보급되어 중국의 농업생산력뿐 아니라 특히 서부 산악지대와 남서부 변경지대, 그리고 많은 내륙 산악지역에서 경지면적이 증가할 수 있었음을 강조했다. 그 결과 18세기 중엽 중국 인구의 5%에도 미치지 못했던 남서부에서 20세기 초까지 전체 인구의 15% 이상을 차지하게 되었다.[44]

그런데 일본과 미국 학자들이 행한 이후의 연구는 다른 형태의 기술혁신으로 관심을 옮겨서 그 인과관계를 뒤집었다. 농업확대는 인구압박의 원인이 아니라 그 결과였다는 것이다.[45] 엘빈(Elvin 1973)은 특히 일본의 연구성과에 기초하여 어떻게 인구증가가 생산성 증가를 이끌었는가를 확인했다. 단작에서 다모작으로, 밭농사에서 논농사로, 한정된 비료이용에서 비료이용의 확대로, 제한된 노동투자에서 집약적인 투자로의 변화 등이 그 구체적인 내용이다. 그러나 그의 연구는 주로 전국적 수치에 따른 것이다. 따라서 그 인과과정을 증명하기 위한 자세한 분석은 부족하다.

청대의 기록이 가장 잘 남아 있는 양쯔강 하류지역에 초점을 맞춘 최근 일련의 저작 중에서 시바 요시노부(斯波義信 1991)와 리보쭝(李伯重 1998)은 이 지역의 1인당 생산성과 1인당 소비량의 상승이라는 경제성장 패턴을 상세하게 실증했다.[46] 그들은 18세기 후반과 19세기 초에 와서 비로소 많은

. . . .

44 이들 비율은 Lee(1982a, 1982b)와 미등기 인구에 대한 그의 계산에 의한 것이다. 따라서 이들 비율은 〈지도 7-1〉에 기록된 인구와 차이가 있다.

45 원래 아이디어는 Boserup(1965/1996)에 의한 것인데 Perkins가 처음에 이 공식을 중국에 적용했다(1969, 23). 농업기술의 보급이 인구를 증가시킨 것이 아니라 인구팽창으로 농업확대가 이루어졌다는 것이다(역자주).

46 리보쭝(李伯重 1996c)은 Faure(1989)와 유사한 결론을 확인하고 P. Huang의 주장을 전면적으로 반박한다. P. Huang은 다음과 같이 인식한다. "여섯 세기 동안의 활발한 상업화와 1350~1950년 동안의 도시발전, 그리고 1950~1980년 동안의 30년에 걸친 집단화와 농업근대화, 그 가운데 중국의 선진지역인 양쯔강 삼각주 지역에는 수익이 최저생활수준인 소작경제가 계속 존재해 왔다. 1980년대에 와서야 발전이 삼각주 시골에서 시작되고 그 결과 농민의 수입은 최저생활수준으로 크게 올라갔다"(1990, 1).

전통기술들이 보급되기 시작했다고 결론 내렸다.[47] 또한 자원이 합리적으로 사용됨에 따라 노동생산성은 증가했다. 양쯔강 하류지역의 농민들은 이용 가능한 자원, 즉 경작지, 농업용수, 인간 및 가축 노동력 등의 합리적 사용을 증가시켰다. 한편으로 그들은 생산의 강도를 상승시켰다. 이를테면 그들은 생산을 늘리기 위해서 일정 구역과 시간 내에 노동량과 투자하는 자본을 증가시켰다.

이 두 과정은 동시에 진행되었다. 논농사와 겨울의 밭농사라는 이모작, 면화재배와 논농사와 겨울의 밭농사라는 다모작, 그리고 뽕나무밭에서의 간작(間作)을 확대함으로써, 1년당 노동일수와 인간 및 가축의 노동시장이 증가했다. 동시에 농민들은 상품작물에 대한 투자를 늘리고 재배방법을 바꾸어 집약적 작물을 재배하는 데에 경지를 사용하게 되었다. 시비의 증가는 특히 중요하다. 실제로 비료투입은 노동투입보다 훨씬 일찍부터 상승했다.

양쯔강 하류지역에서의 이러한 변화는 농촌의 공업화, 상업화의 확대와 함께 일어났다. 국내외 시장의 확대는 양쯔강 하류지역의 농민에게 비교우위와 분업의 증가를 통해서 이익을 얻을 수 있는 기회를 주었다. 수백만의 농민들, 주로 여성들이 농장노동으로부터 고소득을 더 얻을 수 있는 농촌공업으로 옮겨갔다. 이상과 같은 요인에 의해서 18세기와 19세기를 통해 양쯔강 하류지역의 전체 생산성은 크게 증가했다.

노동집약

말하자면 농업확대는 노동집약이라는 과정을 동반했다. 이러한 변화는 언

----

47 Li Bozhong(1998)은 특히 비료의 사용과 농작물과 종자의 특정한 조합에 주목한다. 시바 (1991)는 관개에 주목한다. 바이허원, 두푸취안, 민종인(白鶴文, 杜富權, 閔宗殷 1995)과 량쟈 멘(梁家勉 1989)의 청 말기 농업기술에 대한 개요를 참조하라.

뜻 보기에 하야미 아키라(速水融 1977)가 말하는 일본의 '근면혁명'과 흡사하다. 그러나 이것은 인구압박 때문이 아니라 오히려 18세기와 19세기에 경제적 기회가 증가하고 20세기 후반에 이데올로기적 형태의 수요가 있었기 때문인 듯하다.[48] 우리는 시간과 성별, 동기에 따라 이것을 두 가지 과정으로 나눌 수 있다.

우선 남성들은 더 오래 일하게 되었다. 청대 양쯔강 하류지역의 남성농민은 1년 내내 야외에서 일했다. 그런데 중국 북부지역에서는 혹독한 겨울 때문에 농민들에게 장기간의 농한기가 주어졌다. 물론 1950~1975년까지 중국 농촌의 모든 성인남성들이 직장을 얻으면서 연간 평균 노동일수는 50% 이상, 즉 160일에서 250일로 증가했다(Rawski 1979, 115).[49] 농촌에서 노동투입의 증가는 적어도 1970년대까지 주로 다모작의 증가와 파종면적 증가로 대표되는 보다 집약적 재배를 위한 노동수요의 증가에 기인했다.[50] 농촌 노동수요의 다른 주요한 원천은 집단농업시스템 아래서 상당히 확대될 수 있었던 토지개간과 농촌건설이었다.

한편 여성도 서서히 주요 노동력이 되어갔다. 18세기와 19세기 초 여성은 보조적인 비농업 경제활동에 종사했는데, 20세기에 와서는 보조적인 농업활동에 종사했다. 청대 말까지 여성은 농업에 참여하게 되었다. 특히 양쯔강 하류지역에서는 면·견직물수공업생산에 이미 여성들이 종사하고 있었지만 중국 북부와 같은 다른 지방에서는 여성의 참여가 훨씬 적었다.[51] 그러나

. . . .

48 이 정책은 사회에 있어서의 여성의 지위는 그들의 생산수단과의 관계에 따라 결정되기 때문에 여성해방은 노동에 여성이 참여할 것이 요구된다는 맑스주의 이데올로기에 입각했다.
49 Rawski(1979)는 1975년 많은 경우는 284일, 적은 경우는 215일이라고 계산했다. 우리가 사용한 250일은 이 두 가지 숫자의 대략적인 평균이다. Rawski(1979, 118)를 참조하라. Peter Schran(1969)은 1950년대 초 1년당 농민의 평균노동일수는 보다 낮은 119일이라고 계산한다.
50 Rawski(1979)에 따르면 다모작 지수는 1952년 1.31에서 1977 혹은 1978년 1.50까지 올라갔다.
51 Li Bozhong(1998, chap. 8)은 다른 연구자들이 19세기 후반과 20세기 초 양쯔강 하류지역의 농촌여성은 1년당 평균 200일 면수공업에 종사한다고 계산한 것에 입각해서 연구를 정리한

1950년대 초 여성 노동력은 전국적으로 현저히 증가했다. 국가정책에 따라 야외 여성노동에 대해서 남성과 똑같은 임금이 지불되기 시작했기 때문이다. 여성이 농업생산에 참여한 결과, 일부 지역에서는 단 2~3년 만에 농촌노동력이 2배나 되었다.

노동공급이 굉장히 상승했는데도 1인당 생산량은 감소하지 않았다.[52] 오히려 이것은 증가하였으며, 일련의 생활수준 지표들도 이에 따라 증가했다. 예를 들어 양쯔강 하류지역에서 농업의 실질임금은 급속히 상승했고 현금이 아니라 현물지급도 서서히 증가했다. 어떤 연구에 따르면 17세기 초에는 1명의 비노동 성인 인구를 부양하기 위해서 4~5명의 성인 노동자가 필요했는데, 18세기 중엽까지 단 1~2명의 노동자로 부양할 수 있게 되었다(웨이진 魏魏金玉 1983, 483~442, 490, 492~499). 이러한 수입과 생활수준의 증가는 일상적인 의류와 음식의 변화에도 반영되었다. 팡싱(方行 1996)의 연구에 따르면 17세기 농민의 대부분은 아직 삼베와 저마(苧麻)를 입었지만 19세기 중엽에는 거의 모두가 면·비단을 입을 수 있게 되었다.[53] 사치품 소비가 증가하는 가장 현저한 사례는 술, 아편, 담배다.[54]

적어도 양쯔강 하류지역에서 이러한 인구증가가 있었지만, 소비와 수입이

· · · · · · · · · · · ·

다. Yang Liensheng(1955)의 봉건사회 노동과 휴식에 관한 고전적 문장을 참조할 것.

52 중국의 몇몇 지방에서 연간생산량이 아닌 작업일당 생산량은 사실 감소했다. P. Huang(1990)은 양쯔강 하류지역의 경제과정은 하방퇴행적 스파이럴에 있었다고 할 수 있는 가능성에 주목한다. 그러나 그의 논의는 하나의 중요한 사실을 무시한 것이다. 즉 작업일당 생산량이 증가하지 않아도 작업일수는 크게 증가한다는 것이다(Rawski 1979, 115). 그 결과 연간생산량과 연간수입도 증가한다.

53 서양인 여행가들도 유사한 관찰을 남겼다. 예를 들면 John Barrow 경은 『Travels in China』(London: Caldwell and Davies, 1806), 572에서 19세기가 바뀌는 무렵에 양쯔강 하류지역에서 비단이 크게 보급된 것을 썼다.

54 바오시천(包世臣)의 1840년경 『安吳四種』 26. 3b~5a의 양쯔강 하류지역에서 사치스러운 소비가 증가한 것에 대한 생생한 묘사를 참조하라. Spence(1975, 154)에 따르면 19세기 후반 전국의 아편중독은 10%까지 높아졌다.

장기간에 걸쳐 감소하는 현상을 동반하지는 않았다.[55] 생산·영양·건강의 장기적 증가 현상이 전국적으로 확대되는 것은 20세기에 들어와서의 일이다. 그런데 양쯔강 하류지역과 같은 일부 지역에서는 이미 적어도 18세기에는 이와 같은 과정을 거쳤다. 중국역사 도처에 존재한 맬서스의 압력은 결코 맬서스가 말한 사망률 위기를 초래하지는 않았다. 맬서스가 중국에 대해서 묘사한, 생산력이 한계에 도달할 때 출산력이 제한되지 않기 때문에 사망만이 인구를 자원의 한계까지 끌어내리는 유일한 방법이라고 하는 그러한 인구학적 시스템을 일으키지 않았다는 것은 큰 성과라고 할 수 있다.

4~6장에서도 언급하듯이, 맬서스의 위기를 피할 수 있었던 요인은 거시적 수준의 경제적 성장뿐 아니라 미시적 수준의 지속적인 인구조절 때문이었다. 중국의 인구동태는 사망률·혼인률·출산력을 적극적으로 조절하는 여러 가지 인구억제 방법에 의해서 좌우되었다. 요컨대 중국인은 인구시스템에 인구와 경제성장 사이의 피드백 루프를 만드는 데에 성공했다. 그 결과 그들은 사회적·경제적 상황에 따라 인구를 조절할 수 있게 되었다. 다른 지역의 농민과 달리 중국 농민은 형편이 좋을 때만 아이를 낳고 키웠다. 따라서 중국의 인구는 기회증가를 계기로 크게 성장했다. 즉 중국인은 적어도 맬서스가 말한 외인에 의한 거시적 수준의 적극적 억제를 증가시키지 않고 인구성장을 억제·완화할 수 있었던 것이다.

중국의 인구동태는 맬서스의 패러다임에 대신하여 제7장에서 언급할 인구학적 형태를 구성한다. 합계혼인출생률, 영아살해, 남성독신을 조절하는 이

· · · · · · · · · · · ·

55 이 패턴은 영양뿐 아니라 입맛에도 적용된다. 옥수수·고구마 등 아메리카의 식량식물이 보급되었는데도 사람들이 그것을 거친 곡물이라고 간주하여 강남에는 보급되지 않았다. 후난과 쓰촨 같은 상당히 먼 성에서 수송되어 비쌌음에도 강남의 가난한 소작농조차도 좋은 곡물인 쌀을 계속해서 먹고 있었다.

러한 인구학적 메커니즘이 결합되어 인구와 경제성장 사이에 강력한 피드백 루프가 구성되었다. 한편으로 인구동태는 경제상황에 크게 영향을 받았다. 그러나 다른 한편으로 여러 방법에 의해서 인구를 억제하는 이러한 시스템 때문에 중국은 장기간의 기근이나 맬서스가 예측한 사망률의 위기 없이 오랜 기간 동안 성장할 수 있었다.

제4장

사 망

인구에 대한 적극적 억제는 굉장히 다양한 원인들을 포함하고 있다. 특히 이것은 의도적인 관습과 환경적인 재난으로부터 일어난다. 이러한 것이 발생하면 어느 정도인가와 상관없이 인간의 생명을 단축시킨다. … 모든 유해한 직업들과 노동, 계절 변화에 대한 노출, 극심한 빈곤과 좋지 않은 양육, 거대한 도시, 일련의 질병과 유행병 그리고 전쟁, 감염, 기근들이다.　　　　　— 맬서스 『인구론』(1803년 판)

맬서스의 유산

맬서스는 사망률을 인구증가를 억제하는 가장 기본적인 적극적 억제라고 불렀다. 이와 달리 예방적 억제는 도덕적인 억제를 통해서 이루어진다. 적극적 억제는 맬서스가 말한 자연에서 발생하는 재난과 인위적으로 만들어진 것들이 뒤섞여 이루어진다. 도덕적인 억제가 순전히 인간의 의지에 기초하고 이성판단에 의한 자발적인 것임에 반해 재난은 전혀 자발적이지 않다.

기근이 최고의 적극적 억제라고는 하지만 맬서스 역시 다양한 중간 단계의 억제법이 있었다는 것을 모르지는 않았다.[1] 대부분은 자의적이지 않은 것들이지만 어떤 것들은 인간의 의도적인 악행에서 비롯된다. 이런 행동들 가운데 가장 우선되는 것은 영아살해. 맬서스에 따르면 영아살해는 비서구와 전근대적 서구사회, 즉 고대 그리스와 로마, 남아메리카, 태평양 제도, 오스트랄라시아(Australasia), 남아시아 그리고 특히 중국에서 있었던 전형적인 형태라 할 수 있다. 영아살해는 인구증가의 크기를 줄여서 직접적으로 인구성장을 제한하기도 하며 간접적으로 성별 구분을 통해 여아의 수를 줄이기도 한다.[2] 이런 행위는 다양한 계층에서 여러 형태로 나타났는데 가난한 계층에서만 보편적으로 발생한 것이 아니라 부유층에서도 일어났다.[3]

이런 사회에서는 영아살해 자체가 인구증가를 제한하는 하나의 방법이다. 맬서스가 묘사한 인구변동 사이클에 따르면 영아살해가 널리 행해질 때는 인구감소가 있었고 이런 사회 현상이 변화했을 때에 인구가 다시 증가했다.[4] 하지만 중간단계의 억제가 존재하지 않거나 혹은 불충분했을 고대 원시사회

· · · · · · · · · · · ·

1 맬서스는 영아살해와 질병, 이 두 가지를 가장 중요한 중간억제 수단으로 생각했다. 그래서 그는 많은 분량을 영아살해에 대해 논하는 데 할애했다(1826/1986, 25~26, 31, 50, 54, 56, 120~122, 130~131, 134~135, 140~141, 151~152). 맬서스가 인식하기로는 영아살해가 엄밀히는 인구성장에 있어 적극적인 억제 수단이었지만 역설적이게도 관습적으로는 오히려 인구성장을 자극했다고 보았다. "흄의 관찰을 통해 영아살해의 허용이 일반적으로 국가의 인구를 증가시켜 준다는 것을 증명했다. 즉 대가족에 대한 두려움을 제거해 줌으로써 결혼이 권장되었던 것이다"(위의 책, 51).
2 맬서스가 타히티에 대해서 묘사한 것을 보면 "현지 선교사의 말의 의하면 여성의 인구 비율이 낮다고 했는데, 우리는 이것을 통해서 많은 여아들이 살해되었다는 것을 유추할 수 있다. … 이러한 여성 부족은 … 인구의 기반을 효과적으로 무너뜨리는 원인이 된다"(위의 책, 54).
3 타히티의 엘리오이(Eariioie)를 예로 들면 이들 중에서 "비록 모든 이들에게 영아살해가 허용되어 있었지만 상층계층에서 더 보편적으로 일어났다"(위의 책, 50).
4 타히티에서 "원래 경제 상황이 아주 좋았던 인구들 중에서도 수확이 좋지 못한 한두 절기를 보내며 빈곤을 경험하게 되면 한정된 식품을 나누는 것에 큰 압박을 느끼게 된다. 이런 사회 상황에서는 영아살해와 문란한 성관계가 보편적으로 발생한다. 빈곤을 일으킨 원인이 사라진 이후에도 인구감소의 원인은 그 효력이 점차 강해지면서 같은 방식으로 계속 작동한다. 하지만 상황의 변화에 따라 일정 정도의 습관변화가 생기게 되면 이것으로 인해 점차 인구회복이 이뤄진다(위의 책, 54~55).

에는 전쟁이 주요 억제요인이었으며, 좀 더 문명화된 국가에서는 기근과 같은 또 다른 주요한 억제요인들이 있었다.[5]

영아살해 다음은 질병이다. 맬서스의 이런 적극적 억제에 대한 이해는 매우 복잡하다. 그는 빈곤과 질병을 연관시키는 데에 아주 조심스러웠다. 그래서 영양결핍으로 인한 것과 부족한 보건 및 위생으로 인한 것과는 서로 구분하려 했다.[6] 맬서스는 천연두나 역병과 같은 질병에 대해서 특히 관심을 가졌다.[7] 그리고 나이·계층·주거와 관련된 사망률의 인구학적이고 사회적인 차이에 대해서도 충분히 인식하고 있었다.[8] 특히 맬서스는 주거의 문제를 아주 중요한 것으로 보았는데 실제로 그는 근대 유럽의 사망률이 개선된 것을 도시 공중위생의 개선에 따른 것으로 분석했다(1803/1992, 43; 1826/1986, 315).

비자발적 재난과 예방적인 형태로 수행되는 인간의 의도적인 관습을 조합한 맬서스의 세밀한 분석에도 불구하고 사망률에 대한 이후의 연구는 더 이상 진전되지 않았다. 사망률 연구는 맬서스의 기본 입장인 '인구증가는 식량의 공급에 의해서 근본적으로 제한을 받는다'는 데에 영감을 받은 것이다. 따라서 처음에는 주로 기근과 관련된 사망률 위기의 원인, 빈도수, 그리고

· · · · · · · · · · · ·

5 맬서스는 전쟁을 '가장 확실하고 강력한' 적극적 억제라고 기록했다(위의 책, 153). 문명화된 사회에서는 "우리가 명확히 알고 있듯이 산업이 충분하게 지속적으로 발전하는 환경에서는 전쟁이 인구감소에 큰 영향력을 발휘하지 않는다."(위의 책, 149) 그는 중국을 기근이 발생하기 쉬운 사례로 꼽았다(위의 책, 131, 135).
6 인도에서 전염병은 '빈곤과 영양부족'에 따른 결과이다(위의 책, 121). 하지만 미국 인디언들과 같은 '야만' 사회에서는 전염병이 "극도의 무지와 사람과 옷 그리고 그들의 오두막이 더러운 것"에 의해서 발생된다(위의 책, 34).
7 천연두에 관한 것은 위의 책, 26~115를, 역병에 관한 것은 위의 책, 113~114를 참고하라. 그에 더해 맬서스는 알 수 없는 토착 질병도 언급했다. 예를 들어 터키에서는 "전염병과 토착병이 … 역병과 같이 죽음의 공포를 일으킨다."(위의 책, 114) 페르시아만에서는 이와 관련된 많고 특별한 예들을 볼 수 있다(위의 책, 94~95).
8 인도에 관한 토론을 예로 들면 그는 어린 아이들에게 큰 상해를 입힐 수 있는 질병들을 구분했다(위의 책, 121).

그 결과에 연구가 집중되었다.[9] 이러한 연구의 대부분은 주로 유럽에 치중되어 있었지만,[10] 역설적이게도 다른 지방, 특히 남아시아와 동아시아에서 기근과 구휼의 역사에 중요한 역할을 했다.[11] 이러한 연구들은 일찍이 맬서스가 일반화한 두 가지 이론을 더욱 풍부하게 만들어 주었다. 첫째, '실재 기근'은 맬서스의 생각보다 드물게 발생했다. 둘째, 맬서스가 의심한 것과 같이 기근과 자연적인 재해가 일어났을 때조차도 이러한 것들이 인구변동에 부수적인 요인이었다(1803/1992, 35; 1826/1986, 307). 맬서스의 언어로 이야기하자면 '흉년, 전염병, 페스트, 역병'은 기근보다 더 중요할 수 있다는 것이다.

최근의 연구에서는 인간의 질병에 대한 정복이 사망률 변동에 더 중요한 기여를 했다고 본다. 그래서 우리는 이러한 변동이 세 단계를 거쳐서 발생한 것이라고 인식하고 있다. 첫째로 18세기에 있었던 사망 위기의 감소, 둘째로 20세기로 전환하는 시점에 있었던 사회공중위생 개선과 그에 따른 사망률 감소, 셋째로 20세기 후반에 개발된 근대적인 처방과 그에 따른 보편적인 사망률 감소이다. 따라서 지금 우리들은 질병들에 대처하는 특별한 노력들이 보급되어서 사망률이 감소되었다는 것을 알고 있다.[12] 그중에서도 가장 중요한 것은 최근 연구에서도 드러나듯이 19세기 후반 몇몇 도시에서부터 시작된 공중보건 기관들의 설립과 그 전국적인 보급으로 근대 사망률이 감소했다

· · · · · · · · · · · ·

9 예를 들어 역사인구학자 Goubert(1960)가 최초로 영감을 받은 연구 제목은 '생존 혹은 농촌 위기'였다. 이것은 Meuvret(1946)에 의해 최초로 제기되었다.

10 이런 종류의 오류는 맬서스가 비서구사회에서 적극적 억제가 더 중요하다는 것을 증명하려고 했기 때문이다. 그는 서구사회에서는 기근이 드물다고 믿었다. 일련의 글(Walter and Schofield 1989; Schofield and Reher 1991; Johansson 1994)에는 중요한 서구사회사학파와 인구사학파에 대해 자세히 묘사되어 있다.

11 Sen(1992)이 당연히 가장 잘 알려져 있지만 Greenough(1982), L.Li(1982), McAlpin(1983), Will(1990) 그리고 Will and Wong with Lee(1991) 등도 있다.

12 죽음의 원인 구조에 대한 우리의 이해에서 가장 중심이 되는 공헌은 Albeit가 최근에 Vallin 과 그의 동료들(Vallin and Meslé, 1988; Vallin, 1991), Preston(1976)의 상당한 분석가들과 함께 한 프랑스의 사망률 연구이다.

는 것이다.[13]

사망률에 관한 이러한 연구들은 사망률 감소에 대한 우리의 이해를 상당히 진전시켜 주었다. 그럼에도 예상치 못했던 것은 사망률에 대한 복잡한 맬서스의 연구를 점차 단순한 외인적(外因的), 생물학적 · 의학적 현상으로 축소시켜 버린 것이다.[14] 인구학자들은 나이 · 계층 · 환경 그리고 성별에 따른 사망률의 차이를 인식하면서도, 이보다 맬서스주의의 재난과 같은 거대한 외부적인 힘이 사망률에 많은 영향을 미친다고 생각했다. 다만 생물학적인 차원에서는 이것과 다른 원리를 가지고 있다고 생각했다.[15] 최근의 인구학자들은 집단이 사망률에 영향을 주는 부분에 대해 초점을 맞추기보다 좀 더 개인적인 부분에 집중할 필요가 있다는 인식을 가지고 있다. 그러나 인구학에서는 이런 분석을 위한 기술들이 잘 개발되어 있는 반면에,[16] 역사인구학에서는 이제야 이런 연구 결과들이 나오고 있는 실정이다.[17]

맬서스는 과거 특히 비유럽 사회의 사망률에 대해 주의깊은 관심을 두었다. 그럼에도 역사인구학은 사망률 감소와 지구적 인구전환의 중요성으로 인해 최근의 역사, 특히 서구의 역사에 관심을 갖게 되었다. 결과적으로 사망률 연구는 점차 현재적이고 자민족중심적이며 특히 기술적인 시각을 통해서 과거를 보는 경향에 치우쳤다. 따라서 인구학자들은 사망률을 측정하는 정확

· · · · · · · · · · · ·

13 Preston과 Van de Walle(1978) 그리고 Preston과 Haines(1991)의 두 특별한 연구를 보면 하나는 도시 수준에 관한 것이고, 다른 하나는 국가 수준의 것이다.
14 이것은 Satio(1996, 543)와 같은 결론이다. Schofield and Reher(1991), Johansson(1994) and Preston(1996b)은 3가지의 최근 사망률 연구영역들의 상황에 대한 조사에 각각 다른 접근법을 사용했다.
15 그러나 Szretter(1988)와 Woods, Watterson and woodward(1988/1989)를 보면 영국의 사망률 감소에 대한 설명이 더 나와 있다.
16 가장 중요한 기술은 아마도 역사사건 분석이다. Allison(1984)과 Yamaguchi(1991)가 기준이 되는 논문들이다.
17 Bengtsson(1993)과 Campbell and Lee(1996)는 초기의 예들이다. Bengtsson and Saito(출판예정)에는 벨기에, 중국, 이탈리아, 일본 그리고 스웨덴의 개인 수준의 사망률에 대한 초보적인 비교를 볼 수 있다.

한 지수를 구축하는 데에만 열정을 보였다. 그래서 과거의 사망률이 어떠한 역할을 했는지, 그리고 사망률이 적극적 억제로서 인구시스템 안에서 어떻게 기능했는지에 대한 관심이 줄어들었다.[18]

중국의 현실

건강 문화와 사망률 억제

중국의 인구에 대해 사망률이 독특한 작용을 한 것은 기근과 전염병을 통해서가 아니라 개인들이 예방적으로 취하는 행위들을 통해서였다. 물론 기근과 전염병이 발생하지만,[19] 이에 따른 사망은 사망률에 그리 큰 영향을 주지 않는다. 역대 중국의 왕조들은 흉년에 대비할 수 있는 여러 기구들을 만들었다. 여기에는 18~19세기 전국적으로 5%의 곡물을 재분배할 수 있는 곡물저장 시스템도 포함된다(Will and Wong, with Lee 1991).

다수 개인들의 노력은 이러한 커다란 집단적 사업을 보충해 주었다. 수천 년 동안 개인들이 사망률을 조절하는 문화가 이어져 왔다. 이는 계급·성별·나이 그리고 주거에 따라 상당한 차이가 존재하는 사망률 모델을 만들었다. 한편 교육받은 부유한 중국 가정들에서는 이들이 가지고 있는 예방적 기술과 개인위생 관리, 식사조절에 대한 지식을 이용해서 구성원들의 삶을 연장시킬 수 있었다. 그리고 다른 한편으로 중국인들은 특히 딸들에 대한

---

18 Flinn(1987)은 Wrigley and Schofield(1981)와 같이 중요한 예외이고 Bengtsson, Fridlizius, Ohlsson(1984) 의 저자들과 Wrigley(1997) 등이 더 있다.

19 중국에서 발생한 전염병에 대한 역사적인 기록이 드문 것은 사료의 성격상 전염병에 대한 자료가 드물게 기록되었기 때문일 것이다. Dunstan(1975)과 Benedict(1995)를 보면 구체적인 전염병 연구를 참조할 수 있다.

영아살해를 시도하기도 했다.

유구한 역사와 인간들이 스스로 익혀온 의술 전통이 인간의 삶과 건강을 지키는 데 크게 기여했다. 중국 청대의 사망률은 사람들이 취한 예방적인 조절이 반영된 것이었다. 실제 요즘 사용하는 공중보건 혹은 위생이라는 용어는 개인들이 건강을 유지하기 위해 음식조절과 기공(氣功), 운동을 하는 것을 일컫는다.[20] 하지만 그중에서 개인위생을 지키는 것이 가장 중요하다. 이것은 평소에 물이나 차를 마시며 날 것을 먹지 않고, 가능하면 언제나 비누를 사용하여 씻고 음식을 조절하는 것을 말한다.[21]

17~18세기에는 유아와 어린이들에 대한 관심이 증가하면서 소아 치료에 대한 문화가 형성되고, 그것이 널리 퍼져 유아와 어린이 건강에 기여하게 되었다. 최근 쑹빙쩐(熊秉眞)의 연구에 따르면 청대에 어린이 치료의 질이 증가했다는 것을 알 수 있다. 이러한 결과가 가능했던 것은 많은 육아수첩이 보급되었기 때문이다. 책의 내용은 친모에 의해서 오랜 기간 모유 수유가 이루어지는 것이 영양을 공급받을 수 있는 최선의 방법이라는 것, 아이가 태어난 지 두 해째가 되어 걷기 시작하면 천천히 젖을 떼야 한다는 것, 그리고 부드럽고 연하며 소화되기 쉬운 음식에서 벗어나 점차 좀 더 영양이 많은 음식을 먹어야 한다는 것이다.

18세기 후반에는 천연두를 소멸시킨 새로운 기술 역시 아이들의 사망률을 감소시키는 데에 역할을 했다. 어쩌면 이런 개선책들 가운데 가장 중요한

. . . .

20 20세기 초 중국에서는 보건에 대한 전통적 개념이 유행했다. 이것은 일반적으로 위생(衛生)으로 잘 알려져 있거나 혹은 노인들에 대한 양생(養生)으로 잘 알려져 있다. Rogaski(1996)에 따르면 위생기술들은 해로운 환경적 영향들에 대항하기 위해 증가했을 뿐만 아니라 콜레라와 같은 전염병에 대응하는 중국인들을 위해 구성되었다.

21 이런 풍습의 대부분은 적어도 1천여 년 전으로 거슬러 올라가야 한다(Needham, 1962). 그것에는 당연히 어느 정도 지역적인 차이가 있다. 중국 남방은 북방에 비해 목욕이 더 보편적이다. 심지어 오늘날에도 많은 헤이롱쟝(黑龍江) 사람들은 물을 끓여 먹지 않는다.

것은 유아 사망의 큰 원인이 되었던 천연두에 대한 원시적인 예방법이 점진적으로 보급되었다는 점이다. 이 원시적 복원법은 최근에 안젤라 렁(Angela Leung)과 두쟈지(杜家驥)에 의해서 복원되었다. 1687년 강희제는 첫돌이 지난 모든 황실 아이들에게 천연두에 대한 면역력을 키워주기 위해 소아의료 기구를 설치했다. 그의 이런 노력에도 불구하고 예방접종을 받은 아이들이 사망하면서 첫 고비를 맞았지만, 정부는 지속적으로 이 치료법을 보급했고 이것을 통해 종두법 치료가 널리 보급되었다. 이에 18세기 초까지 강희제의 계승자들은 만주지역의 모든 어린이들이 천연두 예방치료를 의무적으로 받도록 했다. 이로 인해서 반세기 뒤에는 장부에 등록된 베이징 인구의 절반 이상이 국가의 의료기관을 통해서 예방접종을 받았다.

그 결과 아이들의 사망률이 지속적으로 감소했는데, 이것은 이러한 새로운 기술에 쉽게 접근할 수 있었던 황족들에게서 확실하게 나타났다.

〈그림 4-1〉 영아살해와 유아사망률(0~4세, 베이징, 1700~1830년)

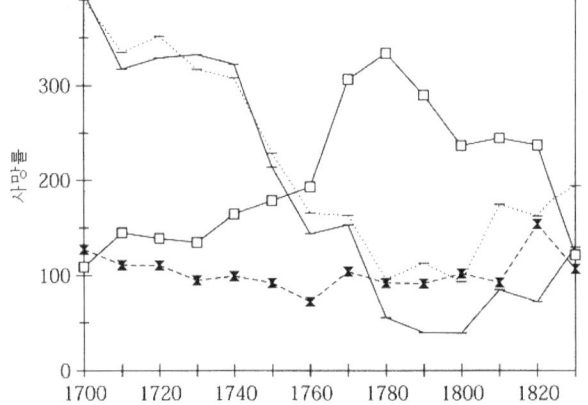

출처: Lee, Wang, and Campbell(1994)

〈그림 4-1〉은 1700년에서 1830년까지 황족 부모에게서 태어난 1~4세의 남녀 유아 33,000명에게서 사망률이 감소하고 있는 것을 보여준다. 유아사망률은 400퍼밀에서 100퍼밀 이하로 감소했다. 결론적으로 남아의 출생년별 평균여명은 두 배가 되어 20대 초반에서 30대 후반으로 늘어났다. 1세 때의 평균여명 역시 20대 중반에서 40세로 두 배가 되었다. 첫돌을 지난 여아의 예상 평균여명 역시 이와 대략 비슷한 경향을 보인다. 따라서 유아기 때에 살아남은 사람의 비율은 지속적으로 증가했다. 18세기 초 25년 동안에는 절반 정도의 아이들만이 10세 이후까지 살아남았던 것에 비해, 19세기 말 25년 동안에는 3분의 2의 여아들과 4분의 3의 남아들이 청년기까지 살아남았다. 의료의 도입으로 인해 유아사망은 크게 줄었는데 이것은 같은 시기에 있었던 여아에 대한 경시 풍조와 영아살해에 의해 오랜 기간 지속되어 오던 사망률 조절의 영향력을 뛰어넘은 것이었다.

영아살해

오랫동안 지속되어 온 영아살해의 관습은 부모들이 자신들의 자식을 죽이는 것이 그들의 삶을 연장시키는 것보다 쉬웠기 때문에 선택된 것이었다(B. Lee 1981; Lee and Campbell 1997). 이런 관습의 기원은 천 년 전으로 거슬러 올라가는데,[22] 당시에는 기난한 이들뿐 아니라 부자들에게서도 이런 관습이

---

22 영아살해에 대한 최초의 언급은 『한비자(韓非子)』(319)에 있는 자주 인용되는 문구다. "게다가 부모가 아이를 대하는 태도를 보면, 그들이 아들을 가졌을 때는 서로 축하해 주지만 딸을 가졌을 때는 딸을 죽인다. 그러나 이 두 가지 모두 부모의 사랑에서 취해지는 행위이다. 그들은 서로가 아들을 가졌거나 딸을 죽였을 경우에만 상호 축하해 주는데 이것은 그들의 이후 삶에 있어서의 편리함과 장기적인 이익 계산을 고려하기 때문이다." 천취안성(陳全生 1989)과 류징쩐(劉靜貞 1994a, 1994b, 1995a, 1995b)은 기원전・후 1,000여 년 동안 중국에서 있었던 영아살해에 대한 자세한 연구를 하고 있다. B. Lee(1981)와 Waltner(1995)는 비록 자세하게는 아니지만 근대의 영아살해에 대해서 논의하고 있다.

존재했다. 또 여아뿐 아니라 남아에게서도 영아살해가 일어났다. 그 후 정도
는 줄어들었지만 양쯔강 하류지역과 중류지역 그리고 남동부지역 등 일부
지역에서는 새로 태어난 아이들의 반 이상이 때때로 부모에 의해 죽임을
당했다.[23] 하지만 이와 달리 타이완과 같은 지역에서는 영아살해가 일반적이
지 않았다.[24] 어찌 됐든 적극적인 사망률 사용의 의미는 생존이 내부의 결정
과 외부의 재난에 의해서 결정된다는 것을 의미한다. 즉 중국의 사망률 유형
은 생물학적인 것뿐 아니라 인위적 선택에 의해서 일어난 것이기도 하다.

가장 현저하고 널리 보급된 이런 선택들은 딸들에 대한 기본적인 경시에
서 시작된 것이라고 할 수 있다. 남아선호 사상은 기원전 2~3천 년 전 조상
숭배로 거슬러 올라간다. 그리고 이것은 부계사회와 시댁에서 혼인생활을
꾸리는 가족시스템에 의해 더 강화되었고 봉건시대, 특히 청대에 지지를
받았다. 이 시스템은 딸들에 대해서 상당히 차별적이다(Bray 1997). 단지 아들
만이 가족의 제사를 지낼 수 있었고 가족의 성(姓)을 전해 줄 수 있었으며
가족의 재산을 상속받을 수 있었다(Bernhardt 1995). 시댁에서 사는 관습은
딸에게 출가를 요구했고 높은 계층의 집안과 혼인하는 경우 상위계층의 가족
이 하위계층 가족에게 혼인지참금을 주도록 되어 있다. 따라서 딸들은 문화
적으로 낮은 대접을 받았다. 딸의 출가는 많은 가족들에게 단지 경제적·감
정적 손실을 주는 정도에 그쳤다.[25]

. . . .

23 믿을 만한 청대 연구 중에서 펑얼캉(馮爾康, 1986)은 27개의 현과 7개의 성에서 있었던 영아
살해에 대한 역사적인 기록들을 기재해 놓았다. 영아살해는 양쯔강 하류지역에서는 보편적
인 현상이었는데 안후이(安徽) 7현, 저장(浙江) 6현, 쟝수(江蘇) 4현에 대한 기록이 있다. 펑(馮)
은 이외에도 쟝수 5현, 후난(湖南) 1현, 푸젠(福建) 3현, 광시(广西) 1현(320~321)을 언급했다.
펑(馮)은 왕방시(Wang Bangxi)가 1878년에 기록한 황제 연대기를 인용했는데 그것에는 각 성
특히 쟝수에서 성행했던 높은 신부 혼인지참금으로 인한 영아살해 기록이 나와 있다.
24 대만의 인구기록은 상당히 최근의 것으로 1895년 일본이 점령한 이후 처음으로 실시되었
지만 여아살해에 대한 흔적은 없다(Barclay, 1954).
25 게다가 속담에 이르기를 "결혼한 딸은 땅에 엎질러진 물과 같다"고 했는데, 이것은 딸에게
투자한 자원을 다시 회수할 수 없기 때문이다.

〈그림 4-2〉 남아에 대한 여아사망의 대비율(1700~1840년 4개국의 경우)

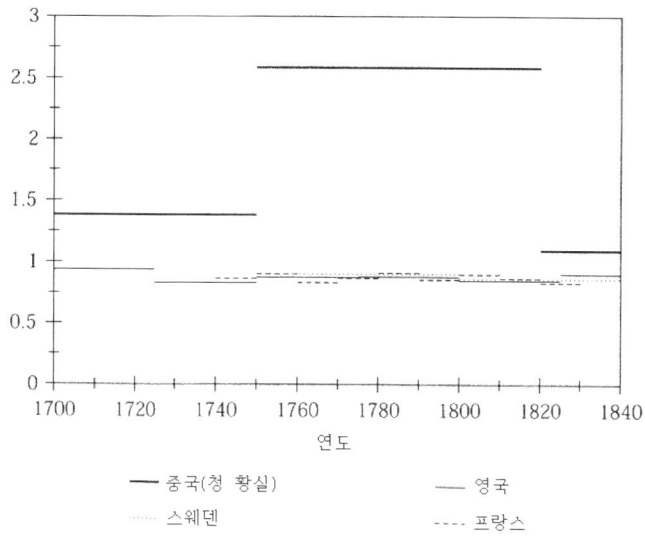

출처 : 중국: Lee, Wang, and Campbell(1994); 영국: Wrigley et al.(1997);
스웨덴: Statistika Centralbyran(1969); 프랑스: Blayo(1975)

　중국의 사망률 유형은 성별에 따라 매우 다르게 나타난다. 〈그림 4-2〉와
〈그림 4-3〉은 청나라 황실과 유럽 3개국 인구의 영유아사망률을 비교한 것
이다. 유럽에서는 출생년도별 남녀 어린이 사망률이 비슷한 반면, 중국에서
는 남아보다 여아의 사망률이 훨씬 높다. 시간과 장소에 따라 다양하긴 하지
만, 남자 신생아에 비해서 여자 신생아의 사망률이 4배나 높다(Lee, Wang
and Campbell 1994). 1~4세까지의 중국 어린이들 가운데 성별에 따라 사망률
에서 높은 수준의 격차가 지속적으로 존재했다. 그러한 가운데 사망률 경향
은 역전되어서 여아의 사망률이 남아의 사망률의 반 정도에 불과하게 되었
다. 분명히 중국 가정에서는 자녀들 중에서도 특히 여아의 수를 제한하기
위한 방법으로 영아살해를 이용했지만, 살아남은 자녀들의 건강을 보호하기

위해서는 새로운 보육법을 사용했다.

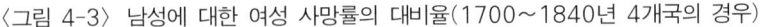

〈그림 4-3〉 남성에 대한 여성 사망률의 대비율(1700~1840년 4개국의 경우)

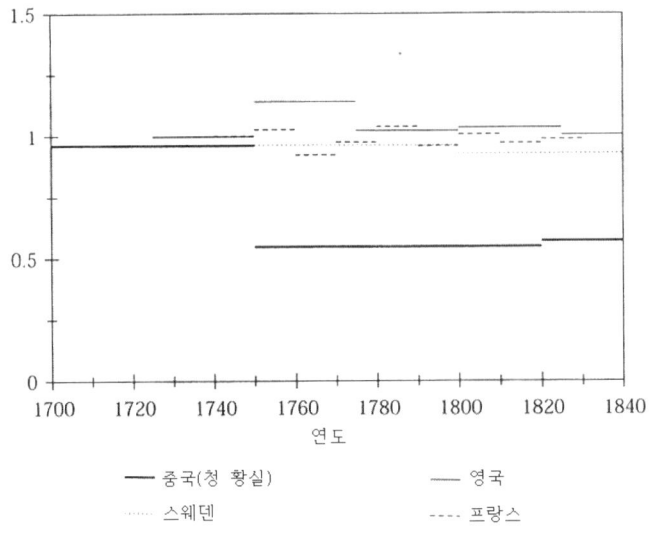

출처: 〈그림 4-2〉를 참조.

이러한 형태는 사회계층의 양극 모두에 존재한다. 1700년과 1830년대 청 황실에서 태어난 33,000명의 아이들과 유아들의 사망률에 대해서 살펴본 결과, 10분의 1의 여아들이 태어난 지 며칠 사이에 모두 죽임을 당한 것을 알 수 있었다(Lee, Wang and Campbell 1994). 〈그림 4-4〉는 여성이 출산 전후, 신생아 그리고 영아기 때의 사망률을 10년 단위 출생 코호트 사례를 통해 비교한 것이다. 18세기 후반에는 황실의 봉급과 보조금이 점차 줄어들었다 (Lee and Guo 1994, 116~133). 신생아 때에 사망하는 비율은 십여 년의 일정기간 동안 50에서 300퍼밀로 6배 증가했다. 그와 동시에 출생 후 첫 달 동안의 영아사망률은 30%에서 90% 이상으로 증가했다.

〈그림 4-4〉 출산 전후, 신생아, 영아의 여아사망률(1700~1830년 베이징의 경우)

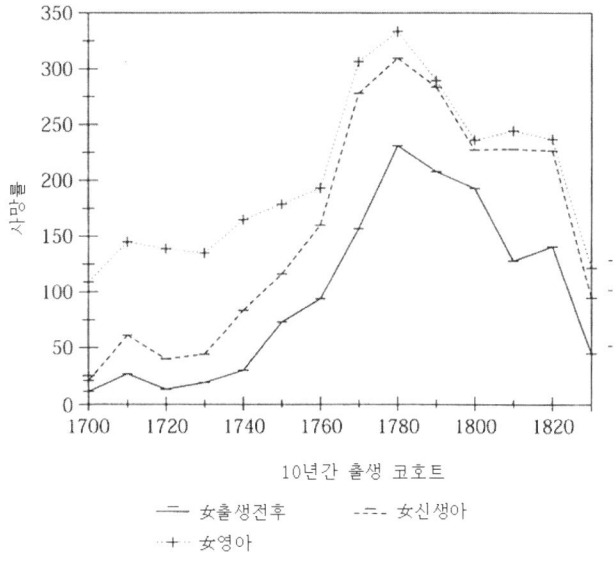

출처: Lee, Wang, and Campbell(1994)

　여아의 영아살해가 출생 후 초기에 비정상적으로 집중되어 있는 것과 당시 사망률에 높은 수준의 성별 격차를 나타낸 것으로 볼 때, 황족에게도 여아의 영아살해가 있었음을 짐작할 수 있다. 사실 사망 일시에 대한 자세한 자료에서 남아 15,249명과 여아 5,949명 가운데, 출생 첫날에 사망한 여자아이는 72퍼밀로 7.5퍼밀의 남자 아이들보다 10배 많았다.[26] 또 주어진 자료에 의하면 태어난 지 한 달 안에 죽은 아이는 남아 45명, 여아 160명 정도일 것이다. 따라서 우리는 130년 간 황실에서 태어난 10분의 1의 딸들이 영아살

・・・・・・・・・・・・

26 태아기와 생후 1개월 이내 신생아의 사망률 형세는 대략 비슷하다. 그러나 태아기 사망률이 정확하지 않은데 이것은 출생 후 1개월 내에 사망한 여아(2,690명 중 2,111인)에 대한 대량의 기록에서 사망의 정확한 일자가 기록되어 있지 않기 때문이다.

해의 고려 대상이 되었다는 것을 추측할 수 있다.

1774년부터 1873년 사이에 태어난 중국 북동쪽의 소작농 12,000명의 사망률을 간접적인 방법을 통해 연구해 보니 영아살해의 비율은 평민들 사이에서 훨씬 높았다. 리와 캠벨(1997)은 모든 여아들 중에 5분의 1에서 4분의 1 가량의 아이가 계획된 영아살해에 의해서 죽었다고 평가했다. 소작농들은 여아의 영아살해를 통해서 경제조건의 단기적 조건에 대응했다. 식량가격의 상승과 곡물수량의 감소는 명백히 남성사망률— 대부분 등록되어 있다— 과 여아사망률— 등록되지 않았다— 의 상승을 불러일으켰다.

따라서 결과적으로 남성사망률은 곡물가격의 상승과 높은 정비례관계를 보이는 반면, 출산력, 특히 여성출산력은 곡물가격 상승과 반비례관계에 있다. 곡물의 종류에 따른 상관관계의 계수는 0.44에서 0.68 사이에 있다(Lee, Campbell and Tan 1992). 영아살해는 중국 전역을 통틀어 고르게 발생되었던 것은 아니었고 일부 지역에서 이와 같은 현상이 발견되었다(Campbell and Lee 1996).

평민들의 여아 영아살해율은 더 높다. 랴오닝(遼寧)성에서는 1~5세 여아의 사망률이 남아에 비해 20% 더 많았는데 316퍼밀 대 266퍼밀의 사망률을 보이고 있다(Lee and Campbell 1997, 64). 현재 남아시아의 유년기 여아의 과다한 사망률에 관한 연구에서 밝혀진 바로는, 비록 여자아이의 과도한 사망률 원인이 정확하지는 않지만, 그것은 여자아이들을 경시하는 풍조에 의해서 이들에게 영양을 충분히 공급하지 않고 보육을 소홀히 했기 때문이라는 것이다.[27] 이러한 경향은 중국 북동부지역에서도 볼 수 있다. 예를 들어 20세기

- - - - - - - - - - - -

27 D'Souza and Chen(1980), L.Chen, Hug and D'Souza(1981), Bhatia(1983), Das Gupta (1987), 그리고 Basu(1989)를 예로 들면 이 연구들의 대부분은 식품과 보건 방면의 분배에서 차별적 작용을 이야기했다. 그러나 Basu는 유아기 사망률이 성별에 따라 다르게 나타나는 것에 대해 식품 분배의 차별적 작용이 과장되었다고 주장했다. 이에 Basu는 성별에 따라 차이를 보인 다른 방면, 즉 아들의 치료를 위해 기꺼이 현대 치료기술을 찾길 원했던 부모들의 태도 역시 중

초 민족지 연구에 따르면 당시 여아들은 하인이나 일꾼들을 포함한 모든 남자들이 식사를 마친 후에야 식사할 수 있었다.[28]

중국적 전환

이처럼 예방적으로 사망률을 조절하던 전통은 20세기 중국에서 있었던 전례 없는 사망률의 감소 속도와 이례적인 형태를 설명하는 데에 도움을 준다. 중국인들은 가능한 한 새로운 치료법과 예방기술들을 사용하여 미리 조치를 취했기 때문이다. 이러한 보건정책은 다른 지역보다 중국에서 훨씬 적극적이었다.[29] 당시에 중국의 1인당 GNP는 세계에서 아주 낮은 수준이었던 반면에, 1인당 예상 기대수명은 상당히 높은 수준이었다. 따라서 중국인들의 평균소득은 산업화를 이룬 여러 국가 국민들의 수입의 10분의 1에도 미치지 않았지만, 당시 그들은 평균적인 미국인들만큼 오래 살았다.[30]

. . . .

요한 작용 부분이라고 했다. 이외에도 Das Gupta는 오빠나 언니가 있는 여자 아동들에게서는 이런 차별이 더 심했다고 지적했다.

28 만족 가정에서 여성의 지위는 늘 하위에 위치해 있었고 가정에 예속되어 있었는데, 이것은 특히 음식을 만들고 차리는 순서에 의해 더욱 강조되었다. 여자들은 반드시 남자기 식사를 한 후 식사가 가능했는데 이것은 보통의 일꾼이나 하인에 관계 없이 모두에게 요구되었다. 그러나 가족수가 많지 않으면 모든 구성원이 함께 식사를 했다(Shirokogoroff, 1926, 126~127).

29 물론 중국이 20세기에 사망률의 급격한 감소가 나타나는 유일한 개발도상국은 아니다. 사망률 감소는 발전하고 있는 국가에서 공통적으로 나타나는 현상이다. 이것은 경제가 발전함에 따라 가능해진 것이긴 하지만 주된 원인은 1950~60년대 시작된 공공보건 기술과 새로운 의료의 광범위한 소개로 인해 초래된 것이다(Preston, 1980). 중국의 사망률 감소는 자원의 분배를 의료 영역에 투자한 다른 나라 사람들의 주목을 받았다(Jamison 등 1984). 중국의 사망률 감소가 주목받은 것은 스리랑카, 코스타리카, 쿠바 그리고 인도의 Kerala 지역과 같이 사망률의 저하 속도와 규모가 자주 주목되는 사회들보다 영토면적과 인구의 크기가 몇 배 더 큰 국가이기 때문이다(Coldwell 1986). 또 중국이 이들 국가와 구별되는 것은 사망률이 감소되던 대부분의 기간 동안 국제사회로부터 고립되어 있었다는 점이다.

30 이는 특히 중국 여성들에게는 사실이다. 1990년대에 태어난 여성들의 기대수명은 중국에서 71.9, 미국에서 78.8이었다(U. S Bureau of The Census 1997, 88).

한편 일부 주민들에게 적용된 공중보건으로 인해 20세기 초 중국인들의 사망률은 감소했다. 이는 출생한 아이의 사망을 막기 위한 예방 문화가 공중 보건 수단이 적용되어 있던 일부 도시에서 촉진되었기 때문이다. 베이징에서 는 공중보건 노력이 1910년부터 1930년까지 사망률을 줄이는 데에 중요한 영향을 미쳤다. 이것은 19세기와 20세기 중반의 다섯 살 난 아이들의 기대수 명을 열 살이나 늘어나게 만들었다(Campbell 1997). 유사한 공중보건 노력들 은 톈진(天津)과 다른 중국 도시로 전파되었다(Benedict 1993; Rogaski 1996). 이러한 공중보건 정책들은 근본적으로 도시 거주자들의 사망률 경향을 변화 시켰다. 일반적인 사망률은 농촌보다 도시가 높았지만 1920년대 몇몇 도시 들에서는 이러한 경향이 역전되었다. 예를 들어 베이징의 다섯 살 아이는 농촌의 동년배 아이보다 14년을 더 살 수 있을 것으로 예상되었다. 여아의 경우도 10년 정도 더 살 수 있을 것이라 예상되었다.[31]

이러한 보건 전환은 1950년대 애국보건운동정책의 개발로 인해 더 가속화 되었다. 이는 잘 조직된 관료조직에 의해서 정책이 농촌에까지 잘 전달될 수 있었기 때문이기도 했지만, 공중보건 프로그램이 비싼 치료나 의료설비들 보다 간단하게 예방 조치를 취할 수 있는 것이었기 때문이기도 하다(Salaff 1973; Jamison 등 1984). 예방에 대한 중국의 오랜 전통은 의심할 여지 없이 예방 프로그램을 받아들이고 효과를 발휘할 수 있도록 촉진시켜 주었다.[32]

한편 영아살해의 실질적인 감소는 청대 후기에 시작되었다. 이 시기 유아 사망률이 상당히 줄어들었는데 그중에서도 여아의 사망률이 그러했다.[33] 이

....

31 1800년대 전후로 5세의 베이징 거주 남아들의 기대수명은 40세였고 5세의 랴오닝성 농촌 아이들의 기대수명은 44세였다. 이와 대조적으로 1980년대 전후 5세의 베이징 거주 남아들 의 기대수명은 54세였으며 5세의 농촌 아이들의 기대수명은 40세였다. 5세의 베이징 거주 여아들의 기대수명은 47세였고 화북 농촌 여아들은 37세였다.
32 Rogaski(1996)는 1860~1960년 천진의 공공보건 분석에 대해 유사한 주장을 기록하고 있다.
33 Bernice Lee(1981)는 공화국 시기 동안 여성의 영아살해가 점차 감소하고 있었다고 가장 먼

런 영아살해의 급격한 감소는 중국의 영아사망률 감소의 대부분을 설명해준다. 당시 200퍼밀에 이르던 유아사망률이 50퍼밀로 떨어졌고 도시에서는 10퍼밀 이하로 감소했다. 더불어 근대적 인구조사의 등장으로 전국적인 수준에서 유아사망률이 감소하는 것을 관찰할 수 있었다. 더구나 이와 같은 자료들과 〈그림 4-5〉가 반영하듯이, 과도한 여성사망률이 사라지는 현상은 1930년대 중반 이후부터 여아에 대한 영아살해와 유기 풍조가 급속히 사라지고 있음을 말해준다.

남성 출생률은 18~19세기 20~40%의 과도한 수준에서 20세기 초까지 전국적인 수준으로는 약 10%까지 하락했다. 여아 100명당 남자아이의 비율이 1936년 114에서 1949년 109로, 그리고 다시 1960년 107로 감소하고 있다. 그에 상응하여 여아들의 과도한 사망률 또한 1940년 15%, 1950년 5%, 1970년에는 2%까지 감소했다(Coale and Banster 1994, 464). 여아에 대한 영아살해와 유기의 감소가 어느 정도인지는 불확실하지만 이것은 경제와 정치 환경의 변화를 가져왔다. 그 결과로 개인들의 태도가 변했는데, 이것은 청대 아이들에 대한 관심을 상승시키는 결과를 낳았다.[34]

. . . .

저 기록하고 있다. 그러나 그녀의 정보는 거의 야사에 근거해 있었다. 그녀는 이런 종류의 감소를 여성 노동력의 변화 탓으로 돌렸다. "새로운 공장에서 아이들과 여성 노동력에 대한 수요가 있었고 가내 수공업에서는 좀 더 많은 소녀들이 이용되었다. 때문에 대부분의 가정에서는 여자아이들을 경제적 재산으로 보기 시작했고 이로 인해 이들이 살아갈 수 있는 기회가 증가했다"(176).

34 도덕적 가치의 중요한 변화에 대해서는 아무도 연구하지 않았지만 Angela Ki Che Leung (1995)의 연구에 의하면 19세기 중국에서는 인간의 수명에 대한 올바른 평가가 증가하고 영아살해에 반대하는 입장이 증가하면서 지역에 고아원이 세워지고 아이들을 구제하는 기관이 설립되었다. 이 기관들은 이전에는 존재하지 않았던 것으로 19세기 후반과 20세기 초 선교사들의 노력으로 국내 자선기관들의 광범위한 증가가 이뤄졌다.

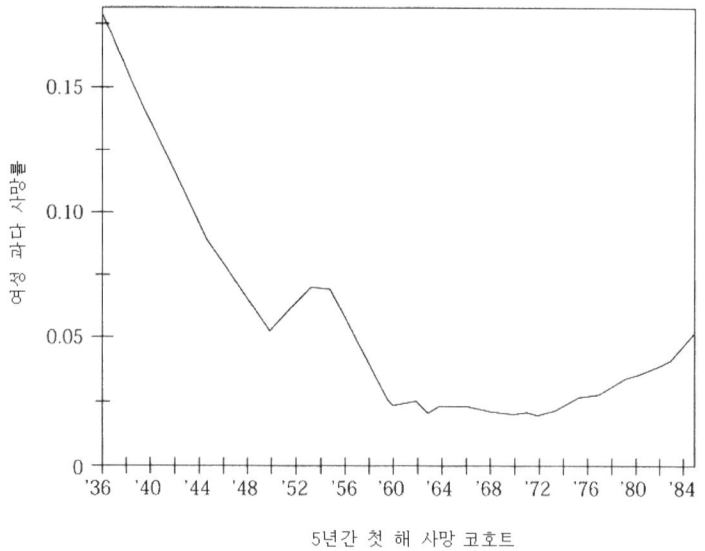

〈그림 4-5〉 여성 사망의 과다 현상(1936~1984년 중국)

5년간 첫 해 사망 코호트

출처: 1953, 1964, 1982, 1990년에 근거한 Coale and Banister(1994)를 참고.

　성별에 따라 차이를 보이는 사망률의 감소와 개인의 예방적인 행동은 공
중보건 수단과 어우러져 기대수명을 높여 주었다. 〈표 4-1〉과 〈표 4-2〉는
1644년부터 1990년까지 인구의 연령별·성별 기대수명이 증가하는 현상을
보여준다. 남녀 사망률 모두 역사적으로 오랜 기간 동안 안정되어 있었다.
출생시 여아의 기대수명은 20대 후반이었고 남아는 30대 중반이었다. 이런
경향은 20세기 중반 공중보건의 도입으로 인해 급작스럽게 변했다. 생명표
는 1953, 1964, 1982년도에 있었던 세 번의 인구조사를 바탕으로 구성한
것으로 전국적으로 기대수명이 증가한 것을 알 수 있다. 남자의 기대수명은
1953~1964년에 42.2이던 것이 1964~1982년에 61.6으로, 여자는 45.6에
서 63.2로 증가되었다(Coale 1984, 67). 1980년에 이르러서는 남녀의 합계
기대수명이 68세가 되었는데, 이것은 1949년부터 매년 1.5년씩 증가해 온

것이 된다. 이런 증가율은 다른 어떤 인구 대국과도 비교할 수 없는 수준이다 (Banister and Preston 1981, 107~108; Banister 1987).[35]

〈표 4-1〉 특정 연령대 남성의 기대수명(중국, 특정 시기의 인구에서)

시기	지역	0세에서의 기대수명	10세에서의 기대수명	20세에서의 기대수명
1300-1800	안후이	31	38.9	32.4
1644-1739	베이징	27.2	36.9	29.9
1740-1839	베이징	33.6	37.2	29.5
1792-1867	랴오닝	35.9a	43.2	36.4
1840-1899	베이징	34.7	37.8	32.2
1906	타이완	27.7	33.5	-
1921	타이완	34.5	40.8	-
1929-1931b	전 중국	34.9	47	40.7
1929-1931c	전 중국	24.6	34.2	30.1
1929-1933	베이징	40.9	52.7	44.7
1936-1940	타이완	41.1	45.6	-
1953-1964	전 중국	42.2	44.3	36.1
1964-1982	전 중국	61.6	57.2	48
1973-1975	전 중국	63.6	59.9	50.5
1981	전 중국	66.2	60.4	50.9
1989-1990	전 중국	68.4	61.1	51.5

출처: 안후이(安徽) 1300~1880: Telford(1990b); 베이징 1644~1899: Lee, Campbell, and Wang(1993); 랴오닝 1792~1867: Lee and Campbell(1997); 타이완(臺灣): Barclay(1954); 전 중국 1929~1931b: Notestein and Chiao(1937); 전 중국 1929~1931c: Barclay et al.(1976); 베이징 1929~1933: Campbell(근간); 전 중국 1953~1964, 1964~1982: Coale(1984); 전 중국 1973~1975, 1981, 1989~1990: 황룽칭黃榮清과 류옌劉琰(1995)

. . . .

35 아직 아무도 사망의 원인, 지역, 연도에 근거한 좀 더 자세한 성과를 내놓지 못하고 있다.

시기	지역	0세에서의 기대수명	10세에서의 기대수명	20세에서의 기대수명
1300-1880	안후이	26	35	33.5
1644-1739	베이징	24.6	34.8	30.7
1792-1867a	베이징	29	36.5	33.6
1906	랴오닝	29	27.2	-
1921	베이징	38.6	46.4	-
1929-1931b	타이완	34.6	46	40.1
1929-1931c	타이완	23.7	33.9	29.3
1929-1933	전 중국	35.1	45.3	33.8
1936-1940	전 중국	45.7	50.8	-
1953-1964	베이징	45.6	49.7	41.2
1973-1975	타이완	66.3	62.4	53
1964-1982	전 중국	63.2	59.6	50.4
1981	전 중국	69.1	63.3	53.8
1989-1990	전 중국	71.9	65	55.4

출처: 〈표 4-1〉을 참고. 1세 때의 기대수명은 대략 6개월이기 때문에 출생시 실제 기대수명은 몇 년 낮아진다.

기대수명에서의 이런 발전은 성차별적인 유기가 감소하고 영아살해가 실질적으로 소멸한 것에 원인이 있다. 하지만 공중보건의 증가와 영아살해·유기의 감소 사이에 어느 것이 더 발전에 기여했는지를 가리기는 어렵다. 왜냐하면 이러한 현상들이 거의 동시에 일어났기 때문이다. 〈표 4-3〉은 1929~1931년 그리고 1973~1975년 사이에 특정 연령대 아이들의 사망률 감소를 보여준다. 40세 이상에 대한 초기 자료들은 다소 의심스러운 면이 있다. 그런데 20~29세의 젊은이들의 사망률은 10~40% 정도 감소했으며, 30~39세의 중년들의 사망률은 15% 정도 감소한 것을 볼 수 있다. 이에 비해 영유아의 사망률은 60~75%나 감소한 것을 알 수 있다.[36] 영유아 사망률의 급격한 감소는 영아살해와 여아 유기의 금지에 의해서 이루어진 것이다. 그리고 이것은 중국인들의 기대수명이 증가하는 데에 실질적으로, 높은 비중으로, 영향을 미쳤다.

〈표 4-3〉 연령별 사망률(1929~1931년, 1973~1975년)

연령 그룹	여성			남성		
	1929-1931	1973-1975	감소규모 %	1929-1931	1973-1975	감소규모 %
0	154.90	42.79	72.38	161.50	48.93	69.70
1~4	104.90	36.26	65.43	100.90	35.43	64.89
5~9	27.50	10.51	61.78	29.50	11.47	61.12
10~14	7.60	4.23	43.16	8.10	5.04	37.78
20~24	11.60	7.26	37.41	8.30	7.38	11.08
30~34	11.90	10.37	12.86	9.20	9.94	-8.04

출처: 1929~1931년, Notestein and Chiao(1937); 1973~1975년, 황룽칭黃榮淸과 류옌劉琰(1995, 19).
주석: 1929~1931년 데이터의 신뢰도에 문제가 있어 성인의 사망률이 현저히 낮았기 때문에 더 많은 연령에서의 비교는 배제했다. Barclay 등(1976)에 따르면 여아와 유아 사망률은 대부분 잘 기록되지 않았다. 영아사망률의 실제 감소량은 기록된 것보다 커질 수 있다.

중국은 현재 유행병학 상의 전환이 완료되었다. 오늘날 중국인의 사망을 일으키는 중요한 요인은 암·뇌혈관장애·심장병 등이다. 이것은 경제발전과 함께 발전해 왔다. 즉 감염으로부터 일반적이지 않은 질병으로의 전환이 이루어진 것이다(룽서우더榮壽德와 리광지李廣濟 1986). 기대수명이 한층 더 연장된 것은 아마도 발전된 치료의술 때문일 터인데, 이것은 더디면서도 높은

. . . .

36 청장년 남성들(10%)과 여성들(40%) 사이 감소의 불균등은 Lee와 Campbell(1997, 71~75)이 연구한 젊은 여성들의 통상적이지 않게 높은 사망률에 대한 분석이 반영되었기 때문이다.

비용을 수반했다. 1980~1990년까지 출생시 인간의 기대수명은 남·여 모두 68~70세로 겨우 두 살 증가했다. 비록 '맬서스의 덫'의 압력이 강하지는 않았지만, 경제력의 성장은 정치적 실패를 넘어 중국을 기근으로부터 해방시켜 줄 것이다.

그럼에도 성별에 따라 차이를 보이는 사망률은 20세기에도 여전히 존속했다. 특히 가난한 지역에서의 신생아와 여아의 사망률이 전국 수준에 비해 몇 배 높았다(Lavely, mason and Li 1996). 전국적으로 보면 사망률의 차이는 우선 아이들의 사망률에서 나타난다. 이것은 1988년 2퍼밀의 출산력조사를 추출해서 1965년과 1987년 사이, 여아들의 과다한 사망률을 연구한 사례에서 아주 잘 드러난다(Choe, Hao and Wang 1995). 여아의 사망률보다 남아의 사망률이 10% 정도 높은 경향을 보이는 것이 일반적이다. 그런데 그것과 대조적으로 이 시기에 중국에서 여아들의 사망률은 남아들보다 10% 높았던 것으로 추정된다.[37]

사망률에 나타나는 이러한 차이는 동생으로 태어난 아이들에게 더 확실히 드러나는데, 이 경우 약 15% 정도 여아의 사망률이 높았다. 특히 농촌지역에서 태어난 아이들과 형이 있는 동생들의 경우 약 25% 정도 사망률이 높다. 달리 말하면 시골에서 태어난 여아는 이미 그녀의 부모가 자식을 낳아 기르고 있는 경우라면, 아들로 태어났을 경우에 비해 50% 정도 높은 사망률을 보여준다는 것이다.

지난 10여 년 동안, 성별을 선택하는 낙태가 광범위하게 실시된 결과,

· · · · · · · · · · · ·

37 남성 사망률에 대한 예상에서 우리는 남성의 사망이 여성보다 더 많다는 가정을 했다. 왜냐하면 당대 인구들의 대부분은 이러했기 때문이다. 오늘날 중국의 전체적인 사망률 수준을 나타내 주는 생명표 Level 20 모델에 따르면 1~4세의 남아 대 여아의 사망 비율은 1.13(북)이거나 1.15(서)였고 일본에서 관찰된 비율은 1.11이었다. 중국에서의 비율은 단지 첫째 아이에서 0.99 그리고 이후에 태어난 아이들에서 0.95였는데, 이것에는 여성 사망률이 10~20% 초과 반영되었다(Choe, Hao and Wang, 1995, 59).

그로 인한 성별 격차는 급격히 증가했다. 1997~1981년 보고된 남녀의 성비는 108이었는데, 1985~1989년에는 113으로 증가했으며, 1990~1994년에는 115에 이르렀다.[38] 출생순위가 빠른 아이의 성비는 더욱 두드러져서 1977~1981년의 108에서 1985~1989년의 123으로 증가했다(Guo and Roy 1995). 이 숫자들은 1985년까지 50만 명 이상의 여아들이 출생등록으로부터 사라졌다는 것을 의미한다. 대부분의 여아 사망이 보고되지 않고 등록되지도 않은 것을 감안한다면 매년 45,000명의 여아들이 사망한 것으로 평가할 수 있다(Johnsson, Zhao, and Nygren 1991).[39] 최근 중국과 동아시아에서 증가하고 있는 성비 불균형은 앞서 취해진 전통적인 예방 형태의 사망률 조절이 반영된 결과이다.

집단과 개인의 전략

영아살해와 의료의 도입은 중국 부모들에게 삶을 단축시키거나 연장하는 것에 대한 두 가지 강력한 수단을 제공했다. 과거 많은 부모들은 자녀들의 수를 제한하기 위해서 단순히 영아살해라는 수단을 사용했다.[40] 다른 이들

. . . .

38 Zeng 등(1993)과 Gu and Roy(1995)에 따르면 성별에 따라 차이가 경도되어 있는 비율이 형성된 가장 주요한 원인은 성별에 따라 낙태를 시키는 것 때문이다 1992년에 남한에서 태어난 아이의 성비 역시 114로 이와 유사했다. 첫 번째 아이는 106, 두 번째 아이는 113, 세 번째 아이는 196, 네 번째 아이는 229였다(Park and Cho, 1995).

39 이것은 전국적으로 약 2‰의 조사에서 추정된 것으로 양자와 관련된 부분은 따로 구분되어 있는데 Johansson, Zhao and Nygen(1991)의 평가에 따르면 중국에서 양자의 숫자가 가파르게 증가했는데 1970년 200,000명에서 1985년에 약 400,000으로 그리고 1987년 이후로 500,000명을 넘어섰다. Wang and Lee(1998), Johnson, Huang and Wang(1998)을 참조하라.

40 주더에 의해 알려진 이러한 행위에 대해 눈에 띄는 한 가지 예를 들자면 현재의 공산주의 중국을 세운 설립자 중 한 사람이 미국의 기자 Agnes Smedley에게 그의 어머니가 13명의 자녀를 낳았는데 그중 남자 6명과 여자 2명만 생존해 있다는 증언을 했다. 당시 너무 가난해서 많은 자식들에게 먹을 것을 충분히 주지 못했고 마지막에 태어난 5명의 아이들은 태어나자마자 모두 익사시켰기 때문이라고 했다(Smedley, 1958, 12). 이런 경우에는 당연히 혼인

역시 자녀들의 수와 성별을 조합하기를 바랐으며, 영아살해를 통해 가장 원하지 않는 자녀를 제거했다. 그리고 남은 자녀의 생존을 위해서 보육을 더 강화한 것이다.[41] 그 결과 중국에서의 사망률 경향은 부모들의 사회적 지위나 자녀들의 성별, 출생순서와 같은 환경의 다양성에 따라 큰 차이를 보인다. 지금의 부모들이 자녀를 죽이거나 혹은 아이를 낳지 않는 선택을 하는 환경에 대해 그다지 연구하지 않는다.[42] 그에 비해 과거에 대한 연구는 당시 이러한 지극히 합리적인 결정이 사회적·경제적 자원의 차원뿐 아니라 기존 자녀의 숫자와 성별 구성, 그리고 예상되는 자녀의 출생에 기반을 두고 있었다는 사실을 밝혀내고 있다.

청대 황족들은 그러한 매우 좋은 사례이다.[43] 때때로 낮은 계층의 귀족들은 높은 계층의 귀족들보다 2배 정도 더 영아살해를 단행했으며, 딸들을 보호하고자 하는 생각은 거의 없었다. 그 결과, 하층귀족에게서 태어난 딸들이 죽는 비율은 상층귀족들보다 더 높았다. 하지만 그들이 일단 살아남으면 유아기에 죽는 경우는 적었다. 또 일부일처의 하층귀족에서 태어난 딸들이 출생 후 한 달 이내에 죽는 비율은 일부다처의 상층귀족 딸들보다 약 2.36배 더 많았다. 부모가 일부다처인 하층귀족의 경우는 2.85배가 더 높다. 그러나 만약 하층귀족의 딸이 첫돌까지 살아남았다면 5세 이전에 사망할 확률은 상층귀족들의 딸들에 비해 5분의 1정도 수준이었다.

평민들의 신생아 사망률에 대한 직접적인 자료조사는 불가능하지만, 성별

. . . .

내 제한과 사망률 통제를 구분하는 것이 현실적으로는 불가능하다. 유일한 예외는 황족이 라 할 수 있다.

41 Basu(1989)의 주장과 유사하게 현대사회에서 사망률의 차이를 설명할 때 영양의 작용보다 보건위생이 더 중요한 역할을 했다.

42 Lavely, Mason and Li(1996)는 얼마 되지 않은 예외들 중 하나이다.

43 이 그래프는 Lee, Wang and Campbell(1994)의 결론을 요약한 것이다. 우리는 대량의 다변량을 다시 계산에 넣어 황족의 유아사망률 중에서 부모의 지위나 혼인이 끼친 영향을 구분했다.

에 따라 등록된 아이들의 수를 조사함으로써 이것이 의도적인 계획이었다는 것을 알 수 있다. 태어난 순서와 가족 구성원의 규모에 따라 장부에 등록된 아이들의 성비는 상당히 달랐다. 〈표 4-4〉는 1792년부터 1840년까지 랴오닝성에서 결혼한 1천여 쌍 부부의 등록된 출산 인구의 성비를 나타낸 것이다. 이것을 보면 남성 대 여성의 비율이 이미 태어난 자녀수에 따라서 증가하지만 가족의 규모에 따라서는 감소하고 있다. 게다가 자녀가 하나인 가정의 성비는 딸 100명에 대해 아들이 576명이나 된다.

자녀가 두 명인 가정에서는 100 : 211의 비율로 아들을 첫째로 가지며, 100 : 450의 비율로 둘째 아들을 가진다. 자녀가 세 명인 가정에서는 100 : 156 비율로 첫째 아들을 가지고, 100 : 194 비율로 둘째 아들을 가지며, 100 : 324의 비율로 셋째 아들을 가진다. 이렇게 부자연스러운 성비 경향은 다른 모든 유형의 가정들에서도 나타나고 있다. 이러한 행위들은 부모들이 처음 몇 명의 자녀를 낳을 때까지는 성별을 크게 개의치 않지만, 아이를 낳은 이후에 양육을 하는 과정에서는 아들만 허락한다는 것을 알 수 있다. 따라서 둘 이상의 자녀가 있는 가정에서 딸들의 출생 순서를 생각해 보면 부모가 출생신고를 할 때까지 딸들이 살아 있도록 놔두지 않음을 추측할 수 있다.[44]

---

[44] 당대 많은 아시아 사회들에서 태어나는 순서에 따라 특별히 성차별이 있었던 것과 유사하게 이러한 행위들이 아들을 강하게 선호하는 사회에서 일반화되었을 가능성 역시 증가했다. Das Gupta(1987)는 인도의 여자아이들에 대한 성차별을 앞서 태어나는 아이들보다 뒤에 태어난 아이들에서 더 선명하게 나타난다고 본다. Muhuri and Preston(1991)은 방글라데시에서 새로 태어난 여아의 살아남을 기회가 만약에 그녀가 오빠나 언니를 가지고 있을 경우 줄어들었다는 것을 발견했다. 한국, 대만, 홍콩 그리고 싱가포르를 포함한 동양과 동남아시아 사회에서 신생아의 성비는 성별에 따라 낙태를 한 것으로 인해 증가해 왔다. 특히 성별의 불균등은 후순위 태생들에게서 더 선명히 드러난다(Zeng 등 1993).

〈표 4-4〉 출생순서와 가족크기에 따른 여성에 대한 남성의 대비율(랴오닝, 1792~1840년)

출생순서	최종 가족규모					
	1	2	3	4	5명 이상	Total
1	576	211	156	158	88	188
2	-	450	294	229	139	265
3	-	-	324	278	149	240
4	-	-	-	422	138	223
5명 이상	-	-	-	-	162	162
Total Number	576 115	290 328	240 428	246 401	138 599	214 1871

출처: Lee and Campbell(1997, 96)
주: 이 계산은 1840년 이전에 가족이 완성된 883명의 아이들을 포함한다. 1840년 이후의 출생아들은 여성 기록의 감소 때문에 가족규모에는 포함되었지만 성비 계산에는 포함되지 않았다. 이것이 포함되면 후반부에 더욱 편중된 성비를 보여주게 될 것이다.

이러한 경향은 특히 엘리트 계층 부모들에게서 잘 나타난다. 즉 이들은 자녀의 성별 분포를 결정할 때 더욱 잔인해지는 것이다. 랴오닝성의 예를 들면 장남 가계가 맡는 호주와 그 자녀들은 다른 친족들보다 많은 자녀들을 가진다. 하지만 그들 역시 딸들의 비율은 낮다. 〈그림 4-6〉은 18세기 그리고 19세기 초 부계가족에서 태어난 아들과 딸의 비율을 비교한 것이다. 호주의 가정에서 태어나 살아남은 아이들의 성비는 집안 서열 가운데 가장 끝에 위치하는 가정에서 태어난 아이들에 비해 2배 정도 더 편중되어 있다(조카는 한두 번 제거당했다). 집안을 계승하는 장남 계통에 가까이 있을수록 아들의 비율이 높았고 멀어질수록 딸의 비율이 높았다. 차남·삼남의 아이들이 확실한 예가 되는데 이들은 절대적으로 호주의 가정에 비해 딸이 더 많다. 아마도 혈통을 이어야 하는 필요성 때문일 것이다. 따라서 장남들은 다른 기혼 남성들에 비해 아들을 낳아야 한다는 부담감이 더 컸다. 이와 대조적으로 호주가 되기 어려운 조카들의 경우 딸을 가지기 좋은 조건을 가지고 있다. 달리 말해서 영유아의 사망률에 따른 성별차이는 상하혼(hypergamous: 다른 계층간의 혼인)의 차등적 결혼시장에 그 기반을 두고 있다고 할 수 있다.

〈그림 4-6〉 여성에 대한 남성의 대비율(랴오닝, 1792~1840년)

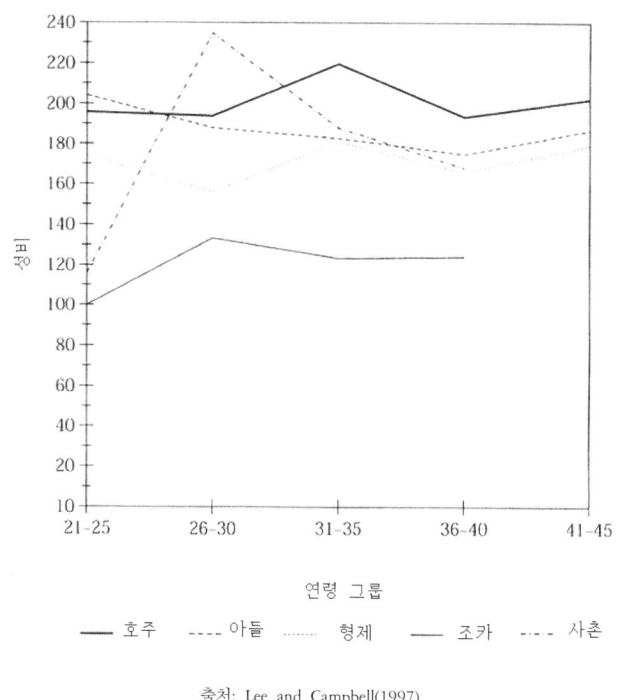

출처: Lee and Campbell(1997)

　　실제로 청대의 하층귀족에게 보편화된 여아의 영아살해는 이러한 혼인시장의 결과물이다. 낮은 계층 가정의 딸들이 혼인지참금을 벌어오는 것과 대조적으로 높은 계층 가정의 딸들은 결혼지참금을 지출해야 한다. 그 결과 청대 귀족들 중 일부는 많은 소작농들이 자신들의 딸을 죽이는 것과 동일한 행동을 한다.[45] 18세기 후반에 지참금이 부담스러워지기 시작하면서부터 이러한 것은 현실이 되기 시작했다.[46] 다음 장에서 보겠지만, 혼인으로 인해 요구되는 사항들은 가족계획을 결정하는 많은 것들을 설명해 준다.

　다시 말해서 영아살해는 삶을 영위해 나가기 위한 독특한 문화에 기초하여 이성적 결정과정을 통해 생겨났다. 중국의 소작농들은 자녀들을 죽이는 것을 살인이라고 생각하지 않았다. 전통적으로 중국에서는 태어난 첫해 동안은 완전한 사람이라고 생각하지 않는다(Furth 1987; Hsiung 1995b). 자주 인용되는 유명한 몇몇 규정은 영아를 단지 어린 동물로 여길 뿐이다.[47] 따라서 중국인들은 인간의 '삶'이라는 것이 출생 후 6개월 이후부터 약 2세 전후에 시작된다고 생각했다.[48] 중국의 소작농들과 엘리트들은 영아살해를 출생 후 벌어지는 낙태라는 형태로 개념화한 것이다.[49] 이런 행위는 오랫동안 불법적인 것으로 간주되었지만, 비도덕적인 것으로 여겨지지는 않았다.[50]

· · · · · · · · · · · ·

45 Lee, Wang and Campbell(1994)의 귀족에 의해 행해진 여아살해에 대한 분석과 리쭝칭(李中淸)과 궈송이(郭松義, 1994)의 정부에 의한 결혼지참 보조금에 관한 연구를 참조하라.

46 18세기 후반 이전에 황족 집안 딸의 혼인지참금은 적어도 정부가 부담했다(리쭝칭李中淸과 궈송이郭松義 1994). 맬서스를 포함한 많은 사람들이 여러 많은 인구들 사이에서 결혼지참금과 사망 사이의 연관성을 밝히려 했지만 아직 아무도 이 명제의 정확한 양적 실험을 해내지는 못했다. 일반적인 가설들에 대해 논한 Dickeman(1975과 1979)을 보라.

47 당대(618~907)의 중요한 문서들 중 623년의 황제의 조서 기록에는 "사람이 태어나면 그들은 그저 어린 동물일 뿐이다. 4세가 되어야 어린이 '小'가 되고, 16세가 되면 '中'이 되며, 21세가 되면 어른 '丁'이 되고, 60세가 되면 노인 '老'가 된다"고 했다(『唐會要』 85, 1555). 대략 B. C. 2세기경에 완성된 것으로 보이는 『주례(周禮)』에는 이전 시기의 정치제도와 정책들이 대략적으로 기록되어 있다. 이 『주례』에 기록된 것에 따르면 "사람은 치아가 자란 뒤에는 등록을 해야 한다"고 되어 있다. 이것에 대해 15세기의 정치가 구준(丘浚)의 해석을 보면 "인간은 본래 이가 자라기 전에 충분히 발육하지 못한다. 남아들은 첫 번째 이가 8개월이 되었을 때 나오고 두 번째 이는 8세 때 나온다. 여아들의 첫 번째 이는 7개월 때 나오며 2번째 이는 7세 때 나온다. 그들은 그때가 되어서야 국민으로 등록될 수 있다."고 했다(『大學衍文補』 13, 14). 우리는 『당회요(唐會要)』 중의 기록을 알려준 류추이룽(劉翠溶)에게 감사를 표한다.

48 세(歲)는 중국 사람들이 살아가는 동안 해가 지나가는 나이를 세는 단위이다. 사람들은 태어난 해에 1세가 되며 이듬해가 되면 2세가 된다. 따라서 '歲'는 서양의 나이보다 평균적으로 1.5세가 더 높다.

49 이런 태도는 중국과 동아시아에서 일반적이다. La Fleur(1992)는 일본에 관해 상세한 토론을 제공했다. 그 외에도 Lee and Saito(출판예정)의 청제국의 영아살해, 일본 토쿠가와시대와 같은 당대 아시아의 낙태에 대해 기록된 것을 참조하라.

50 선천적인 기형아를 제외하고는 중국의 가장 오래된 법전에서도 영아살해를 불법이라 밝히

그에 비해서 오늘날 중국에서 영아살해는 불법적이고 비도덕적인 것으로 간주된다. 하지만 낙태는 오히려 합법적인 것으로 권장된다.[51] 따라서 최근 중국에서 아이의 성별을 가늠하고 수를 통제하기 위해 초음파 기술이 널리 보급된 것은 그리 놀랄 만한 일이 아니다. 오히려 낙태는 미국에서도 보편화 되었다.

중국에서 자녀들은 부모가 평생 책임을 져야 하는 대상이다. 부모들은 단지 그들을 성인으로 키우는 역할에 그치지 않고 그들을 위해 삶의 전부를 바친다. 딸들은 결혼하면 출가했고 아들들은 부모가 죽을 때까지 함께한다. 부모들은 자녀들의 적절한 배우자를 찾아줄 뿐 아니라 자신들의 지위나 환경, 자녀의 상황에 따라 결혼지참금도 지불한다.

부모들은 자녀들이 성공해서 자신이 나이가 들었을 때 봉양해 주기를 바라지만 그러한 보장은 없다. 자녀를 갖는다는 것은 그만큼 위험을 짊어진다는 것을 의미한다. 과거에는 절반 이상의 아이들이 어른이 되기 전에 죽었다. 그리고 다섯 명 중 한 아이는 신체적 장애를 가지고 있었다.[52]

그 결과 부모들은 자녀를 낳아 기르는 것이 경제적으로 현실적인지 아니면 단지 생각에 불과한 것인지에 대해서 조심스럽게 그 위험도를 계산해야 했다. 딸들은 특히 돈이 많이 필요했다. 부유하거나 엘리트 계층일 경우에는

· · · · · · · · · · · ·

고 있다. 남아 있는 청대 법전들 중에서 제국의 첫 법전을 참조(Hulsewe 1985)하거나 후대 법전에 대해 논한 B. Lee(1981)를 참조하라.
51 이러한 의료기술의 발전은 우생학의 광범위한 흥취를 불러왔다. 특히 싱가포르에서는 정부 정책이 명확히 고등교육을 받은 여자와 결혼해 후손을 낳는 것을 격려하는 것이었다. 비록 중국에서는 이러한 정책이 없었지만 인간복제에 대해서는 명확히 금지한다고 선언했다. 출산력을 통제하던 문화적 전통이 오히려 이러한 논의를 활발하게 만들었다.
52 병에 걸린 비율에 관한 산정은 18세기 랴오닝 성의 성인 남성이 병에 걸린 비율을 근거로 한 것이다. 위험에 처한 2,478명의 관찰 대상들 중 676명이 상당한 수준의 불구였는데 근본적으로는 호흡기 질환을 갖고 있었다(Lee and Campbell, 1997, 77). 도시 거주자들 중 불구인 비율은 이보다 더 높을 것이다.

상당한 결혼지참금이 요구되었다. 심지어 아들의 경우도 이것과 무관하지 않아서 적지 않은 투자가 필요했다. 대부분의 아들들은 신부에게 줘야 하는 혼인 비용을 지불할 뿐 아니라 종종 다른 투자도 필요했던 것이다. 아들들은 단지 잠재적 재산으로서 가치를 가지고 있을 뿐이었다. 대부분의 부모들은 자녀를 낳아 기르는 데에 위험이 보상보다 더 크다고 결정을 내렸던 것이다. 이것은 특히 과거에는 한 가족 당 6명의 자녀를 가졌던 것에 비해 현재는 2명 미만의 자녀를 낳는 중국에서 더 잘 나타나고 있다. 한 자녀에 대한 투자 역시 그 규모가 날로 증가하고 있다. 따라서 중국의 인구학적 행위, 즉 전통적으로 성별에 따라 차이를 보이는 사망률 경향은 오히려 중국 출산력의 고유한 특징이기도 하다.

여자의 낮은 생존율은 결국 혼인시장에 적지 않은 영향을 주었고— 제5장에서 논의할 것이다— 인구증가율에도 어느 정도 영향을 미쳤다— 제7장에서 논의할 것이다—.[53] 경제적 지위가 어떠하든 거의 모든 여성이 결혼을 하게 되면서 청대에 전국적인 범위에서 행해진 영아살해는 초혼 인구의 10%, 혹은 그 이상을 감소시켰다. 이는 2세기 동안 적어도 수억 명의 인구가 태어나는 것을 막을 수 있었다. 이것은 1900년경의 중국 인구를 6억에서 5억으로 낮춰주는 요인이 되었다.

. . . .

[53] Rozman은 유사한 계산법을 만들었다(1982, 19). "인구성장의 원인에 관한 명확한 결론을 내는 것은 어렵다. 그러나 자료는 적어도 2가지 요소들이 인구증가에 영향을 주었다는 것을 나타내는데 하나는 영아살해이고 다른 하나는 이민이다." 그러나 고전 경제학자들은 영아살해가 오히려 반대의 작용을 했고 또한 결혼이 인구성장을 견인했다고 생각했다. 게다가 Asam Smith(1776/1979, 175)는 "중국에서 혼인이 격려되는 원인은 아이를 낳아 기르는 것에서 취할 이익이 있어서가 아니라 부모가 영아살해를 할 수 있는 자유가 있기 때문이다"라고 했다.

제5장

혼 인

중국인들은 보통 혼인을 두 가지 의미로 이해한다. 첫 번째 의미는 가장인 아버지를 위해 영구히 자신을 희생하는 관습이며, 둘째는 종족번식의 의미로 이해하는 것이다. … 중국 아버지들은 보통 자신의 자녀 중 하나라도 나이가 들어 혼인하지 못한다면 그것을 상당한 불명예로 여긴다. 혼인에 대한 중국인의 집착은 국가의 부가 매우 잘게 재분배되도록 만들었다. 다시 말해 중국인들의 특별한 혼인관은 많은 중국인들에게 고통을 주었다. 뿐만 아니라 이로 인해 중국인들은 행복한 삶을 영위할 수 없게 되었다.

— 맬서스 『인구론』

맬서스의 유산

맬서스는 만혼(晚婚; delayed marriage)이 인구증가를 억제할 수 있는 가장 효과적인 예방적 억제(Preventive check)라고 주장했다. 적극적 억제(Positive check)가 악습 및 빈곤을 야기하는 것과는 반대로 예방적 억제는 각 개인이 자신의 가족을 부양할 수 있을 때까지 혼인을 연기하는 등의 도덕적 통제 (moral restrain)를 기반으로 한다. 이와 같은 도덕적 통제는 자원을 절약시키고 빈곤을 감소시킬 뿐만 아니라 노동임금 가격을 높게 유지하도록 하면서 국민들의 번영을 보장하는 데도 큰 역할을 한다.[1]

맬서스는 예방적 억제가 항상 도덕적 통제를 통해서만 이루어지는 것은 아니라고 주장했다. 예를 들어 어떤 사회에서는 지참금이 여성들의 혼인을 방해하는 이유가 되기도 했다.[2] 이와 달리 또 어떤 사회에서는 여성들이 혼인은 하였으나 일부다처제 및 혼외성생활 등으로 인한 저출생률이 인구증가를 방해하기도 했다.[3] 그러나 맬서스는 모든 국민들이 높은 생활수준을 유지할 수 있는 사회는 도덕적 통제를 실현시키고 있는 사회뿐이라는 점에 주목했다. 맬서스는 사회번영과 만혼의 연관관계를 정의한 첫 사회학자이며 모든 사회가 이러한 관습을 보존할 것을 강력히 제안했다.[4] 맬서스는 혼인에 대한 생물학적 압력이 젊은이들 사이에서 더 강함을 알면서도 성숙한 사랑이 더 좋은 것이라고 주장했다.[5]

· · · · · · · · · · ·

1 "좋아하는 것을 나중에 하기 위해 자신이 노동의 대가로 번 돈을 지출하지 않고 저축하는 습관은 결혼생활이라는 제도에 두려움 없이 들어갈 수 있게 만들었다. 이와 같은 예방차원의 … 임금상승에 진정한 가치를 제공하고 노동자들이 결혼 전 저축한 액수에도 진정한 가치를 제공했다."(Malthus 1803/1992, 218; 1826/1986, 475)
2 이는 중앙아시아에서 더욱 분명히 나타났다. "타타르족 중 … 부모들은 딸들을 팔 수 있을 때까지 데리고 살았다. 가난한 계층에서는 부유한 계층의 일부다처제에 의해 신부의 가격이 상승하는 데 기인해 신부를 구하지 못하는 사람들을 흔히 찾아볼 수 있었다."(1826/1986, 88)
3 그러므로 중동과 페르시아에서는 "기독교 가정이 일부다처제가 성행한 회교도 가정에 비해 많은 자녀들을 출산하고 있음이 관찰되었다. 이는 굉장히 놀라운 사실이라 할 수 있다. 평등하지 않게 신부가 배분되게 하는 일부다처제는 한 국가의 관점에서 보았을 때는 바람직하지 않은 일이지만 다수의 신부를 지원할 수 있는 남성의 경우 단 한 명의 신부만을 보유한 남성에 비해 당연히 더 많은 자녀를 가지게 되었다. Malthus는 South Sea island의 난잡한 성생활은 이 지역의 인구증가에 방해요소가 되었다고 언급했다(위의 책, 51, 54).
4 "모든 개인은 자신의 자녀를 보살필 수 있는 능력이 있을 때까지 결혼을 늦추어야 할 의무가 있다." 그러나 동시에 개개인은 언제나 결혼하고 싶은 의지를 유지해야 한다. 결국 개인은 결혼하기 위해 이런 능력을 구비하려 노력해야 한다(1803/1992, 215; 1826/1986, 472).
5 "우리가 인생을 살아가면서 17, 18~20세 때만큼 이성에 대한 욕망이 강해질 때는 없다고 생각한다(1803/1992, 221; 1826/1986, 477). 일반적으로 어린 나이에는 사랑의 감정에 쉽게 빠져들게 되지만 이 감정이 진실된 것인지 아니면 순간적인 느낌인가를 판단하는 일은 아주 어려운 일이다(1803/1992, 221; 1826/1986, 478). 그러므로 어린 나이에 결혼하지 않는 것이

비록 맬서스는 성별 및 신분에 따라 다양한 유형의 혼인과 혼인시장이 나타남을 인식하고 있었으나, 혼인율에 관련된 초기 연구는 지속적으로 만혼을 통한 예방적 억제에 집중되어 있었다.[6] 차후 진행된 인구통계 연구를 거치면서 연구의 중심은 혼인여부 및 혼인연령의 계산으로 발전했다.[7] 최근에 진행되었던 이혼 및 재혼에 관련된 연구를 제외한 대부분의 혼인 관련 연구에서 학자들은 혼인시장에서의 성별 차이와 이것이 인구통계에 미치는 영향에 대해서는 거의 관심을 가지지 않았다.[8]

이로 인해 혼인이 보편적으로, 그리고 비교적 어린 나이에 행해지던 중국에서는 인구통계학에 대한 연구가 사망률에 관한 연구보다 많지 않았다. 중국인의 혼인에 대한 맬서스의 편견은 오늘날까지 이어지고 있다. 자녀를 가지기를 원한다는 근본적인 이유 때문에 중국 젊은이들은 어린 나이에 혼인해야 하는 것으로 여겨졌다. 한편으로는 오랜 기간 동안 중국 가족에게 만연한 가변성 때문에 그들은 각자가 처해 있는 경제적인 환경에 관계없이 그들만의 혼인관습을 유지한 것으로 생각된다. 모든 개인이 혼인에 필요한 자원을 스스로 마련해야만 하는 전통적인 유럽의 가족관습과는 대조적으로 혼인을 앞둔 중국의 젊은이들은 이 자원들을 친척 · 가족 등을 포함한 여러 가속으로부터 제공받게 된다(Hajnal 1982; Macfarlane 1986; Tawney 1932, Chao 1986).[9]

. . . .

일반화되어 있다면 … 욕정, 이러한 욕정은 아주 없어지는 것이 아니며 잠시 억눌러지는 것이며 곧 더욱 순수하고 밝게 다시 피어오를 것이다(1803/1992, 219; 1826/1986, 476).

6 유럽에서 한동안 쉽게 찾아볼 수 있었던 서출, Laslett(1977)에 의해 처음으로 진행된 '서출'에 관련된 연구에도 잘 나타나 있다. 중국에서는 서출이 그리 흔하지 않기 때문에 이와 관련된 연구는 그다지 활발하게 진행되지 않았다. 다만 일본 식민지시기 대만에서 서출은 찾아볼 수 있었다(Barrett 1980).

7 Hajnal의 1953년 평균 결혼연령 파악은 이러한 실례이다. Flinn(1981, 27~31)의 전근대시대의 조사요약이나 P. Smith(1974)의 현대 아시아를 참고해도 좋을 것이다.

8 Cherlin(1994)과 Goldscheider와 Waite(1991)의 현대 미국 인구와 Dupaquier(1981)를 참고해도 좋을 것이다.

9 Chao(1986)는 맬서스 이론의 가장 중요한 예이다. 그는 서양에서 결혼을 방해하는 요소에

영유아의 사망률이 중국의 인구증가를 다소 감소시켰을 수도 있지만, 중국의 인구증가와 삶의 질 저하에 결정적 역할을 한 원인은 바로 혼인이라 할 수 있다.

중국의 현실

여아들의 높은 영유아사망률은 청대 및 근대 중국의 혼인시장, 혼인제도 및 관습에 결정적인 영향을 미쳤다. 또한 일부다처제나 여성들의 재혼을 금기시하던 풍습은 이 시대 중국의 혼인적령기 여성 인구의 부족 현상을 더욱 악화시켰다. 일정 비율의 중국 남성은 혼인도 해보지 못하고 평생 독신으로 지내는 현상이 과거는 물론 오늘날까지 이어지고 있다. 결론적으로 혼인시장의 상황은 성별에 따라 매우 다르다.

또한 적어도 여성들은 상승혼(hypergamy)을 지향하는 성향이 매우 강했다. 대부분의 신랑들은 혼인을 성사시키기 위해 지참금을 지불해야 한다. 이에 반해 대부분의 신부 및 신부 가족들은 지참금을 지불할 필요가 없었다. 단 지나치게 높거나 낮은 신분을 보상하는 경우에는 지참금을 지불했다.[10] 이 시기 중국에서는 여성이 자신보다 낮은 신분의 남성과 혼인하는 것을 금했기 때문에 지참금은 하층으로 갈수록 더욱 중요시되었다. 이와 동시에 혼인

· · · · · · · · · · · ·

대해 논하면서 "중국의 전통적 가족체제는 서양의 그것과 다르다. 그중 하나는 가족의 영원성이며 또 하나는 가족간 감정의 힘, 특히 직업이나 임금이 없는 가족을 부양해야 하는 의무감이다. 결론적으로 중국의 가족체제는 자동조절장치의 역할을 수행하는 대신 인구과잉 현상을 용인했다."

10 예를 들어 상류층 사이에서는 지참금이 아내의 신분을 결정하는 요소가 되었다. 첩은 지참금을 지불하지 않았을 뿐만 아니라 고가의 가격으로 구매되었다. 이러한 거래는 일반적인 신부값과는 전혀 다른 거래였다.

지참금을 준비하는 것은 사회 엘리트층에게는 필수적인 관례였다.

오랫동안 중국인들은 역연혼逆緣婚(levirate; 주로 과부가 남편의 형제와 혼인하는 것)과 민며느리혼(little daughter-in-law) 등의 다양한 혼인방식을 발전시켜 왔다. 또한 낮은 출산력과 부계계승 중시는 처가거주를 기반으로 한 다양한 종류의 혼인방식을 발전시켰다. 서유럽국가들과 같이 중국에서도 오래 전부터 다양한 종류의 혼인방식은 존재해 왔다. 하지만 유럽의 경우 일부일처제가 중세를 거치면서 대표적인 혼인방식으로 자리 잡은 것과는 달리 중국의 혼인방식의 다양성은 한동안 이어졌다(Goody 1983).

보편혼제

중국에서 가장 일반적이며 널리 인정되고 있는 혼인방식을 보편혼제(Major Marriage)라 한다. 이 방식은 신부가 혼인 후 남편 및 남편 가족들과 함께 사는 것을 말한다.[11] 현재 중국에서 성사되고 있는 대부분의 혼인방식은 보편혼제에 속한다. 비록 중국의 혼인에 관한 과거의 통계자료는 없지만, 보편혼제가 차지하는 비중과 양상은 매우 다양했다. 보편혼제에서 남녀 혼인 패턴은 상반되어 서로 대칭되는 모습을 보인다.

여성의 부편혼제

전통적으로 중국에서는 거의 모든 여성들이 혼인했으며 혼인연령은 남성에 비해 낮았다. 이에 비해 남성 인구 중 일정 비율은 혼인을 하지 못했으며 또한 혼인연령이 여성에 비해 상대적으로 높았다. 그러므로 이러한 중국

---

11 Major marriage와 Minor marriage라는 용어는 Arthur Wolf에 의해 만들어졌다. A. Wolf and Huang(1980)의 중국의, 특히 대만의 한 지역의 major marriage와 minor marriage에 대해 논의한 것을 참고하면 좋을 것이다.

여성들의 혼인 패턴은 맬서스의 인구모델과 일치한다. 비교적 늦은 나이에 혼인하거나 아예 혼인을 하지 않는 인구가 있는 서유럽 여성의 혼인 패턴과는 대조를 이룬다. 〈그림 5-1〉은 19세기 초 유럽의 여러 국가들 및 중국 여성들의 미혼율을 비교한 표이다. 보는 바와 같이 20~24세 사이의 대부분 중국 여성들은 이미 혼인을 했는데, 그에 비해 같은 나이의 많은 유럽 여성들은 아직 혼인을 하지 않았다. 또한 30~34세 사이의 모든 중국 여성이 혼인한 것에 비해 유럽 여성들의 30%는 아직 혼인을 하지 않았다.

〈그림 5-1〉 미혼 여성의 비율(연령 및 국가에 따라, 1800년경)

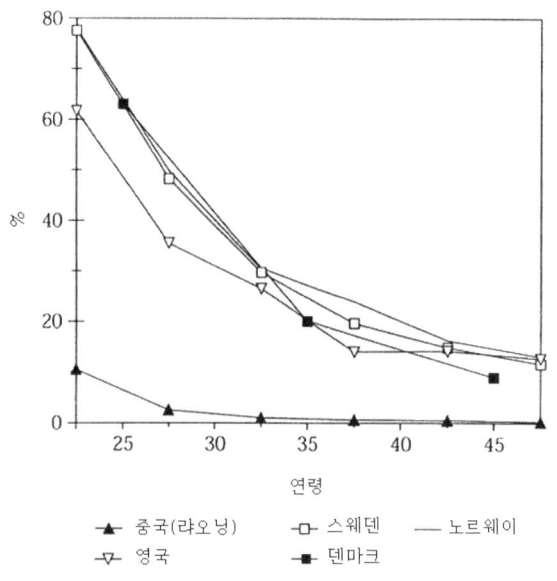

출처: 중국 랴오닝(遼寧): Lee and Campbell(1997); 스웨덴: Hofsten and Lundstrom(1976); 노르웨이: Statistisk Sentralbyra(1980); 영국: Hinde(1985); 덴마크: Statens Statistiske Bureau(1905).

중국 여성들의 혼인 패턴은 또한 각 시대에 따른 초혼연령의 평균을 통해 다시 확인할 수 있다. 〈표 5-1〉은 이러한 사실들을 정리한 것이다. 1960년대까지 각 시대별 평균 초혼 연령은 일정하게 16~19세에 분포되어 있다. 유일한 예외는 황족의 딸의 초혼연령이 21세인 것인데, 이것은 아마도 여성 혼인 시장의 상승혼 경향이 초래한 결과일 것이다. 다른 지역처럼 중국에서도 공주와 혼인하기를 원하는 사람은 없다. 비록 이런 편견이 존재하지만, 청대 중국 여성들은 사회적 환경에 관계없이 혼인비율이 동시대의 서유럽 여성들에 비해 높으며 혼인연령도 5~10년 정도 빠르다.

〈표 5-1〉 여성의 초혼 평균연령(중국, 특정 시기의 인구)

시기	지역	평균 연령	조사수량
1550-1850a	저쟝	17.6 / 19.1	1,994 / 1,078
1640-1900	베이징	20.7	12,942
1774-1840b	랴오닝	18.3	812
1929-1931	중국 북부	17.2	841
1929-1931	중국 남부	18.7	919
1950-1954	전 중국	17.5	46,233
1960-1964	전 중국	19.1	46,233
1970	전 중국	19.7	46,233
1982c	전 중국	22.4	2,677,408
1990c	전 중국	22.1	327,855,996
1995c	전 중국	22.6	3,625,859

출처: 저쟝(浙江): Harrell and Pullum(1995, 146), 두 개의 종족; 베이징(北京): Lee, Wang and Ruan(근간); 랴오닝(遼寧): Lee and Campbell(1997); 중국 북부(華北), 남부(華南): Notestein and Chiao(1937); 중국 1950~1970: Wang and Yang(1996); 중국 1982, 1990, 1995: SSB(1987, 1993, 1997), 이는 백분의 일 조사의 기초 데이터를 사용하여 계산했다.

a. 여성의 출생과 사망이 기록된 베이징 황족을 제외하고, 대부분의 과거 족보 자료는 며느리와 출가한 딸에 대한 정보를 기록하지 않았다. 따라서 Harrell과 Pulum의 계산은 초산으로부터 4.6~4.7년의 출산간격을 빼는 직접적인 추산에 의한 것이다.
b. 19.78세에서 1.5세를 빼면 혼인연령이 나온다.
c. singulate mean age at marrige(SMAM).

<표 5-2> 30세까지 혼인하지 않은 여성(중국, 특정 기간과 인구에서)

시기	지역	%	조사수량
1640-1700	저장	4.0	1,664
1741-1760	베이징	4.0	2,215
1774-1873[a]	랴오닝	1.0	3,014
1801-1820	베이징	4.0	2,753
1929-1931[a]	중국 북부	0.0	19,801
1929-1931[a]	중국 남부	0.1	22,637
1900-1925	전 중국	2.2	7,215
1945-1949	전 중국	1.1	5,877
1955-1959	전 중국	1.2	8,018
1982	전 중국	1.0	84,281
1990	전 중국	1.0	6,923,442
1995	전 중국	1.2	124,877

출처: 베이징: Lee, Wang, and Ruan(근간); 랴오닝: Lee and Campbell(1977, 85); 중국 북부(華北), 남부(華南): Notestein and Chiao(1937, 378); 1900~1959 출생 코호트: Wang and Tuma(1993); 전 중국 1982, 1990, 1995: SSB(1987, 1993, 1997), 백분의 일 조사의 기초자료로부터 계산됨.
주석: 1900~1925, 1945~1949, 1955~1959년은 출생 코호트이다.
a. 30~34세의 여성.

이와 같은 중국과 서유럽 여성들의 초혼연령 차이는 1950년대에 진입하면서 감소하기 시작했다(Wang and Tuma 1993). 이 시기 중국의 법정 혼인가능 연령은 18세였지만 실제 평균 초혼연령은 17세를 약간 넘고 있었다. 이러한 중국의 평균 초혼연령은 1970년 20세에 도달할 때까지 서서히 증가하였으며 1979년에는 23세까지 증가했다.[12] 이와 같은 갑작스런 초혼연령의 증가

· · · · · · · · · · · ·

12 결혼의 연령을 제한하는 명확한 법률은 존재하지 않았으나 중매결혼을 법적으로 금지한 것은 지나치게 어린 나이에 결혼하는 것을 막으려는 목적에서이다.

세는 1973년에 시작된 중국정부의 가족계획정책이 만혼을 장려하면서 야기되었다. 이후 중국의 평균 초혼연령은 다시 높아지지 않았으며 서방세계의 평균 초혼연령과 비교할 만한 단계에 머물러 있는 상황이다.[13]

혼인하지 않은 여성들의 비율은 지난 3세기 동안 거의 같은 단계에 머물러 있다. 〈표 5-2〉는 자료가 이용될 수 있는 시대의 30세까지 혼인을 하지 않은 여성들의 비율과 그 당시의 인구수를 비교한 표이다. 중국 여성들의 평균 초혼연령은 시간이 흐름에 따라 빠르게 상승했음에도 30세 이상 여성 가운데 아직 혼인을 하지 않은 자들의 비율은 거의 변함이 없음을 알 수 있다.[14] 서유럽의 여성들 중 15%가 40세까지도 혼인을 하지 않은 것에 비해, 단 1%의 중국 여성들만이 30세 이후에도 미혼으로 남아 있다. 다시 말해 많은 중국 여성들이 초혼의 시기를 연기하고는 있으나 혼인 자체를 포기한 것은 아니라는 말이다.

평균 초혼연령이 상승했기 때문에 혼인의 연령 유형은 단순히 다른 연령대로 이동하기보다는 특정 연령대로 더욱 압축된다(Wang and Tuma 1993). 과거와 같이 지금까지도 중국 여성들과 그들의 가족이 느끼는 혼인에 대한 부담은 동일하다고 볼 수 있다. 혼인에 대한 부담은 평균 초혼연령이 눈에 띄게 높아진 도시의 여성 및 그 가족들에게도 동일하게 찾아볼 수 있다. 1990년대에 들어서도 30세 이상 중국 여성들의 미혼율은 2.3%에 머물고 있으며 이는 같은 나이대 서유럽 여성의 15%와는 큰 차이를 보이고 있다 (Hofsten and Lundstrom 1976; Wang and Tuma 1993).

· · · · · · · · · · · ·

13 미국 1980년대 여성의 평균 결혼연령은 23.7세이다(US Bureau of the Census 1997, 105).
14 이러한 유형은 Whyte(1990, 184)에 의해 연구되었다. 그는 "중국의 결혼풍습이 보다 현대사회의 경향으로 변화되기 시작하였으나 이후 더 이상 변화하지 못하고 그 상태에 정체되어 버렸다"고 밝혔다.

남성의 보편혼제

바오딩(保定), 허베이(河北)의 도시주민들을 대상으로 1991년에 진행된 조사에 의하면 혼인한 경험이 있는 여성들 가운데 4/5와 혼인한 경험이 있는 남성들 가운데 6/7은 여성이 인생의 행복을 누리기 위해 혼인할 필요가 있다고 믿고 있는 것으로 나타났다.[15] 그러므로 중국 남성들은 여성들만큼 혼인의 중요성에 대해 깊게 생각하고 있으며 이러한 믿음은 혼인에 대한 다른 아시아 남성들의 믿음보다도 강한 것으로 생각된다.[16] 하지만 중국 여성들이 비교적 어린 나이에 쉽게 혼인할 수 있는 것과는 대조적으로 일정 비율의 중국 남성들은 혼인대상 여성들의 수가 부족하여 혼인을 하지 못하고 있는 실정이다.

〈그림 5-2〉는 19세기 초 중국 및 유럽의 기혼남성 비율을 대조한 표이다. 이 그림에 따르면 중국 남성들의 초혼연령이 유럽 남성들에 비해 다소 빠른 편이나, 모든 국가에서 20% 안팎의 남성들이 30세에 이르러서도 미혼상태로 남아 있다. 심지어 중국과 유럽 국가 모두 40~45세 가운데 10~15%는 미혼상태로 남아 있다. 그러므로 남성의 혼인은 맬서스의 중국 혼인모델에 부합되지 않는다고 할 수 있다. 사실 혼인을 하지 못한 중국 남성이 유럽 남성보다 혼인에 성공할 확률은 적어 보인다.[17] 이러한 남성들의 미혼상태는 중국의 경우 혼인가능 여성의 부족으로 야기된 혼인경쟁(marriage squeeze) 때문이라고 할 수 있으나, 유럽의 경우에는 단순히 혼인회피(marriage avoidance)로 볼

· · · · · · · · · · · ·

15 미시건대와 북경대의 사회학자들이 결혼한 20세에서 69세 사이의 남녀들을 대상으로 진행한 조사에서는 "과연 여성이 결혼을 하지 않고 행복한 삶을 영위할 수 있는가"라는 질문을 던졌다.
16 타지역에 비해 일본에서는 결혼이 별 인기가 없었다. 1994년 결혼경험이 있는 남녀 중 18~26%만이 "여성은 결혼해야만 진정한 행복을 갖는다"라는 질문에 Yes라 답했다. 50%의 남성과 49%의 여성은 질문에 잘 모르겠다고 대답하였으며 32%의 남성과 15%의 여성만이 이 질문에 동의하지 않았다.
17 Telford(1992a)는 중국과 유럽 남성의 결혼률에 관련된 유사성을 처음으로 발견했다.

수 있다.

〈그림 5-2〉 연령 및 특정 국가들에 따른 혼인하지 않는 남성의 비율(1800년경)

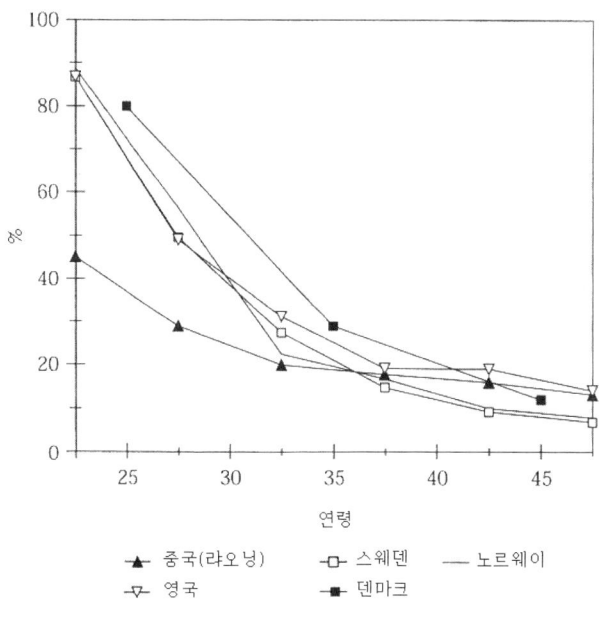

출처: 〈그림 5-1〉을 참고

　사실 중국 남성들 일부가 혼인을 하시 못하는 현상은 시대와 장소에 관계 없이 지속되어 온 보편적인 현상이라 할 수 있다. 〈표 5-3〉은 특정 시기와 지역의 30~40세 미혼남 비율을 비교한 것이다. 이 표에 따르면 17세기부터 19세기 말 사이에 10~20%의 남성이 미혼남으로 남는 것으로 나타난다. 예외적으로 청 황실가계가 좀 다른데, 그들 중 미혼남성의 비율은 13%로 높게 나타났다. 이처럼 중국 남성의 독신남 비율은 현재까지도 비슷한 수준 을 유지하고 있다. 1995년 30세가 된 중국 여성들이 거의 모두 기혼자임에 비해 같은 연령의 중국 남성 8%는 여전히 미혼으로 남아 있었다. 심지어 40세에 이른 중국 남성 중 5%가 여전히 미혼자로 남아 있는 것을 볼 수 있다(SSB 1997, 412).

〈표 5-3〉 혼인하지 않는 중국 남성들(특정 시기)

시기	지역	혼인하지 않은 비율(%)		
		30세까지	40세까지	조사수량
1640-1900	베이징	13	7	1,103
1700-1724a	안후이	8.2	-	1,040
1750-1774a	안후이	16.1	-	1,949
1774-1873b	랴오닝	20.4	16	3,547
1800-1819a	안후이	12.6	-	2,353
1820-1839a	안후이	14.1	-	2,567
1929-1931b	중국 북부	11.5	7.9	21,560
1929-1931b	중국 남부	7.7	3.9	24,874
1900-1925c	전 중국	13.7	6.8	6,538
1945-1949c	전 중국	12.7	6.7	6,295
1955-1959c	전 중국	9.8	-	8,661
1982	전 중국	10.7	6.3	88,869
1990	전 중국	8.3	5.3	7,159,677
1995	전 중국	7.7	4.7	125,367

출처: 베이징(北京): Lee and Wang(근간); 안후이(安徽): Telford(1994, 936쪽); 랴오닝(遼寧): Lee and Campbell(1997); 중국 북부(華北), 남부(華南): Notestein and Chiao(1937); 1900~1959년 출생 코호트: Wang and Tuma(1993); 중국 1982, 1990, 1995: SSB(1987, 1993, 1997), 백분의 일 조사의 기초자료로부터 계산함.
주석: 1900~1925, 1945~1949, 1955~1959년은 출생 코호트이다.
계보기록들은 미혼 남성들을 거의 기록하지 않았다. 생존한 후손이 없어 족보가 편찬되는 몇백 년 뒤에는 기억되는 것이 거의 없기 때문이다.

a. 20세 이후에도 혼인하지 않은 비율
b. 30~34세, 40~44세
c. 30~35세

그럼에도 19세기 말까지 여아살해가 감소함으로써 남성의 혼인율은 크게 증가했다. 〈표 5-3〉에 의하면 20세기 초에 이르러 30세 중국 남성의 미혼율은 기존의 20%에서 10%로 반 정도 감소했다. 1929~31년에 30~34세의 중국 남성을 대상으로 대대적으로 진행되었던 인구조사에 따르면 중국 북부의 미혼율은 12%였으며 중국 남부의 미혼율은 8%로 조사되었다(Barclay 등 1976).[18] 1988년 1900~25년에 출생한 남성들을 대상으로 진행된 더 큰 규모의 조사에서도 14%의 남성들만이 30세에 이르러서도 미혼으로 남아 있었으며, 40세에 이르러서는 7%의 남성만이 미혼으로 남아 있었다(Wang and Tuma 1993). 중국 남성들의 미혼율은 20세기 후반에 접어들면서 지속적으로 하락하였으며 21세기에 들어와서는 더욱 하락할 것으로 보인다. 이와 같은 중국 남성들의 혼인율 증가현상은 지난 100년 동안에 진행되어 온 추세이다.

중국 남성들의 혼인율은 서유럽 남성들의 혼인율과 거의 비슷한 비율을 보이고 있으나, 역사적으로 중국 남성들의 초혼연령은 유럽 남성들에 비해 낮은 것으로 나타난다. 〈표 5-4〉는 각 주요 시대 중국 남성의 평균 초혼연령과 당시의 인구수를 정리한 것이다. 16~19세기 사이에 중국 남성들의 평균 초혼연령은 21세인 것으로 나타난다. 서유럽 남성들의 초혼연령은 나라에 따라 차이는 있으나 26세 혹은 그 이상인 것으로 나타났다. 20세기 후반 이후 중국 여성의 혼인연령이 지속적으로 증가함과 동시에 중국 남성의 초혼연령도 높아졌다. 따라서 이러한 두 문화 사이의 초혼연령 차이는 현격히 줄어들었다. 1996년에 이르러서는 중국 남성의 평균 초혼연령이 25세로 높아지면서 서방 유럽국가 남성들의 평균 초혼연령과 거의 비슷해졌다. 중국

· · · · · · · · · · · · ·

18 이러한 중국 남성들의 혼인율은 20세기 초에도 전체적으로 향상되지 않았다. 1930년대 중국 북부의 딩현(定縣) 지방에는 20%의 남성들이 여전히 독신으로 남아 있었다.

여성들의 연령별 혼인여부 및 초혼연령이 서구 유럽국가 여성들과 큰 차이를 보이는 것과는 대조적으로 중국 남성들의 연령별 혼인여부 및 초혼연령은 서구 유럽국가 남성들과 동일한 패턴을 보이고 있다.

〈표 5-4〉 중국 남성의 초혼연령(특정 시기)

시기	지역	평균 연령	조사수량
1520-1661ᵃ	안후이	21-22	8,295
1550-1850ᵇ	저장	20.9/22.4	1,994/1,078
1700-1900	베이징	20.9	918
1774-1840ᶜ	랴오닝	20.8	1,790
1929-1931	중국 북부	20.3	743
1929-1931	중국 남부	20.7	857
1900-1925	전 중국	22.2	6,538
1945-1949	전 중국	23.6	6,295
1982ᵈ	전 중국	25.2	2,883,147
1990ᵈ	전 중국	23.4	350,973,807
1995ᵈ	전 중국	24.4	3,701,787

출처: 안후이(安徽): Telford(1992); 저장(浙江): Harrell and Pullum(1995); 베이징: Lee, Wang, and Ruan(근간); 랴오닝(遼寧): Lee and Campbell(1997); 중국 북부(華北), 남부(華南): Notestein and Chiao(1937); 1900~1925, 1945~1949년 출생 코호트: Wang and Tuma(1993); 중국 1982, 1990, 1995: SSB(1987, 1993, 1997), 백분의 일 조사의 기초자료로부터 계산됨.
주석: 1900~1925, 1945~1949년은 혼인시기가 아닌 출생시기에 따른 출생 코호트, 그리고 35세까지 혼인한 인구만을 포함한다.
a. 첫 아들을 출산했을 때 아버지의 연령으로부터 5년을 뺀 혼인연령
b. 첫 아들을 출산했을 때 아버지의 연령으로부터 4.6 또는 4.7년을 뺀 수정된 혼인연령
c. 기록된 22.3세로부터 1.5년을 뺀 계산
d. SMAM(Singulate mean age at marriage: 50세 이전에 결혼한 사람이 독신으로 지낸 평균년수)

중국 남성들의 평균 초혼연령이 중국 여성들의 초혼연령에 비해 단 몇 년밖에 높지 않지만 양성간의 초혼과 관련된 연령별 패턴은 아주 큰 차이를

보인다. 〈그림 5-3〉은 1900~25년에 출생한 중국 남녀의 혼인과 관련된 연령별 패턴을 보여주고 있다. 여성의 경우 혼인율이 15세 이후에 지속적으로 증가하다가 20세에 절정에 이르며 이후 감소하는 추세를 보인다. 남성의 경우는 이와 완전히 다르다. 남성의 혼인율 역시 20세에 절정에 이르지만— 여성 혼인율 상승의 1/3 수준— 그 후 10년 동안 거의 같은 수준을 유지한다.

이와 같은 연령에 따른 혼인율의 남녀 성별 차이는 여성의 재혼을 제한하는 사회적 분위기 때문에 더욱 두드러지게 된다. 〈표 5-5〉도 중국에 관한 자료를 담고 있다. 서유럽에서 재혼은 여성들보다는 남성들에게 더 일반적이다. 또한 중국에서의 재혼율은 유럽과 비슷하다. 서유럽에서는 전체 홀아비의 약 1/3, 과부의 1/5이 재혼에 성공한다.[19] 중국 랴오닝 지방의 소작농 중에서는 1/3의 홀아비와 1/10의 과부가 재혼에 성공한다. 이러한 차이는 상층 계급의 인구에서 더 두드러진 현상인데, 이는 편향된 보고의 결과로 여겨진다.[20]

이와 같이 여성의 재혼을 금기시하는 사회적 분위기는 20세기까지 이어졌다. 심지어 중국본토에 비해 여성의 재혼이 많았던 20세기 초의 대만에서도 대부분의 과부는 재혼을 하지 않았다(A. Wolf 1981).[21] 최근까지도 중국본토의 여성혼인 중 재혼이 차지하는 비율은 2% 미만이다. 전체적으로도 중국인의 재혼빈도는 서유럽보다 훨씬 낮았다. 서구에서 재혼은 과거 전체 혼인의

· · · · · · · · · · · ·

19 각 개인이 처한 상황에 따라 이 인구조사 결과는 상이해지지만 비율만은 전형적인 유형을 보인다.
20 49개의 혈연종족을 대상으로 진행된 연구에서 결혼을 경험한 남성들 가운데 11.5%가 재혼했다. 이와 대조적으로 49개 중 32개 부족의 여성은 재혼을 하지 않았다. 17개 부족의 여성은 재혼했다. 재혼은 전체 여성의 결혼에서 단 0.5%~8.6%를 차지한다(Liu Ts'ui-jung 1992, 1:48).
21 남편과 사별한 과부의 재혼율은 당사자가 과부가 된 연령에 따라 다양하다. 24세 이전에 과부가 된 여성들의 58.5%가 재혼에 성공하였으며 30세에서 34세 사이에 과부가 된 여성들의 단 30.3%만 재혼했다(A. Wolf 1981, 141).

20%에서 최근 전체 혼인의 50%까지 차지하고 있다.[22]

〈그림 5-3〉 중국의 남성과 여성의 혼인연령 유형(1900~1925년 출생 코호트)

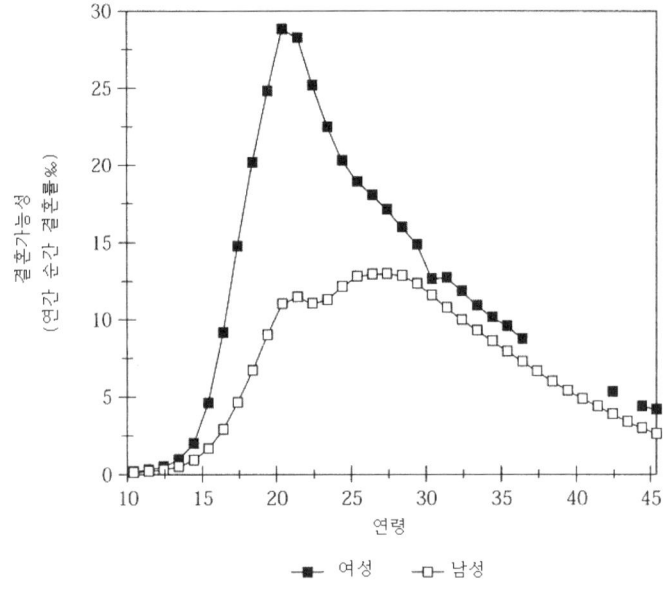

출처: Wang and Tuma(1993)

미혼남과 홀아비, 모두가 나이 어린 신부를 원하는 중국 내 풍토는 다양한 연령차의 부부를 탄생하게 했다. 대부분의 부부가 비슷한 연령에 혼인하지만 일부 남성들은 자신보다 아주 어린 여성과 재혼하게 된다. 아주 소수의 남성만이 자신보다 나이가 아주 많은 여성과 혼인을 하는 것으로 나타났다. 재혼을 원하는 나이 든 남성들이 배우자와의 나이 차이를 상관하지 않고 10대나

. . . .

22 미국에서는 1980년대 중반 전체 결혼의 46%가 재혼이었다(US Bureau of the Census 1997, 106).

20대 초의 젊은 여성과 혼인하고자 하는 의지가 더 크게 작용하는 것이다. 어린 남성들이 초혼으로 나이 어린 여성들을 우선적으로 고려하는 것도 이와 유사하다. 그러므로 이들 중국의 미혼남 및 홀아비들이 혼인시장에서 직면하게 되는 가장 큰 장애요소는 자신의 연령층에 속한 미혼녀들의 수가 아니라 아직 혼인하지 않은 젊은 여성들의 수이다.

〈표 5-5〉 재혼율(특정 시기의 인구에서)

시기	지역	남성		여성	
		%	조사수량	%	조사수량
1700-1724	안후이	12.5	816	–	–
1750	쟝쑤	11.4	664	–	–
1750	광둥	24.6	781	–	–
1750-1774	안후이	13.3	1,298	–	–
1750-1790[a]	베이징	41.6	3,628	–	–
1792-1867[b]	랴오닝	27.8	97	12.2	41
1800	후난	14.3	925	–	–
1800-1819	안후이	21.6	1,708	–	–
1840-1880	안후이	21.0	1,335	–	–
1906-1945[c]	전 중국	–	-	5.0	38,941
1980[d]	전 중국	3.0	-	3.0	7,166,528
1990[d]	전 중국	4.1	-	4.1	9,486,869

출처 : 안후이: Telford(1994); 1750 쟝쑤江蘇, 광둥廣東, 후난湖南: 류췌이룽劉翠鎔(1995b); 베이징: Lee, Wang, and Ruan(근간); 랴오닝: Lee and Campbell(1997); 대만: A. Wolf(1981); 중국 1980, 1990: 펑팡후이馮方回 (1996).

주석 : 랴오닝을 제외하고는 일부다처제와 일부일처제를 구별하는 사료가 없기 때문에 재혼 중 일부는 추가로 얻은 아내이거나 일부다처제 하의 남편이다.

a. 청 황족에 기반하며 일부다처제를 포함한다.
b. 26~30세에 배우자를 잃은 남성과 여성은 3년 이내에 재혼한다.
c. 표본의 크기는 여성의 연령과 관계가 있다.
d. 수치는 양성 모두의 재혼과 관계가 있다.

이와 같은 중국 남성들의 전형적인 혼인연령 패턴은 랴오닝 농촌지역 1,790건의 초혼을 분석한 결과에서 잘 나타난다. 평균적으로 남편의 연령은 부인보다 1.8세 많았으나 이들 중에는 신랑의 나이 때문에 연령차가 커진 부부들도 찾아볼 수 있었다. 남성들과 그 가족들은 젊은― 성인이 된― 신부에게만 관심을 가지고 있었다. 그 결과 성인과 어린이 간의 혼인은 찾아볼 수 없었다. 널리 알려져 있는 중국의 어린 신부는 사실 이곳 랴오닝 지역에서는 찾아볼 수 없었다. 14세 이전에 혼인한 77명의 남성들만이 자신들보다 나이가 많은 신부와 혼인하였으며, 이들 중 3/4의 신부는 신랑보다 4세 이상 많았다. 1,300명 중 10대 중반부터 20대 중반에 혼인한 남성들 중에는 연상의 부인과 혼인한 경우도 상당히 있지만, 대부분 자신들과 나이가 비슷하거나 어린 신부들과 혼인했다. 늦게 혼인한 400명의 남성들은 상당히 어린 아내를 맞이했다.[23]

다양한 혼인제도

일반적인 중국의 혼인관에 대한 맬서스의 가정은 더 증명되어야 하겠지만, 그가 언급한 혼인에 대한 중국인들의 강한 의지는 근본적으로 의심할 여지가 없다. 그 동기에 대한 언급 또한 그렇다. 중국인들은 혼인을 통하여 혈통을 유지하고 노후를 대비했다. 혼인과 자녀에 대한 열망은 어느 사회에서나

· · · · · · · · · · · ·

23 최근 남녀간 결혼형태에 대한 다른 예는 중국 딩현(定縣), 허베이성(河北省)에서 찾아볼 수 있다. 1926~1933년 사이 776쌍의 커플을 대상으로 실시된 조사에서 모든 여성들은 23세 이전에 결혼하였으나 단 66.3%의 남성만이 23세 이전에 결혼했다. 심지어 39세의 남성 중 90%의 남성들만 기혼자였다. 하지만 눈에 띄게 높은 비율의 남성들이 어린 나이에 결혼했다는 사실도 알 수 있다. 6명 중 1명의 기혼남은 14세에 이미 기혼남이 되었다. 또한 거의 절반에 가까운 47.5%의 남성들이 17세에 결혼했다. 결론적으로 전체 결혼의 70%는 남성이 여성보다 나이가 어렸다(Gamble 1954, 41).

존재하였으나 중국사회만큼 강렬하지는 않다. 생물학적 영속에 대한 중국인들의 열망은 조상숭배가 널리 퍼지기 시작한 기원전 3세기부터 찾아볼 수 있다(Ho 1975, 322~327). 그리고 기원전 1,000년에 기록된 많은 문헌들은 혼인과 자녀에 대한 중요성에 대해서 언급하고 있다. "자식이 범할 수 있는 최대의 불효는 대를 이을 아들을 낳지 못하는 것"이라는 맹자(孟子)의 명언은 이러한 중국사회의 분위기를 전하는 직설적인 표현이다.[24]

따라서 중국인들은 여러 종류의 혼인관습을 발전시켜 왔다. 이러한 혼인관습들에 대한 연구는 최근에 들어서야 시작되었다. 인류학자들은 보편혼제 외에 또 다른 두 가지 중국의 주요 혼인관습을 제시했다. 첫째는 여성이 남성의 집으로 어린 나이에 들어가 몇 년이 지나 혼인하게 되는 민며느리 혼인방식(little-daughter-in-law, 童養媳), 둘째로 남성이 혼인한 후 여성의 가족들과 함께 사는 처가살이 혼인방식, 즉 데릴사위(uxorilocal marriage)이다.[25] 또한 최근에 진행된 연구결과는 중국의 상류층에서는 일부다처제가, 빈곤층에서는 역연혼(levirate)이 행해졌다고 언급하고 있다.

일부다처제

일부다처제는 남성이 한 명 이상의 부인을 보유하는 혼인방식이며 중국에서는 상류층에서 쉽게 볼 수 있었다. 가장 현저한 예는 청 황실로 전체의 1/3 이상이 일부다처제로 나타난다. 중국 상류층의 족보에서도 10%의 남성 혼인은 일부다처제의 형식으로 확인되고 있다.[26] 이와 대조적으로 18세기에

· · · · · · · · · · · ·

24 "불효자가 되는 길은 3가지가 있다, 그중 가장 나쁜 것은 부모님께 후손을 안겨 드리지 못하는 것이다."(Mencius 1970, 6.1, 127)
25 Arthur Wolf는 다양한 형태의 결혼과 이에 대한 세부적 분석을 진행한 첫 학자이다(Wolf and Huang 1980).
26 각 가계에 따라 이 비율은 다양해진다. 둥청(桐城), 안후이(安徽)의 8,295명의 기혼자 중 7.5%만 한 명 이상의 부인을 두고 있었다(Telford 1992a, 27). 이에 비해 다른 5개의 가계를

서 19세기까지 랴오닝 지방 소작농의 혼인 4,000건을 분석한 결과 1,000건 중 1건의 혼인만이 일부다처제의 형식을 띠고 있었으며, 20세기 초 대만에서 소작농을 대상으로 진행한 조사에서는 이보다는 조금 높은 결과를 얻을 수 있었다(A Wolf and Huang 1980; Lee and Campbell 1997). 이 시기 대부분의 중국인들이 소작농이었음을 감안하면 전체적으로 일부다처제의 비율은 1~2% 미만이었을 것으로 추정된다.[27]

청 황실의 일부다처제하에서의 출산력에 대한 최근의 연구에 따르면, 여기 에서 혼인이라는 행위는 일부일처혼이 연속적으로 결합된 것으로 보인다(Lee & Wang press). 여러 아내를 가진 대부분의 남편들도 부인의 숫자와 관계없이 잠자리에 들 때는 단 한 명의 부인과 함께했다. 다시 말해 청 황족은 쉽게 이혼할 수 없는 혼인형태를 보상받기 위해 일부다처혼을 행했던 것이다. 결국 부인을 한 명 추가함으로써 남성의 생식력은 자녀 한 명을 추가할 수 있을 만큼 증가했다. 45세까지 생존하며 일부일처혼을 한 청 황실 남성이 평균적으로 3명의 아내와 4.6명의 자녀를 가진 데 비해서, 45세까지 생존하 며 일부다처혼을 한 남성은 평균적으로 6.8명의 자녀를 두었다. 서유럽의 일부일처혼을 한 남성은 8~10명의 자녀를, 일부다처혼을 한 남성은 15~25 명을 두었다. 다시 말하면 일부일처혼의 출산력은 서유럽의 절반, 일부다처 혼의 경우 서유럽의 1/3의 출산력을 보인 것으로 나타났다.[28]

· · · · · · · · · · · ·

대상으로 류추이룽(劉翠鎔)이 진행한 조사에서는 후베이(湖北) 우창(武昌) 지역의 쉬자(徐家) 에서는 8%, 광동(廣東) 지역의 씨앙산(香山)에서는 26%에 이르렀다(1995a, 105).

27 종전의 주장은 10%이다(Naquin and Rawski 1987, 108). 이 류추이룽이 작성한 것으로 보이는 이 비율에는 각 가계의 상류계층인 남성들이 과부를 재혼시켜 유지시키던 일부다처제의 비 율을 반영하지 않았다.

28 Wilson의 일부다처제 출생률을 참고하길 바란다. Bean and Mineau(1986), Bean and Mineau and Anderton(1990)에 따르면 몰몬교의 일부다처제는 1820년 이전에는 평균 3.9명의 아내를 소유 하였으며 1820~1839년 사이에는 2.9명, 1840~1859년 사이에는 2.4명의 아내를 보유했다. 자 녀의 경우 1820년 이전에는 한 명의 아내당 6.3명, 1820~1839년 사이에는 한 명의 아내 당 7.3명, 그리고 1840~1859년 사이에는 7.6명의 자녀를 출산했다. 이는 한 명의 몰몬교 남성이

〈그림 5-4〉 일부일처제, 일부다처제혼 남성의 출산력 연령유형, 청 황족, 1700~1840년

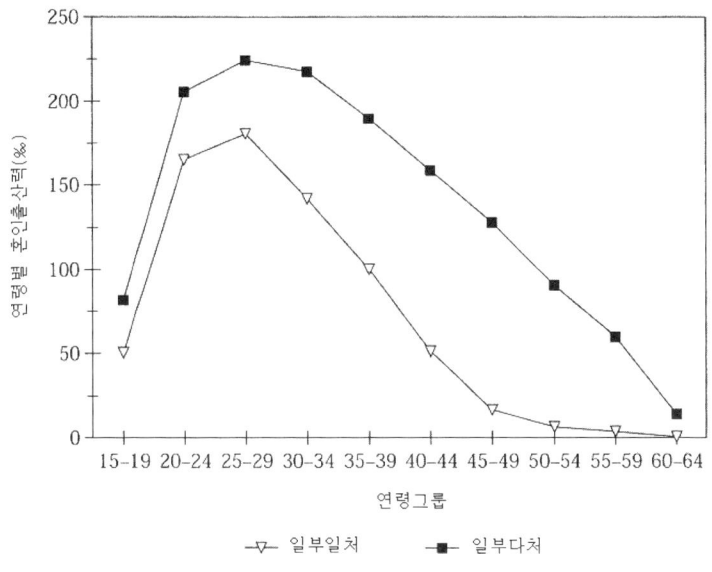

출처: Wang, Lee and Campbell(1995)

일부다처혼의 출산력이 낮은 것은 주목할 만하다. 〈그림 5-4〉는 남성의 연령별 합계혼인출생률을 추정했다. 일부다처제하 남성의 출산력이 일부일처제하 남성보다 20~30% 높은 것을 볼 수 있으며, 이러한 연령별 출산력 곡선은 일부일처제하 남성의 생식력이 급격히 저하되는 30대 후반에서부터 차이가 나타남을 알 수 있다. 40대 후반의 일부다처제하 남성의 출산력은 30대 중반의 일부일처제하 남성과 비슷하며, 일부다처제하 50대 후반 남성의 출산력은 40대 초반의 일부일처제하 남성과 비슷하다. 일부다처제하 남

. . . .

45세까지 생존한다는 가정하에 1820년 이전에는 24.6명의 자녀, 1820~1839년 사이에는 21.2명의 자녀, 그리고 1840~1859년 사이에는 18.2명의 자녀를 출산했다는 것이 된다.

성의 평균 최종출산연령은 45세이며 이는 일부일처제하 남성보다 10년이나 늦은 연령이다. 결국 중국사회에서의 일부다처제의 목적은 남성의 전반적인 출산력을 강화시키는 것이기보다는 남성의 생식기간을 연장하는 데 있다고 볼 수 있다. '전통' 중국의 다양한 혼인에 대한 쾌락적 묘사가 근대에도 유사하다는 서구의 환상은 역설적이게도 점차 중국에 받아들여지고 있다.[29]

민며느리혼

보편혼제와 달리 가난한 자들에게서 혹은 특정 지역에서 더 일반적으로 나타나는 것은 지참금이 없는 민며느리혼이나 역연혼이다. 민며느리혼은 신부가 보통 10세 이전에 남성의 집에 입양되어 미래의 며느리로 길러지는 혼인풍습이다.[30] 이러한 혼인방식은 여성을 키우면서 지출해야 하는 비용을 절약하기 원하는 신부가족, 지참금이나 혼인비용을 걱정하는 신랑가족 등 무엇보다 경제적인 이유로 선택되었다.[31] 또한 신부가 신랑 및 신랑가족에 자연스럽게 융화되기를 원하기 때문이기도 하다.[32]

이러한 혼인방식은 대만의 일부 지방에서는 전체 혼인의 50%를 차지했으

· · · · · · · · · · · ·

29 역사 사실이 왜곡된 예로 Su Tong이 집필하여 영화화된 'Raise the Red Lantern'이 있다.

30 Arthur Wolf는 대만 하이산(海山) 지방의 848건의 어린 며느리 결혼(little daughter-in-law marriage)을 연구하였으며 이 여성들의 나이는 2세에서 8세 사이였다. 1736년과 1745년 2년간의 조사 후 귀송이(郭松義)는 55개의 어린 며느리 결혼형태를 발견하였으며 이들 중 80%는 그들이 10세가 되기 전에 입양되었다. 이와 대조적으로 펑얼캉(馮爾康, 1986)은 중국 전역에서 찾아낸 12개의 사례를 통해 나이가 들어서 어린 며느리 결혼을 하는 일이 흔했다는 점을 밝혀냈다. 실제로 12개의 사례 중 5명의 여성은 14세가 넘어 결혼했다. 아마도 이것은 주혼(major marriage)의 비싼 비용을 피하기 위해 진행한 것으로 추정할 수 있다.

31 안후이성(安徽省) 지시현(績溪縣)의 19세기 초 기록에 의하면 "가난한 집안은 딸을 남에게 보내 입양시킬 수밖에 없고 이런 양녀가 성인이 되면 신부가 되었다"(펑얼캉馮爾康 1986, 310). 19세기 중기 상서성 한주현 현지에 의하면 사람들은 이런 결혼방식을 통해 "농민가족이 예물을 준비할 필요가 없게 되어, 가난한 집안에서 친딸을 죽이는 고통도 피할 수 있다"고 한다(귀송이郭松義, 근간).

32 Wolf and Huang(1980)은 이런 혼인에서는 가족관계에 열정이 부족하지만 더욱 조화롭다고 밝혔다.

며(A. Wolf and Huang 1980, 124~125; Chuang and Wolf 1995), 청대에는 일부 중국에서도 성행했다.[33] 하지만 20세기 초에 들어오면서 여아살해가 현격히 감소하여 혼인 가능한 신부의 수가 증가하면서 민며느리 혼인방식은 줄어들었다. 중국의 국토활용도 조사보고서에 따르면 양쯔강(長江) 중부지역 전체 혼인의 5~10%, 중국 북부지역 전체 혼인의 0.5~1%가 민며느리 혼인을 하고 있는 것으로 나타났다(A. Wolf and Huang 1980, 329). 비율이 비록 낮긴 하지만 민며느리혼이 중국 북부와 북동부의 특정한 계층에서 널리 유행했음을 시사하는 증거들이 산재한다.

역연혼

사망한 아버지나 형의 부인을 물려받는 역연혼에 대한 통계나 수치를 담은 연구나 자료를 찾아볼 수는 없으나, 이에 대한 언급은 기원전 1세기 자료에서도 찾아볼 수 있다(구제강顧頡剛 1982). 중국 역사상 가장 유명한 로맨스로 간주되는 8세기 당(唐) 현종과 그의 며느리 양귀비의 혼인도 역연혼이다. 이와 같은 역연혼은 계속해서 금지되어 왔지만 일부 한족은 물론 특히 만족이나 몽골인 등 비한족에서 성행했다. 혼인생활에서 받는 여성의 심한 스트레스와 착취 때문에 민며느리혼과 역연혼 모두 현재 중국 및 대만에서 금지되어 있다.[34] 하지만 일부 가난한 소작농사회에서는 아직도 이어지고 있다(옌윈씨앙嚴雲翔 1992).

· · · · · · · · · · · ·

33 Wolf and Huang(1980)은 많은 이야기와 야사를 열거하여 민며느리와 입부혼인이 9세기에서 상당히 성행한 것을 설명했다(1~15, 326~339).
34 이 두 가지 혼인 형식은 모두 여성에 대한 착취로 간주할 수 있다. 신부는 거의 혹은 전혀 선택권이 없었다. 그리고 이러한 권력의 부여는 중국헌법에서 보증한 것이다. Wolf and Huang(1980)의 대만 민며느리현상에 대한 연구를 참고하기를 바란다.

데릴사위혼

반대로 남성이 혼인한 후 신부의 가족과 함께 살아가는 데릴사위 혼인방식은 중국에서 꾸준히 이어져왔으며 어떤 도시지역에서는 증가하는 경우도 있다. 〈그림 5-5〉는 1991년에 혼인한 후 자신의 부모와 함께 살고 있는 여성들을 연령별로 구분한 것이다.[35] 1960년대부터 1990년대까지 데릴사위혼은 전체 중국내 혼인 중 농촌지역에서는 5~8%, 도심지역에서는 7~10%를 차지했다(CASS 1994). 부인이나 남편 모두 혼인 후 자신들의 성을 바꾸지는 않지만, 처가살이 하는 사위는 아내의 가족들을 부양하고 돌보아야 하는 책임을 다해야 한다.[36]

현대 중국사회에서 데릴사위혼이 전체 혼인에서 차지하는 비율은 과거와 비슷한 5~10%이다. 전체적으로 약 20%의 부부가 아들을 갖지 못한다는 점을 감안하면, 아들을 갖지 못하는 이들 부부의 50%는 사위를 아들로 입양하는 셈이라 할 수 있다(Wrigley 1978).[37] 나머지 50%는 아들을 입양하는 것으로 생각된다. 이러한 사위입양 방식은 사위가 자신의 혈연적 관계로부터 떨어져서 처가에 완전히 소속되어 함께 거주하는 것은 아니다. 7장에서 보겠지만, 사위입양 유형은 양자입양의 종류만큼 다양하다. 다시 말하면 남성의 상승혼이 여성의 상승혼과 같이 공존했다는 것이다.

· · · · · · · · · · · ·

35 궈즈강(郭志剛)이 이 자료를 제공한 것에 감사드린다.
36 사람들의 부계와 혈연관념이 변함에 따라 최근 몇 년 사이 성씨에 대한 확정도 점차 복잡해지고 있다. 현재는 아무런 입양절차를 거치지 않아도 자녀가 어머니의 성씨를 따를 수 있다.
37 일본은 과거에 입부혼인의 비율이 더 높았다. 도쿠가와 시기 일부 인구 중 30%에 이르렀다(Kurosu and ochiai, 1995).

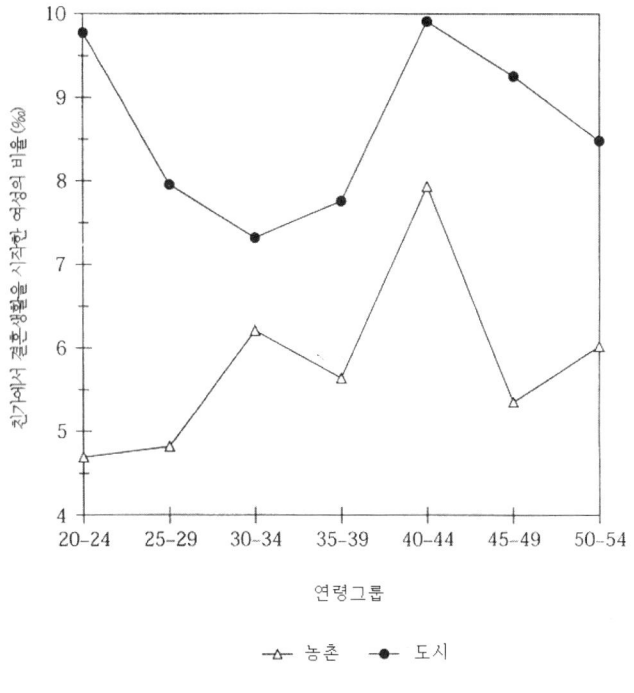

〈그림 5-5〉 아내의 연령에 따른 처가살이혼 경향(중국, 1991년)

연령그룹

—△— 농촌　—●— 도시

출처: CASS(1994, 〈표 3-1b〉)

집단적 그리고 개인적 전략

성별에 기반을 둔 혼인시장, 여성과 때론 남성들의 상승혼 전통 및 다양한 혼인형태의 조합은 혼인율이 사망률처럼 세분해서 연구해야 하는 것임을 알려준다. 이는 특히 남성, 사회계층의 양극에 모두 적용된다. 청 황족들의 혼인율은 분명히 그들의 신분과 지위에 따라 결정되었다. 혼인연령도 이와 마찬가지였다. 18~19세기 30~34세 상급 귀족들 중 단 6%만이 미혼인 것과 비교하여 하급 귀족층의 경우 이 비율이 2배인 12%에 이르렀다(Lee,

Wang and Ruan in press). 이와 마찬가지로 안후이 지방 상류층의 자제들 가운데 단 5%가 20세까지 미혼인 데 반해, 일반 서민 자제들의 비율은 15%에 이르렀다(Telford 1994).[38] 하급 귀족층의 평균출산연령은 상급 귀족층보다 2년이 늦었으며 일반 서민의 자제들은 상류층의 자제들보다 3년 늦게 혼인했다.

일반 서민들에게 혼인은 그만큼 힘든 것이었기 때문에 혼인은 그들의 지위를 평가하는 민감한 기준이었다(Lee and Campbell 1997). 혼인을 하기 위해서는 이를 가능하게 할 재원이 필요했으며 이 재원은 개인의 집안과 직업에 따라 불공평하게 분배되었다. 개인의 집안과 직업이 좋을수록 개인은 혼인하기가 쉬웠다. 예를 들어 랴오닝 농촌지역 대가족의 가장은 일반 가족원에 비해 혼인할 확률이 75% 가량 높았다. 또한 혈연집단(lineage group)의 수장은 일반 구성원에 비해 혼인할 확률이 3배 정도 높았다. 지속적인 소득이 보장되는 개인의 직업은 더욱 중요시되었다. 군인, 관리, 장인들은 일반인들에 비해 각각 9배, 5배, 4배 정도 혼인할 확률이 높았다. 연령에 관계없이 이러한 전문직업을 보유한 사람들은 일반인에 비해 혼인할 확률이 높았다. 사실 군인, 관리들만은 여성이 부족했던 이 시대에도 모두 혼인에 성공했다. 대부분의 관리들은 36~40세에 혼인을 했고, 군인들은 46~50세에 혼인을 했다. 심지어 랴오닝 농촌지역에서도 혼인은 상승혼의 성격이 분명하다. 소득은 육체적·사회적 능력과 함께 남자의 매력을 평가하는 중요한 요소였다.

혼인과 관련된 남성의 사회적 계층화는 현대 중국사회에도 여전히 존재하고 있다. 1980년대 초 중국의 미혼남에게는 교육 및 경제적 — 특히 주거문제

. . . .

38 이 같은 비율은 1300~1850년 사이에 안후이 중부 동성현의 여러 가족에서 나온 것이기 때문에 직접 기록이 더 완전한 청나라 귀족의 데이터와 비교할 수 없다.

— 약점이 있었다. 대졸 남성들의 단 0.5%가 40세까지 미혼으로 남아 있었던 것에 비해 문맹자 및 소작농 남성들의 무려 15%가 40세까지 미혼으로 남아 있었다(SSB 1987, 3326~81). 이러한 계층간의 차이는 1980년대 경제적·사회적 불평등이 가중되면서 소폭으로 증가했다. 중국 남성이 혼인할 수 있는 확률이 전반적으로 크게 향상된 것과는 대조적으로 문맹 및 반문맹 계층의 미혼율은 30세 기준 25%에서 29%, 40세 기준 15%에서 19%로 증가했다. 다섯 명 중 한 명의 문맹자가 40세까지 미혼으로 남아 있는 셈이다(SSB 1993, 3:217, 232).

서유럽에서 혼인은 세월이 갈수록 구속력을 잃어가는 관습이 되어간다. 그와 달리 중국에서는 지난 한 세기 동안 두 번의 정치혁명과 잘 알려지지 않은 수많은 경제·사회혁명을 겪으면서도 혼인의 구속력은 강하게 지속되고 있다.[39] 그렇지만 로맨틱한 사랑에 대한 동경이 높아지고 부부관계를 지배하고 있던 유교적 가부장제가 쇠퇴했다. 그와 동시에 원래 가장 정서적인 유대관계를 이루던 부모─자식 관계를 부부관계가 대신하게 되었다. 결국 배우자를 찾는 일은 부모, 가족만이 아니라 친구, 동료 등 모두가 늘 마음에 두는 일이 되어가고 있다. 또한 이러한 것들은 모두 세계적인 대중문화를 배경으로 하는데, 대만에서는 일찍부터 형성된 반면에 중국에서는 새로운 현상이다.

사실 모든 중국인들이 출산과 자녀들의 생존에 대해서는 계획하지 않으면서도 자녀 또는 다른 이들의 혼인에 대해서는 직접 계획하고 고민한다. 자녀가 세상에 태어나는 순간부터 이들은 자녀들의 혼인에 집착하기 시작한다.

---

39 이혼 현상이 최근 상승하는 추세에 있지만 중국은 여전히 이혼율이 가장 낮은 국가 중 하나이다. 예를 들어, 1989년 중국의 조이혼율은 0.68‰, 같은 시기 미국은 4.7‰, 영국은 2.86‰, 프랑스는 1.9‰, 일본은 1.2‰, 싱가포르는 0.96‰에 이르렀다.

자녀들의 혼인에 대한 중국인들의 집착은 그 가정의 가족계획, 즉 아들딸을 몇 명 낳을 것인지, 어떻게 그들을 기를 것인지에 큰 영향을 미친다.

혼인과 관련된 추산은 성별 및 계층에 따라 달라진다. 예를 들어 가난한 가족의 여성은 지참금을 받지만 부유한 경우 지참금을 지불해야 한다. 혼인 대상 가족이 부자일수록 더 많은 지참금을 준비해야 한다. 지참금을 제공해야 하는 압박은 상승혼 관습 때문에 배가된다. 대부분의 중국 남성들은 자신과 동등하거나 자신보다 신분이 낮은 여성과 혼인하기를 원한다. 이로 인해 사회적으로 낮은 계층에 속한 남성들은 부인 얻기가 힘들어지고 상류층에 속한 여성들은 자신의 배우자를 찾는 데 오랜 시간을 소비한다. 이와 같은 상황에 처해 자신의 딸들을 혼인시키는 데 어려움을 겪은 황족들은 실제로 좋은 배경을 가진 팔기(八旗) 미혼남성을 이러한 상황에 처한 여성들에게 지정해 주는 '지정혼인제도'를 마련하기까지 했다(Ding 1998).

남성의 경우에 혼인과 관련한 이러한 계산은 더욱 복잡해진다. 지속적으로 여성의 수가 부족한 중국의 혼인시장에서 남성 측의 경제력은 치열한 경쟁에서 가장 중요한 요소가 되었다. 아들을 가진 부모들은 어린 며느리를 어려서부터 기를 것인지, 아니면 돈을 저축하여 아들이 성장할 때까지 기다려 적당한 배우자를 찾을 것인지를 선택해야 했다. 이와 같은 어려움은 아들의 수가 늘어날수록 커졌다. 민며느리혼을 선택하지 않은 가난한 가족은 보편혼제의 엄청난 지출을 피하기 위해 역연혼이나 데릴사위혼을 선택했다. 역연혼이나 데릴사위 형태의 혼인이 부유한 가정들 사이에서는 흔치 않은 일이었으나 이들 중 일부는 자신의 아들 중 한 명을 입양시키기도 했다. 이보다 불행한 중국 남성들은 서유럽에서와 마찬가지로 독신으로 남거나 보편혼제가 아닌 다른 형태의 혼인을 선택했다.

많은 아들을 가진 부모의 즐거움은 곧 어두운 혼인전망으로 바뀌었다. 이러한 상황에서 일부 중국 부모들이 자식들의 혼인과 관련된 스트레스 때문에 아예 자녀들을 죽이고 팔아버리는 상황이 벌어지는 것은 이상한 일이 아닐지도 모른다.[40] 이 극단적인 조치를 취하는 데 치러야 할 감정적 대가와 혼인비용이 아마도 혼인을 제한할 수 있었을 것이다. 또한 더 저렴하고 합리적이었다고 할 수 있는데, 이것에 대해서는 6장에서 논의하겠다.

. . . .

40 Waltner(1995)는 중국 명대와 청대 초기의 영아살해 현상과 지참금 사이의 관계를 검토했고 일련의 야사 증거를 제공해 주었다.

제6장

출 생

> 예방적 억제 가운데 부당한 정욕에 의하지 않은 혼인 억제는 도덕적인 억제라고
> 불러도 좋을 것이다. … 적당하지 않은 방법으로 문란한 성교, 비자연적인 정욕,
> 혼전성교와 같은 부당한 성적 접촉의 결과를 덮어버리는 것은 모두 죄악성의 예방
> 적 억제에 속한다.　　　　　　　　　　　— 맬서스『인구론』(1803년 판)

맬서스의 유산

맬서스는 대부분 사회에서 결혼 후의 성행위가 일반적인 것으로 믿었다.
다만 출산억제에 관한 극소수 예외가 있는데 이것은 원하지 않은 빈곤의
결과이다. 물론 맬서스는 피임이 어떤 사회에서는 일찍부터 존재했다는 것도
인정한다.[1] 그러나 도덕적 억제는 선택적이지만 결혼에 의한 억제는 선택적

---

1 맬서스에 의하면 "양성간의 정욕은 모든 나이에 똑같이 나타난다. 그러므로 대수의 언어로
　잘하자면 상수로 간주될 수 있다"(1803/1992, 40; 1826/1986, 312). 가장 두드러진 예외는 미국
　인디언의 낮은 기혼 출산력이다. "주지하듯이 미국 인디언 여성은 다산하는 여성이 아니다.

이지 않았다.

당대의 인구학자들은 대체로 출산력 전환 이전에 혼인 후의 의도적 출산 억제가 매우 적다는 관점을 받아들였다. 그리고 그들은 서로 다른 사회에서 정욕이 다양한 것이 단지 빈도의 문제이지 단계적인 문제는 아니라는 데에 동의한다. 다시 말해 부부들은 매달 성생활의 빈도가 다를 수 있다는 것이다. 따라서 인구학자들은 혼인 후 억제가 없는 출산의 보편적인 유형을 모델화했다. 이 모델은 기본적인 모양이 변하지 않고 단지 곡선의 진폭이 변동할 뿐이다. 그러므로 그들은 출산의 연령 패턴을 확인하여 이것을 '자연적 출산력'이라고 불렀다.[2] 이 경우는 나이가 젊고 생산력이 강할 때 출산력도 높으며 나이가 증가하여 생물적인 수임능력이 약화될 때에만 출산력이 하락했다.[3] 많은 연구들은 유럽에서 인구전환 이전의 출산력이 '자연적'이라는 사

....

일부 사람들은 이 낮은 출산력의 원인을 여성에 대한 남성의 성적 수요의 정도에서 찾고 있다. 즉 인디언 특유의 야만적 개성이다. 그러나 이런 특징은 이 민족에 한하지 않고 아마도 식량이 열악하고 부족하며 기아와 적에 대한 공포에서 줄곧 살아온 대부분의 민족들에게 존재했을 것이다"(1826/1986, 29). 따라서 중국의 방대한 인구를 해석할 때 그는 이렇게 말했다. "이런 인구를 설명하는 데 몽테스키외의 가설을 다시 언급할 필요가 없다. 즉, 중국에서 출산을 편애하는 특수 문화가 있으며 중국 여성은 세계 어느 나라의 여성보다 출산력이 더 높다"(1826/1986, 126).

2 Louis Henry(1961)는 이런 관찰을 한 최초의 사람은 아니지만 사람들은 일반적으로 그가 가장 먼저 의식적으로 출생억제가 거의 결여된 인구의 출산력 연령패턴을 기록하고 확인한 것으로 생각해 왔다. 그가 연구한 인구는, 예를 들어 현재 캐나다의 hutterites는, 높은 출산력(기혼 여성 1인당 10 이상의 아이를 출생함)을 보일 뿐만 아니라 아주 활발한 혼인관계를 갖고 있었다. 이런 혼인관계는 피임도 없고 인위적인 유산과 단기적인 모유수유의 단계도 없었다(Henry 1961; bongaarts and Potter 1983).

3 이러한 임신 능력을 또한 '월경주기마다의 임신 확률(fecundability)'이라 부른다. 가끔 이 용어, '출산능력(fecundity)'과 혼동할 수 있다. 그러나 인류의 출산은 많은 요소에 직접적인 영향을 받는다. 인구학자는 이러한 요소들을 출산력의 '직접적인 결정요소'로 규정지었다. 가장 중요한 요소는 여성의 기혼 비율, 피임의 사용 및 효과, 인위적 유산의 응용, 수유기간, 성교의 빈도, 자연유산과 자연불임 등이다. 자연출산체계 아래 이런 직접적인 결정요소(특히 앞의 세 가지)는 출산억제에 대한 영향이 미미하다고 여겨진다. 직접적인 결정요소라는 개념은 처음으로 K. Davis와 Blake(1956)에 의해서 출산력의 중간적 변량으로 제출되어 나중에 Bongaarts(1978), Bongaarts와 Potter(1983)에 의해 한층 더 발전되었다.

실을 밝힘으로써 맬서스의 모델을 입증했다(Coale and Watkins 1986).

서구에서 출산력의 전환과정에 대한 연구는 출산력의 전환이 이러한 '자연적' 출생시스템으로부터 선택이 가능한 연령 패턴의 억제된 출산으로, 이른바 '가족제한'으로 넘어간 것을 보여주었다.[4] 이 연령 패턴은 출생순위 통제라는 특성을 지니고 있다. 즉, 개인이나 부부가 기대한 일정한 아이 수에 이르면 더 이상 출산하지 않는 것을 말한다. 따라서 이 연령 패턴 곡선에서는 젊을 때 출산력이 높고 나이가 증가함에 따라 급속히 하락하는 것으로 나타난다. 이러한 출생순위 통제에 의한 출산력 억제는 피임·중절·낙태 등 생식기술이 출현한 뒤에야 비로소 가능하게 되었다.[5]

'자연적 출생에서 가족제한으로' 변하는 출산력 전환 모델은 역사적으로나 당대 인구에 있어서나 모두 서구의 경험과 별로 부합하지 않는다. 뒤에서 자세히 살펴보겠지만, 일본과 중국에서는 전환 이전의 합계혼인출생률이 유럽의 인구전환 이전보다 훨씬 낮았다. 많은 서사적 민족지나 역사 연구는 비서구 사회에서 출산억제가 존재한 것으로 기록되어 있지만,[6] 이런 연구들은 대부분 비계량적인 것이기 때문에 경시되거나 이야깃거리로만 취급되었

· · · · · · · · · · · ·

4 가장 정밀하고 영향력이 있는 모델은 Coale과 Trussell(1974, 1975, 1978)이 제출한 모델이다. 일련의 넓은 범위의 인구의 출산력 연령 모델을 이용함으로써 그들은 두 가지 지수를 통해 인구가 자연출산모델과 가족제한모델 중 어느 것에 의해 시배뇌었는지에 대해 서술했다. 구체적으로 말하자면 'M'은 20~24세 연령그룹이 기록한 최고의 사연(Hutterite)출산력과 총합적 출산수준의 비를 가리킨다. 'm'은 출생순위별 출산력 통제 정도를 가리킨다. 이 두 가지 지수는 전 세계 범위에서 출산력전환의 연구에 널리 운용되었지만 그들의 유효성 또한 도전을 받게 되었다(Wilson 1985). Xie(1990)의 유력한 변론을 참고하기 바란다.
5 유럽 출산력전환에 관한 많은 문헌들이 자연출산력에서 가족제한모델로의 전환을 증명했다. 실례는 Coale과 Trussell(1974, knodel(1983, 1988), Coale과 Watkins(1986)를 참고하기 바란다. 최근에 van de Walle(1992)와 Santow(1995)는 성교중단법과 같은 전통기술이 초기 출산력하락의 원인이 되었다고 주장한다. 바꿔 말하자면 문화 관념적인 전환이 기술의 혁신보다 더욱 중요하다.
6 페이씨아오퉁(費孝通 1939)은 이와 같은 인류학 연구의 좋은 예이다. Ho(1959, 58)는 이와 같은 역사연구의 하나의 모범적인 예이다. B. Lee(1981)가 이런 예 및 기타 연구에 대해 쓴 간단한 소개를 참고하기 바란다.

다. 의도적인 기록이 아닌 것으로 간주되어 묵살되었으므로 출산억제로는 여겨지지 않았다. 마찬가지로 일부 당대 인구학에서 피임법을 사용하여 출산 간격을 연장시키는 것이 잘 알려졌음에도 이런 출산시스템은 피임법으로 출산을 종결하지 않고 여전히 '자연적'인 것으로 간주되었다. 특히 아프리카 인구 사례에 많이 보인다.[7] 당시 출산력 전환 모델은 출산간격 제한을 출산억 제 방법에 포함시키지 않았다.

중국의 현실

낮은 합계혼인출생률

맬서스와 동시대 학자들의 관점과는 달리 중국의 합계출생률은 유럽보다 크게 높지 않았으며 합계혼인출생률은 오히려 매우 낮았다. 최근의 역사인구 학 연구는 과거의 중국 족보 자료에 근거하여 13세기까지 올라가 출산력을 측정한다.[8] 17세기부터 시작하는 청 황족 문서와 18세기 백성들의 호적기록

---

7 Caldwell과 Caldwell(1977, 1981), Page와 Lesthaeghe(1981), Lesthaeghe(1989), 특히 Bledsoe(1994) 등 이 쓴 출산간의 연장에 대한 연구와 아프리카 인구 모델의 해석을 참고하기를 바란다. 특히 Bledsoe은 유럽 가족억제 모델을 가지고 당대 아프리카 인구의 출산동태를 해석할 수 있는지에 대해 의문을 제출했다.

8 류추이롱(劉翠鎔 1978, 1981, 1985, 1992, 1995a, 1995b)은 최초로 예측계산을 시도했다. 그는 과거 20년 동안 중국 12개 성의 26만여 명 인구를 포함한 50여 종의 족보를 분석했다. 그러 나 이 데이터는 여전히 매우 불완전하다. 족보 기록은 13세기까지 거슬러 올라갈 수 있지만 생사일의 기록은 15, 16세기까지만 거슬러 올라갈 수 있다. 아마도 많은 데이터가 19세기 말과 20세기 초에 회고하면서 정리되었기 때문에 많은 인구가 누락되었을 가능성이 있다. 일반적으로 날짜가 이를수록 기록이 더 불완전하다. 이런 족보들은 대부분 상층사회의 인 구를 대표한다. 그러나 상층사회의 인구비중이 가계마다 다르기 때문에 숫자의 편차도 균 형적이지 않다. Telford(1990b)를 참고하기를 바란다.

에 근거하면 더 신뢰할 만한 측정치를 얻을 수 있다. 〈표 6-1〉은 이른 시기부터 상대적으로 정확하게 측정할 수 있는 사례들로 출산력에 관한 모든 연구 결과를 총괄했다. 합계혼인출생률(TMFR)은 결혼 후 각 연령별 출산력에 기초한 종합적인 수치이며 결혼한 여성이 가임연령 동안 평생 낳을 수 있는 아이수를 말한다. 합계출생률(TFR)은 결혼하지 않은 여성을 포함한 모든 여성의 평생 출산력을 말하는 종합적인 수치이다. 평균적으로 보면, 중국에서 20세 이전에 결혼하고 혼인상태를 50세까지 유지하는 여성의 경우 6명 이상의 아이를 가진 자가 드물다. 그런데 같은 조건을 가진 유럽 여성은 한 사람이 평균적으로 7.5~9명의 아이를 갖는 것으로 나타난다(Flinn 1981; Wilson 1984; Wrigley et al. 1997).

〈표 6-1〉 합계혼인출생률(중국 특정 시기와 지역)

시기	지역	출산력 수준		조사수량
		TMFR	TFR	
1296-1864	후난	6.0	–	2,670
1462-1864	안후이	6.1	–	1,654
1517-1877	쟝쑤	5.8	–	1,784
1520-1661	안후이	5.4-8.2	–	11,804
1700-1890	베이징	5.3	–	3,178
1774-1873	랴오닝	6.3	–	3,000
1929-1931	22개 성省	6.2	5.5	50,000
1950	안후이	5.8	5.3	300,000
1955	전 중국	6.2	6.0	300,000
1960	전 중국	4.1	4.0	300,000
1965	전 중국	6.3	6.0	300,000
1970	전 중국	6.2	5.8	300,000
1975	전 중국	4.4	3.6	300,000

시기	지역	출산력 수준		조사수량
		TMFR	TFR	
1980	전 중국	3.2	2.3	300,000
1985	전 중국	–	2.2	500,000
1990	전 중국	–	2.3	70,000
1992	–	–	2.0	-

출처: 후난湖南, 안후이安徽(1462~1864)와 쟝쑤江蘇: 류췌이룽劉翠鎔(1995b, 1999).

주석: TMFR(합계혼인출생률)의 연령범위는 15~49세이다. 류는 실제로 TMFR이 약간 높을 것이라 본다. 이는 가장 젊은 연령 그룹들의 분모에 있는 모든 여성이 결혼한 것이 아니기 때문이다. 그러나 20세 이하의 연령별 출산력이 매우 낮기 때문에 큰 차이는 없다.

* 안후이(1520~1660): Telford(1992b). 샘플 사이즈는 10,512명의 남성에게 결혼한 처첩이다. Telford는 결혼한 여성의 1인당 남아출생 평균치가 2.77인 것을 밝혀냈는데, 남녀출생성비를 105로 가정할 경우 TMFR은 5.4이다. 그는 남아출생의 누적을 고려하면 실제 TMFR은 더 높을 것이라 보았다. Telford(1995)는 출산력이 아주 낮은 기록을 제외하고 나머지 남아의 출생수를 50% 정도로 더 올리고 8.2라는 TMFR 예측치를 제출했다. 그러나 이 과정에 대해서는 아무런 해석이나 설명이 없었다.

* 베이징: Wang, Lee and Campbell(1995, 395). TMFR은 나이별 출산력을 추산한 각 연령 그룹의 기혼 비율에 따라 조정해 계산된 것이다. 이는 실제의 TMFR보다 높을 수 있다. 최초의 계산에서 평생 한 아이 이상을 가진 남성을 모두 분모에 포함시켰기 때문에 결혼했지만 아이가 없는 남성이 인년(person-year)에 기여하지 않을 위험성이 있다. 게다가 조정에 사용된 남성기혼비율은 연령별 남성의 출생여부에 의거한 계산이기 때문에 기혼남성의 실제 비율이 낮게 예측될 수 있다.

* 랴오닝: Lee and Campbell(1997, 90). 출산력의 계산은 12,466건의 개인 기록과 3,000여 건의 혼인을 포함하는 인구기록에 근거한 것이다. 여기에서 제시하는 TMFR은 TFR-모든 사람이 결혼하는 것은 아니다-보다 높다. 이 수치는 사망률이나 누적률을 고려한 33%의 조정을 반영한다.

* 22개 성: Barclay 등(1976, 614). TMFR은 15~49세 여성의 연령별 합계혼인출생률에 의거해 계산된다. 계산의 근거가 된 이 조사는 191개 지역에 분포된 4만6천 가구, 20만 명의 중국 농민을 다루었다. 각 가구의 가임연령인 여성이 1명 이상인 것을 가정하여 이 샘플의 규모를 50,000으로 규정한다.

* 중국: 1950~1980년의 TFR은 Coale과 Chen(1987)에 의해 계산된 것이다. 1950~1980년의 TMFR은 20~44세의 여성에 근거하여 Lavely(1986, 432~433)가 계산한 것이다. 1985~1992년의 TFR은 야오신우姚新武와 인화尹華(1994)에 의해 계산된 것이다.

이와 같은 낮은 합계혼인출생률은 중국 인구학 체계의 가장 뚜렷한 특징 중 하나이다. 〈그림 6-1〉은 동아시아와 서유럽 6개 지역의 인구사에서 연령별 합계혼인출생률의 대조 상황을 보여준다. 1800년 이전의 유럽 특히 젊은 그룹의 합계혼인출생률은 상당히 높으며 하락도 더 느리다. 동아시아의 합계혼인출생률 진폭은 유럽보다 낮을 뿐만 아니라 곡선의 모양도 기본적으로 다르다.

〈그림 6-1〉 동아시아와 유럽의 '자연' 연령별 합계혼인출생률(1600~1800년)

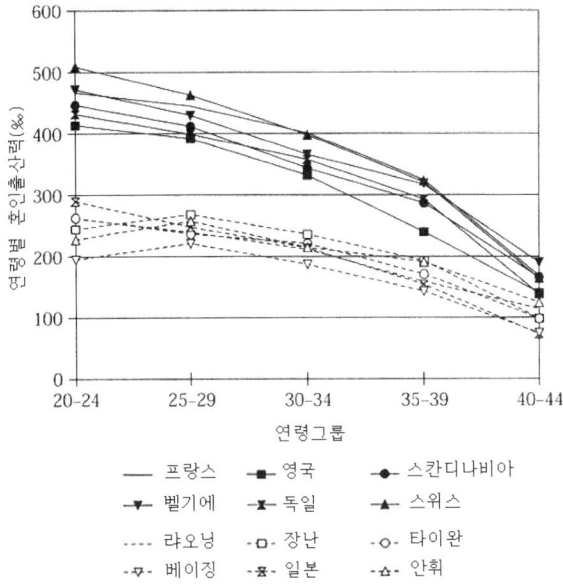

출처: 유럽인구: Flinn(1981); 일본: Kito(1991); 중국 랴오닝: Lee and Campbell(1997); 장난: 류췌이룽(1992);
    안후이: Telford(1992b); 타이완: A. Wolf(1985b).

* 베이징의 숫자는 일부일처제인 남성의 연령별 출산력이나 여성의 연령별 출산력과 아주 가까울 것이다. 안후이와
  장난의 숫자는 아들수를 1.7로 곱하여 나온 것이다. 그 외에 누적의 가능성을 고려하여 안후이, 장난, 일본의
  숫자를 약 20% 올렸다.

저출산은 엘리트층 결혼의 특성이며 여기에는 일부다처제의 혼인도 포함
된다. 1700~1840년 사이에 청 황족 가운데 일부일처인 남성의 출산력은
4~5.5이다. 이 엘리트층 인구 가운데 일부다처인 남성의 출산력도 단지
6~10 수준에 불과하며 서구의 일부일처인 남성의 수준에 해당된다. 이에
반해 서구의 일부다처인 남성이 가진 아이 수는 15~25명에 이른다.[9]

. . . .

9 중국의 일부다처 출생률은 Wang, Lee와 Campbell(1995, 387)을 참고하라. 서양의 출생률은

20세기 초의 조사에서는 이와 비슷한 낮은 합계혼인출생률이 전해진다. 1930년 중국 대부분 지역을 상대로 실시된 대규모 조사에서 한 명의 여성의 출산력은 5.5로 나타난다. 이 발견은 그 전에 발견된 기혼여성에 기초한 수치와 일치될 뿐 아니라, 인구학자들로 하여금 이러한 가상의 자연적 출산력 시스템이 매우 낮다는 것을 인정하도록 만들었다.[10] 일부 학자들이 이 낮은 출산력 수준에 대해 의문을 표한 바가 있지만 그들이 제출한 예측치 또한 크게 다르지 않다.[11]

당시의 인구센서스 및 조사데이터는 전환 이전의 출산력 수준이 높은 국가보다 중국의 출산력이 낮다는 사실을 입증했다. 중국은 20세기 중엽 이후

· · · · · · · · · · ·

Bean과 Mineau(1986)에 나온다. Bean과 Mineau에 의하면 몰몬교의 일부다처제인 남편 1인당의 아내수는 1820년 이전에 3.9명, 1820~1839년 2.9명, 1840~1859년 2.4명이었다. 아내의 출산 아이수는 각각 6.3, 7.3, 7.6이었다. 이는 일부다처제인 남편이 45세까지 살아 있으리라 가정하면 1인당 아이수는 1820년 이전에 24.6명, 1820~1839년 21.2명, 1840~1850년 18.2명이 되는 것을 의미한다.

10 Barclay(1976) 등의 관찰에 의하면 중국의 출산력 전환 이전 출산력 수준이 "다른 자연출생을 경험할 것으로 인식되는 인구의 평균치보다 35%나 낮고 다른 믿을 만한 기록이 남은 출산력보다 20%쯤 낮다"고 평가했다. 이런 낮은 출산력을 유지하면서도 "연령 패턴에서 출생순위에 따라 출산하는 흔적이 전혀 남지 않은 이런 인구는 인구학 역사상 하나의 난제를 만들었다"(615). 그들은 또한 "인구학자는 피임과 유산을 동시에 실행하는 인구에서만 중국처럼 낮은 기혼 출산력을 기대할 수 있다"라고 제시했다(625).

11 프린스턴의 인구학자들이 계산한 중국 농민의 낮은 출산력은 중국인구를 연구하는 다른 학자, 특히 Arthur Wolf(1984)에 의해 의문이 제기되었다. 이 계산에 대한 변호 가운데 Coale(1984)은 Wolf가 스스로 제공한 출산력의 수치가 약간 높으나 근본적인 차이가 없다고 지적했다. Harrell(1995) 또한 Wolf(15)의 의견에 동의했다. Wolf와 Harrel에 대한 비판 가운데 사망률 요소가 고려되지 않은 점을 지적했다. 이것은 사실이 아니다. 우선, 프린스턴의 인구학자가 계산한 출산력 수치는 이전 해의 인구출생상황에 의거한 것으로 평생의 회고적 조사에 의거한 것이 아니다. 둘째, 보고한 데이터는 성비와 P/F라는 간접적인 계산방법에 의해서 상향 조절되었다. 그 다음으로, 이렇게 얻은 출산력은 아주 높은 영아사망률 가설과 함께, '안전인구'체제 아래의 조출생률을 파생시켰다. 이렇게 계산한 출산력은 다른 계산과 일치할 뿐 아니라 조절된 출산력을 사용한 인구로부터 직접 계산된 조출생률에도 잘 부합된다(Coale 1984). 사실 Barclay(1976, 624) 등이 말한 것처럼 "비록 0세의 사망률을 20%나 숨기는 것을 허락하더라도 기혼 출산력이 역사상 가장 높은 출산력 기록의 64%에 불과하다. 이는 왜 '자연'출산력의 연령패턴 아래 왜 이렇게 낮은 출산력 수준이 있는지를 해석할 수 없다."

에 피임이 일반적으로 실행된 것은 아니었고 전후의 베이비붐이 일어날 가능성도 있었지만, 출산력 수준은 여전히 매우 낮았다. 1982년에 실행된 회고적 인터뷰에 의하면 전국의 합계출생률은 1940년 말에 5.0보다 약간 낮았고 1950년에는 5.3이었다.[12] 토지개혁과 가족집단의 산아제한시스템이 타파된 이후에 출산력이 약간 올라갔는데 6.0을 넘은 경우는 거의 없다.[13] 이것은 동시기의 다른 발전도상국에 비하면 현저히 낮은 것이다.[14]

혼인 이후의 억제

중국의 낮은 출산력은 세 가지 인구학적 메커니즘에 의한 결과이다. 늦은 초산, 이른 단산, 긴 출산간격이 그것이다. 전환 이전의 서구 부부와 반대로, 중국 부부는 결혼 후 곧바로 출산을 시작하지는 않는다. 이러한 중국 인구학 행위의 특징은 여러 세기 이전으로까지 거슬러 올라갈 수 있다. 가장 잘 기록된 인구기록에 의하면 1800년 청 황족의 경우, 아버지의 초혼연령(21세)과 아버지의 초산연령(24세) 사이에 3년의 간격이 있다.[15] 그밖에 완전하지 않은 인구기록에서는 이러한 연령 간격이 더 길다.[16] 출산력 전환 이전의

----

12 Coale과 Chen(1987). 1982년의 조사는 1864년 이후의 연령별 출산력에 관한 완전한 데이터만 제공했다. 그해 이전에 총출산력은 같은 나이의 출산패턴이라는 가설에 의해서 계산한 것이었다.

13 주의해야 하는 유일한 예외는 1963년의 7.4나 되는 예외적으로 높은 출산력이다. 이는 대약진의 기근에 대한 회복이다. 기근은 출산력이 1961년에 3.3으로 하락하도록 만들었다.

14 예를 들어, 1950년의 출산력 수준은 방글라데시 6.66, 인도 5.97, 이집트 6.56, 인도네시아 5.49, 이란 7.13, 페루 6.85, 태국 6.26(United Nations 1993)이었다.

15 Lee, Wang과 Ruan(출판예정)은 900여 명 남성의 초혼연령을 도출했다. 1840년 이전의 결혼한 자의 평균 초혼연령은 20.3세였고 1839년 이후의 결혼한 자는 21.1세였다. 첫째 출산의 평균 나이는 18세기 말에 23세, 19세기 초에 24세였다.

16 예를 들어, 랴오닝 농촌에서 결혼부터 첫째 출산까지의 평균간격은 약 4년이었다(Lee와 Campbell 1997, 92, 94).

유럽에서 초혼과 초산 사이의 간격은 약 15개월에 불과하다.[17] 1950년대에 이르러도 중국 전국의 결혼과 초산 사이의 평균 간격은 34개월이며, 일부 농촌에서는 40개월이나 된다. 그리고 역사적으로 유럽에서는 혼전임신과 불법적인 출산이 종종 보편적으로 존재하는 데 반해(Flinn 1981) 중국은 사생아 현상이 거의 존재하지 않았다.[18]

중국 부부는 출산을 늦게 시작하지만 출산력 전환 이전의 서구 부부보다 더 일찍 출산을 마감했다. 예를 들어 청 황족의 경우, 일부일처제 여성의 마지막 출산의 평균연령은 33.8세이고, 일부다처제 여성은 34.1세이다 (Wang, Lee, and Campbell 1995, 390). 농민 여성의 종산 연령도 33.5세로 아주 비슷하다(Lee and Campbell 1997, 93). 이에 비해 유럽 인구사 속에서 마지막 출산의 평균나이는 약 40세 가까이 된다(Coale 1986, 11). 유럽 여성들의 첫 출산과 마지막 출산 사이의 평균기간은 14년인 데 비해 중국 여성들의 출산 기간은 11년에 불과하다.

따라서 연령별 종산하는 부부의 비율은 중국이 역사상 알 수 있는 어느 유럽의 인구보다도 높다(Leridon 1977, 101~102). 〈그림 6-2〉는 일부일처제인 청 황실가계와 중국 농민 인구의 종산 누적비율을 유럽 인구와 비교한 것이다. 45세 이상인 그룹을 제외하면 중국과 유럽의 차이는 매우 현저하다. 45세까지는 4/5 이상의 중국 부부가 종산했지만 유럽 부부의 경우는 반 정도

- - - - - - - - - - -

17 Flinn(1981)의 계산에 따르면 1750년 이전에, 결혼부터 첫째 출산까지의 평균간격은 영국에서는 14개월이었고 프랑스에서는 16개월이었다(33).

18 1780~1820년 사이의 사생아 출산력은 영국에서 100명당 신생아 가운데 6명이었고 스칸디나비아와 스페인에서 7명, 독일에서 12명이었다. 비혼인 임신 비율은 영국에서 35%나 되고 프랑스에서는 14%, 독일에서는 24%였다(위의 책, 82). 중국에서 결혼 이전에 사생아 출산의 비율이 극히 낮은데 아마도 중국에서는 20세 이후에도 결혼하지 않은 여성이 아주 적기 때문이다. 유일한 예외는 20세기 초의 대만이다. 당시 대만은 일본의 통제에 놓여 있었으며 당시 관습법 결혼이 격려되었던 것이다. 적어도 과부한테는 그러하였다(Barrett). 중국본토에서 20세기 70, 80년대만 해도 비혼인 임신 비율이 아주 낮았던 것으로 예측되었다. 5%도 넘지 않았던 것이다(Wang와 Yang 1996).

만 종산했다.

〈그림 6-2〉 중국과 유럽 연령별 불임여성의 비율(1730~1900년)

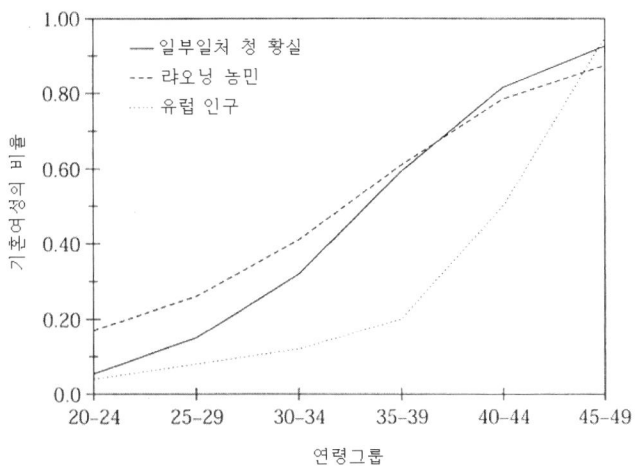

출처: Wang, Lee and Campbell(1995).

중국과 유럽의 종산 연령은 기본적으로 다르다. 그림에서 유럽 인구 가운데 소수는 비교적 빨리 출산이 정지되어 지수성장 모델을 따르는데, 35세 전후부터는 빠른 속도로 종산의 증가를 보인다. 중국 인구는 일찍 단산하는 예를 많이 포함하고 있으며, 로지스틱 패턴으로 천천히 체감하는 증가를 보인다. 이 곡선들은 두 가지 독특한 출산 패턴을 뚜렷이 나타내어 서로 대체할 수 없다.

뿐만 아니라 1970년대까지 중국의 출산간격은 유럽보다 평균 3년 혹은 3년 이상 더 길다.[19] 예를 들어 중국 농촌의 경우, 1944~1946년 첫째와

＊＊＊＊＊＊＊＊＊＊＊＊

19 청 황족 가운데 일부일처제인 아버지의 마지막 아이를 제외한 평균출생간격이 19세기의

둘째의 출산간격은 39개월이고 둘째와 셋째의 출산간격은 37개월이다. 1951~1953년에는 각각 36과 38개월이고 1963~1965년에는 각각 32와 34개월이다.[20] 반대로 전환 이전의 유럽 인구의 출산간격은 20~40%나 짧아서 대부분의 경우 20~30개월이다.[21]

늦은 초산, 이른 단산과 긴 출산간격으로 인하여 과거에 한 쌍의 중국 부부는 유럽 부부보다 아이를 2~3명 덜 낳게 되었다. 유럽 부부는 도덕적 억제를 실시하지만 혼내 출산억제를 거의 실행하지 않은 반면, 중국 부부는 도덕적 억제를 실행하지 않지만 상당한 기혼 억제를 실행한다.

건강문화와 출산문화

중국의 혼인후 억제는 더 오래된 금욕문화 전통에서 기원한 것이다(Hsiung 출판예정). 2천 년 전에 노자와 맹자는 마음[心]과 정신[神]의 발전 그리고 몸의 수양을 위해서[修身] 욕망을 억제해야[寡慾] 한다고 주장했다.[22] 욕망과 마음의 대립, 그리고 절제행위의 이념은 그때부터 도교, 유교 그리고 불교를

- - - - - - - - - - - -

중반 이전에 3년에도 미치지 못했고 그 이후에는 약 3.5~4년이 되었다(Wang, Lee와 Campbell 1995, 389). 류추이룽(劉翠鎔 1992, 1:113)의 가계 인구의 연구를 통해서 아들의 평균출생간격은 첫째에서 둘째까지는 5.5년이었고 둘째에서 셋째까지는 5년이었으며 셋째부터 넷째까지는 4년이었던 것을 밝혔다. 만약 남아의 출생 사이에 같은 수의 여자아이가 출생된 것을 가정한다면 모든 아이의 출생간격이 2~2.5년이 될 것이다. 랴오닝 농민 가운데 평균 출생간격이 좀 더 긴 듯했다(Lee와 Campbell 1997, 93~94).

20 Coale, Li와 Han(1988, 15, table1)의 계산을 통해 계산했다. 이 계산 결과는 유년까지 생존한 아동만의 평균출생간격을 포함했다. 영아의 사망으로 인해 임신기간이 줄어들어 총 평균출생간격이 약간 짧아지게 되었다.

21 마지막 아이를 제외한 평균출생간격은 프랑스에서는 30개월, 독일에서는 33개월, 스위스에서는 27개월이었다. 첫째와 둘째의 평균출생간격이 영국에서는 28개월, 프랑스에서는 23개월, 독일에서는 21개월이었다(Flinn 1981, 33).

22 예컨대 노자는 '淸心寡慾'을 주장한다(19.21~22). 맹자는 '養心莫善于寡慾'을 주장한다(1970, 201~202).

포함한 중국의 모든 중요한 철학과 종교의 중심교리가 되어왔다(Wile 1992).[23]

성욕은 가장 중요한 욕망 가운데 하나다. 성행위 억제의 필요성에 대한 방대한 서술은 기원전 1000년으로 거슬러 올라갈 수 있다(Wile 1992; Hsiung 출판예정). 특히 중국인은 정자에 '기(氣)'라는 생명요소가 포함되어 있고 과다한 사정은 원기상실을 초래할 것으로 믿었다.[24] 따라서 건강증진과 장수를 위해 성행위를 억제해야 했다.[25] 18세기까지 의학문헌에서 장기적으로 형성된 의견에 따르면 젊은 성인 남성은 한 달에 3번, 중년 남성은 한 달에 두 번, 노인은 한 달에 한 번이라는 성교 빈도를 넘으며 안 된다.[26] 성교를 빈번히 하면 사람의 건강, 심지어 생명을 해칠 수도 있다. 과거 중국 부부의 낮은 출산력과 긴 출산간격은 부분적으로 성교빈도를 억제하는 능력과 의지 때문이다.

결혼 목적에 대한 서로 다른 인식도 부부가 성교빈도의 억제와 그들의 출산력에 대한 억제능력의 기저를 이루게 하였다. 성교의 빈도는 중국과 아시아 대부분 지역에서 상당히 낮을 것이며,[27] 부분적으로는 최근에도 일부

----

23 우리에게 이 책을 소개해 준 William Lavely에게 감사한다.

24 Joseph Needham은 최초로 이런 사상을 토론한 서양학자 중 한 명으로 이런 신념이 20세기 중엽의 중국에서 여전히 아주 보편적이었다는 것을 발견했다(1962, 146~152). 또는 Furth(1994)를 참고하기 바란다

25 Hsiung(출판예정)은 중화제국 말기이 출생문화에 관한 상세한 토론을 보여주있다.

26 이 모델은 동쫑슈(董仲舒, 기원전 179~104)에 의해 제출되었다. 그는 유명한 유가 저작인 『춘추번호(春秋繁露)』에서 "君子治身不敢違天, 是故新牡十日而一遊于房, 中年者倍新牡, 始衰者倍中年, 中衰者倍始衰, 大衰者以月當新牡之日"라고 하였다. 많은 중국인은 이 의견을 신명처럼 믿었다. 예를 들어, 구옌우(顧炎武, 1613~1682)는 청나라 가장 저명한 학자로서 아내를 다시 들이고자 하는 친한 친구에게 쓴 편지에서 이 말을 인용했다(『顧亭林文集』, 6.148). 그의 저작에 주의를 갖도록 도와준 가오뤄하이(高若海)에게 고맙다는 뜻을 표하고 싶으며 인용문의 복사본을 가져온 씨에여우룽(謝尤榮)에게도 감사해 드린다.

27 출산력 조사의 결과에서 지금까지 부부가 피임조치를 취한 뒤에도 아시아지역의 부부는 여전히 전통적인 성교방식을 인습하여 성교빈도가 다른 지역보다 대단히 낮았다는 것을 나타냈다. 예를 들어, 태국에서 1987년에 실시한 인구와 건강 조사는 모든 기혼여성이 조사 날짜 전 4주 동안의 평균 성교빈도가 3.2회에 불과했다고 밝혀진다. 신혼부부는 보통 한 달

지역에서 성행하는 중매결혼의 전통 때문이다.[28] 기본적인 가족관계는 남편과 아내의 관계보다 부모와 자녀의 관계이다.[29] 효도가 다산보다 더 중요하기 때문에 동아시아에서는 부모가 성적인 욕정을 격려하지 않고 오히려 절제를 격려한 것이다.[30] 출산 자체는 결혼의 유일한 목적이라기보다는 사회적 이동 계획의 전략이다.[31] 유럽의 결혼은 전통적으로 혼례 이후에 합법화되지만,[32] 중국에서는 이런 절차가 필수적인 것이 아니며 최근에도 자주 연기되곤 한다.

또한 중국의 어머니들이 장기간 수유를 실행한 것은 산후의 월경 시기를 연장시켜 긴 출산간격과 낮은 출산력의 한 원인이 되었다(Hsiung 1995a).[33]

. . . .

에 성관계를 6회 가졌는데 결혼 1년 후 한 달에 4.2회로 줄었고 4년 후 3.7회로 떨어졌다 (Chayovan와 Knodel, 1991). 이에 비해 미국에서 1975년에 모든 기혼여성의 한 달의 평균 성교 빈도는 8.9회, 결혼 5년 이내에는 한 달에 10회인 것으로 나타났다(Trussell와 Westoff 1980).

28 Rindfuss와 Morgan(1983), Wang와 Yang(1996)은 아시아와 중국에서의 중매결혼이 첫째 출생의 긴 간격에 미친 영향을 검토했다. 그들은 낮은 성교빈도가 아시아 혼내 출산력에 미친 영향을 인식하는 동시에 중매결혼 때문에 신혼부부간의 열정이 결여되어 낮은 성교빈도를 가져왔으리라 가정했다. Arthur Wolf(1980)는 대만에 관한 개척적인 저작에서 상이한 혼인형태는 상이한 출산력 수준을 가져온다는 것을 보여주었다. 즉, 보편혼제인 여성의 총 기혼출산력이 데릴사위혼보다는 10%, 민며느리혼이나 역연혼과 같은 차혼제(minor marriage)보다는 30%나 높다.

29 배우자간의 성적 친밀감은 중매결혼에서 시작되기 어렵고 복합가족에서도 발전하기 어렵다. 중국 사회학자 페이샤오통은 20세기 초 중국 농촌 배우자 관계에 대해서 이렇게 서술했다. "아이가 출생하기 전까지 남편은, 적어도 공적인 자리에서는 그에 대해 아무 관심을 표하지 않는다. 대화에서는 아내를 언급하지 않고 심지어 집안에서도 누구 앞에서도 아내에게 친밀감을 드러내면 적당하지 않다고 여겨질 것이며 화제가 될 것이다. 그런 환경에서 남편과 아내가 가까이 앉지도 못하고 서로 이야기도 거의 나누지 못한다. 그들은 단지 제3자를 통해 대화한다. 서로 공통된 화제도 없다. 그러나 아이가 태어나면 남편이 아내를 아기의 엄마로서 이야기를 할 수 있다"(1939, 47).

30 권(1993)은 당대 한국에서의 비슷한 행위를 서술했다. 권의 서술에 따르면 한국의 어머니들은 아들의 건강에 대한 관심을 핑계로 삼아 이 행동을 정당화시켰다.

31 출산력이 중국 인구 가운에 상향 사회유동의 하나의 수단이라는 관념은 이미 문헌에서 밝혀졌다. 예컨대 Greehalgh(1988)를 참고하기를 바란다.

32 예를 들어 Macfarlane(1986)의 영국 혼인에 관한 토론을 참고하기 바란다.

33 그러나 수유기간의 연장은 출산의 긴 간격과 낮은 출산력을 완전히 설명할 수 없다. Wang, Lee와 Campbell(1995)은 청 황실 가운데 어머니의 출산간격이 신생아가 첫달에 사망했는지의 여부에 따라 비교하였는데 차이가 없는 것으로 나타났다. 만약에 수유기간의 연장이 긴 출

제4장에서 살펴봤듯이 중국인은 어머니와 영아의 건강을 고려하여 점점 수유에 대해 관심을 가지게 되었다. 그들은 모유가 아주 중요한 영양원천일 뿐 아니라 어머니의 생리적·심리적 상황의 반영이라고도 생각한다. 따라서 어머니의 영양, 체온, 건강상태 심지어 정서가 큰 관심이었다. 아주 어릴 때부터 영아는 고형식품을 먹어야 한다고 권유되지만 수유는 여전히 유지되고 강화되어 왔다. 젖떼기는 보통 두 번째 해에 일어난다. 더구나 젖떼기를 늦추는 것이 비정상적이거나 적절하지 않다고 간주되지도 않았다.

다양한 전통적인 출산기술도 기혼억제를 가능하게 했다. 전통 중의학의 한 가지 초점은 여성의 생식력을 보호하는 것이다. 이것은 '나쁜' 태아('bad' fetus)의 낙태를 유발하는 방법들의 개발을 포함한다. 이런 기술들은 각종 약초로 피임하는 것과 맬서스가 말한 것과 같은 다양한 낙태기술을 가리킨다.[34] 이런 약물들이 만약 유효하다면 원하지 않는 임신을 중절하는 데에도 쓰일 것이다.[35] 청 말기까지 이런 피임과 낙태 약물이 일부 도회에서 널리 팔리고 있었다(Hsiung 출판예정). 중국의 유명한 인류학자인 페이쌰오퉁(費孝

<hr />

산간격의 주원인이었다면 첫달에 신생아의 사망이 그 뒤 출산간격을 크게 줄였어야 한다. 어머니가 수유를 하지 않으면 바로 월경이 회복되기 때문이다. 많은 지역의 예들은 수유기간의 연장에 따라 수유가 끝날 때까지 폐경시간도 연장되었다는 것을 보여준다(Bongaarts와 potter 1983, 26). 그러나 60년내 내반의 회고적 출산력조사에 의하면 수유기가 24개월을 지난 여성이 14개월 뒤에 바로 월경이 회복된 것으로 나타났다(Jain et al. 1970; Hermalin, Sun 1979). 이는 대만의 경우 수유기간이 연장되지만 뒤에 가서 몇 달 동안 피임효과가 없는 것을 의미한다. 대만의 수유 패턴 및 폐경 지속시간은 어느 정도 청 황실 및 기타 중국 인구와 아주 비슷하지만 이들 인구 가운데 관찰된 3년 혹은 그 이상이나 되는 긴 출산간격을 해석할 수는 없다.

34 리보쫑(李伯重, 출판예정)은 역사문헌을 통해서 한나라 때 유산약물이 이미 사용된 것을 밝혔다. 류징쩐(劉靜貞 1995b)은 송나라의 영아살해와 유산에 대해 분석했다.

35 Hsiung(출판예정)은 이런 기술들에 대해 자세히 보여주었다. 리보쫑(李伯重, 출판예정)은 명청시기 장강 하류지역에서 피임, 단산, 유산 기술의 사용을 서술했다. 예를 들어, 가장 유명한 의학저술인 『본초강목(本草綱目)』에서 유산에 쓰이는 30여 종의 약초나 목본약물을 열거했다. 이런 약물 사용에 관한 토론에 대해서는 Bray(출판예정)를, 중국 초기의 부인과 전통에 관한 혁신의 역사에 대해서는 Furth(출판예정)를 참고하기 바란다.

通)에 의하면 20세기 초까지 낙태는 일부 지역에서 널리 알려지고 사용되었으며 낙태로 중절할 줄 모르는 여성은 마을 사람들에게 '바보 같은 여자'로 여겨졌을 것이다(페이쌰오퉁 1947/1998, 108).[36]

출산력 전환

중국의 출산력 전환은 중국의 사망률 전환과 같이 의식적 억제를 가진 긴 전통에서 유래된다. 이는 20세기 중반 이후 전국적인 가족계획정책의 형성과 실행을 가능하게 하였다. 마오쩌둥은 처음 맬서스의 초기 인식을 무시하여[37] 1953년 인구조사에 의하면 중국의 인구는 6억 가까이 이르게 되어 마오쩌둥과 중국 기타 지도자로 하여금 출산억제의 필요성을 확신하게 하였다.[38] 그러나 새로운 가족계획은 1957~1959년의 반우파투쟁의 이데올로기 논쟁에 휩쓸려 반대의 결과를 가져왔다.[39] 1960년대에 이르러야 정부

· · · · · · · · · · · ·

36 페이는 그가 연구한 광서와 강서 지역의 농촌에서 관찰한 것을 보고했다. 출산억제에 실패할 경우 사람들이 의식적으로 아이에게 소홀한 것을 보고했다. 어떤 경우는 부모가 심각한 병에 걸린 영아를 미성년자에 맡겼다. 또 다른 경우에는 부모가 막 걷기 시작한 아이를 보살피는 사람 없이 홀로 놀도록 방치했다. 결국 아기는 하수구에서 익사했다(페이쌰오퉁費孝通 1947/1998, 108).
37 마오쩌둥은 중국혁명이 과다한 인구에서 비롯된다고 하는 서구의 견해를 비판했다. 그는 1949년에 "중국이 이 거대한 인구를 가지는 것은 매우 위대한 일이다. 지금보다 몇 배의 인구가 되더라도 우리는 여전히 해결책이 있다. 그것이 바로 생산이다"라고 하였다(Sun Muhan 1987, 66).
38 당시 몇몇 중국지도자는 인구억제를 적극적으로 주장했다. 그러나 마오쩌둥의 지지는 모순적이었다. 류사오치(劉少奇)는 1954년 12월에 공개적으로 중국공산당이 출산계획을 지지한 적이 있었다. 저우언라이(周恩來)도 1956년에 이 입장에 동의했다. 마오쩌둥은 1957년에 동의할 수밖에 없었다. 그는 "중국이 이 많은 인구를 갖는 것이 좋은 일이며 나쁜 일이다. 좋은 일이란 중국에 이 많은 사람이 있다는 점이며 나쁜 일이란 또한 중국에 이미 많은 사람이 있다는 점이다"라고 하였다. 마오쩌둥은 "인구가 계획적으로 증가해야 한다"는 점에 동의한 것이 확실하다(같은 책, 62~68).
39 1958년 3월 23일, 모택동은 "많은 인구를 비판적으로 선전하는 분위기는 틀린 것이다. 우리는 인구가 많은 것을 좋은 일로 보아야 한다"고 하였다. 심지어 나중에 류사오치도 그의

는 중국 도시와 인구가 밀집한 농촌지역에서 산아억제를 진지하게 촉진하기 시작하였고 1970년대 말까지 정부의 강력한 인구통제정책은 전국적인 범위에서 이루어지고 실시되었다.[40]

〈그림 6-3〉 1950~1982년 상해와 전국의 출산력

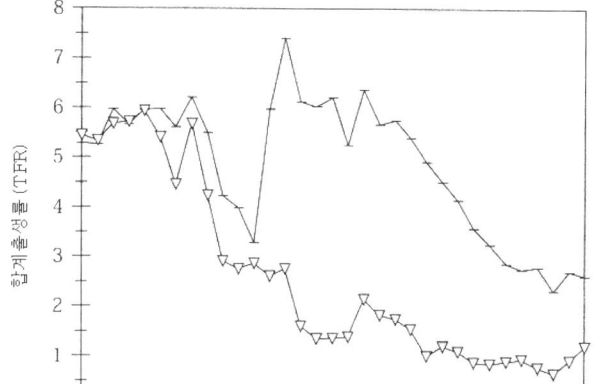

출처: Coale and Chen(1987).

상해는 중국의 가장 큰 도시이자 출산억제의 선구자로서 출신력이 1955 년 이후 하락하기 시작했다(Guo shenyang 1996). 〈그림 6-3〉은 상해 합계출생

입장을 바꿔 마오쩌둥의 주장에 동참해 "인구의 소비와 생산을 모두 고려해야 한다"고 했다(같은 책, 103).

40 Chen Pi-chao와 Kols(1982), Lavely와 Freedman(1990), Sun Muhan(1987)의 중국 출산계획의 초기 발전상황에 관한 자세한 서술을 참고하기 바란다. 1975년 모택동은 인구정책을 세우는 것을 다시 허가했다(Sun Muhan 1987, 165). 1978년 5차 전국인민대표대회에서 통과한 헌법 53조는 "국가는 출산계획을 제창하고 실행한다"는 점을 명확히 규정했다. 1979년 한 부부당 한 아이의 정책을 공식적으로 실시하기 시작했다.

률의 초기 하락을 이후의 전국범위의 하락과 비교했다. 대약진시기의 기근이 가져온 거대한 중단과 반복이 있었지만 합계출생률은 1955년 6이상에서 1959년 3으로 떨어졌고, 1963년 다시 4로 상승했다가 1964년에 신속히 2.4로 하락하고 1967년까지 2.1의 단순재생산 수준에 이르렀다. 이러한 하락은 초기에 낙태에 의지하고 후기에는 피임으로 전환하여 이들의 결합을 통해서 이룬 것이다. 상해 지방정부는 1964년 '정부차원'의 가족계획정책을 세웠는데, 몇 년 사이에 조건에 부합하는 부부들의 피임은 계획 수치를 초과하였다.

전국적 범위에서 현대적인 출산억제의 사용은 1950년대로 거슬러 올라갈 수 있다. 그때는 전국의 모든 부부가 낙태를 통해 가족원을 제한할 수 있었다.[41] 〈그림 6-4〉는 1960~1987년 사이에 중국의 피임 사용과 낙태의 상승세를 보여준다. 1960년, 즉 지금의 엄격한 가족계획정책이 실행되기 이전에 일찍이 10% 이상의 도시 여성들은 현대적인 피임방식을 사용하고 있었다. 5%의 여성은 적어도 한 번 낙태한 적이 있다. 1970년까지, 즉 중국이 처음으로 가족계획을 실행하기 직전에 도시지역의 피임과 낙태의 비율은 각각 35%와 20%로 상승했다. 농촌지역에서도 35세의 여성 가운데 15% 이상이 현대적인 피임방법을 사용하고 있었다. 7%는 낙태를 한 적이 있다. 전국의 합계출생률은 여전히 5.7%에 이르나 도시는 3.8%로 떨어졌다.

1970년 이후 정부가 실행한 '늦게, 드물게, 적게'라는 가족계획정책에 의해 중국의 출산력 전환은 가속화되었다. 70년대 말 80%의 중국 여성이 35세까지 피임조치를 취하였다. 거의 1/3의 도시 여성과 1/5의 농촌 여성이 적어도 한 번은 낙태의 경험이 있다. 중국은 세계에서 피임 사용률이 가장 높은

· · · · · · · · · · · ·

41 1952년 중국 정부는 35세 이상의 여성의 유산과 단종수술을 조건부로 허락한다. 그 조건은 만약 계속 출산한다면 어머니의 건강을 해칠 수 있고, 이미 6명의 아이가 있으며 그중 한 명이 10세 혹은 그 이상이라는 것이다(Wang 출판예정).

나라 중 하나가 되었다.[42] 전국의 출산력 수준은 1970년의 5.7에서 1979년의 2.8로 급속히 하락했다. 이것은 역사상 어느 인구대국에도 비교할 수 없는 기록이다. 도시인구의 출산력 하락은 특히 빠른데, 합계출생률이 단순재생산 수준으로 하락하였고 오랜 출산억제의 전통을 가진 지역에서 농촌인구의 하락도 상당히 신속했다.[43]

〈그림 6-4〉 30~34세 여성이 피임을 사용하거나 임신 후 3개월 안에 낙태하는 비율(1960~1987년 중국)

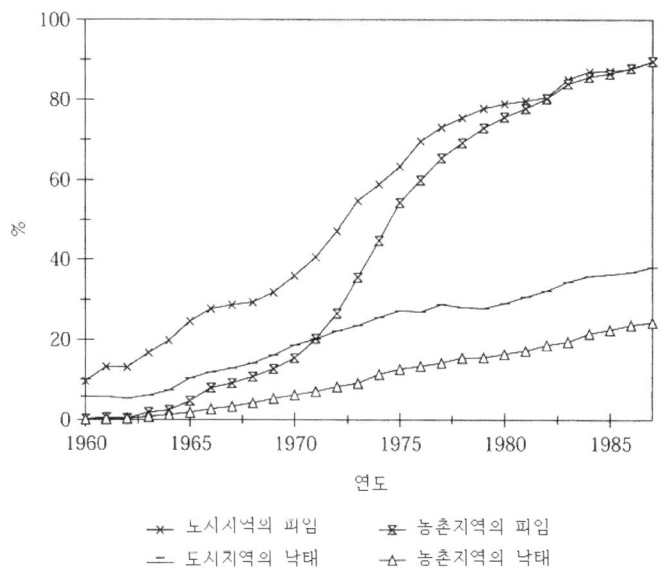

출처: Wang(근간).

. . . .

42 실제로 다른 소위 유산사회와 대비하면 놀라운 일이다. 1990년 러시아 기혼여성 가운데 피임기구의 사용 비율은 15%지만 중국은 90%나 된다.
43 1973년에 지린 농촌의 총출산력은 불과 2.8이었고 장수 농촌은 2.28, 저장 농촌은 3.46, 랴오닝 농촌은 4.16이었다. 반대로 구이저우 농촌은 7.4나 되었고, 간쑤 농촌은 6.48, 광동 농촌은 5.35, 하이난 농촌은 5.17이었다.

출산억제정책이 성공했는데도 1979년 중국 지도자는 정책의 목표를 높여 '한 부부에 한 자녀'라는 슬로건을 내걸고 되도록 빨리 대체수준에 이르려고 하였다. 이것은 1950년대 토지개혁과 1980년대 경제개혁과 같이 거대한 동원운동이 되었다. 중국 지도자들이 중국인의 생활수준을 서구 공업사회 수준까지 올리고자 하는 강한 의지가 있었기 때문에 가족계획정책을 경제계획과 같은 수준의 국가정책으로 높이게 되었다. 그러므로 그들은 산아제한을 역사상 처음으로 국가 의제이자, 나아가 국가 이데올로기의 중요 구성요소로 만들었다.

그 결과 중국의 국가적 가족계획정책의 실행은 다른 어느 지역의 가족계획정책보다도 더 강력하고 강제적이다. 정부는 혼인연령과 자녀수를 규정할 뿐만 아니라 인구정책을 이루기 위해 심지어 강제적인 낙태, 자궁내 피임기구설치, 중절수술을 취하였다(Banister 1987). 이 계획은 1983년에 일어난 유명한 과잉 중절운동을 초래했다. 당시 간부들은 대규모 동원을 통해서 많은 사람으로 하여금 낙태와 중절수술을 하게 하였다(Hardee-Cleveland and Banister 1988).[44] 최근의 가족계획운동은 덜 공공연하지만 간부들은 여전히 관할 내에서 출산억제의 실행에 대해 책임을 가지고 있다. 만약에 계획의 목표를 달성하지 못하면 벌금·강등과 같은 처벌을 받을 수 있으며, 1991년 이후에는 심지어 해고를 당할 수도 있다. 결국 비록 정부의 가족계획은 교육과 자원원칙을 강조하지만 지방간부들은 여전히 강제적인 강압에 의지함으로써 정부가 요구한 목표를 만족시키고자 한 것에 지나지 않는다.[45]

. . . .

44 중국정부의 공식통계에 따르면 남성의 단종수술 수는 매년 2배씩 증가했다. 1982년의 649,476명에서 1983년의 1,230,967명으로 되었다. 여성의 단종수술 수는 4배나 된다. 1982년의 3,925,927명에서 1983년의 16,398,387명으로 되었다(CPIC 1988, 245).
45 역설적인 것은 이러한 강제조치는 불법이라고 중국과 서양의 매체에 의해 공개적으로 보도한 적이 있다는 점이다. 사실상 서양 매체에 가장 먼저 소개된 강제적 출산계획에 관한 놀라운 보도는 모두 중국정부에 의해 밝혀져 비판받은 것이었다.『뉴욕타임즈』1993년 4월

다른 국가적 경제계획이 중국의 지역과 시기에 따라 다른 강도를 보이듯이, 지금의 가족계획정책도 일부 지역과 일정 시기에는 다른 지역과 다른 시기보다 더 효과적이다.[46] 특히 일부 농촌지역에서는 가족노동력과 노인봉양의 수요가 농민, 간부와 정부관리 간의 교섭을 일으켰다.[47] 결국 소수 지역을 제외하고는 한 가족 한 자녀 정책이 공식적으로 느슨해지고 1984년과 1988년에 수정되었다. 중국 농촌의 대부분 지역에는 항상 2명 이상의 자녀 정책을 실행해 왔다. 이와 대조적으로 90% 이상의 도시 부부는 과거 20년 동안에 오직 한 아이를 가지게 되었다. 도시의 이러한 획일적이고 신속한 순응은 처음에는 적어도 도시 주민들이 정부의 취업, 거주, 교육, 기타의 혜택에 의지했기 때문이다(Wang 1996). 중국의 농촌지역에서는 이러한 의지나 순응이 없었다.

중국이 전국적으로 한 자녀만 낳는 정책을 실행한다는 것이 일반적인 인식이지만, 총인구의 70%를 차지하는 농촌 가족에게는 그렇지 않다. 〈그림 6-5〉는 농촌의 시기적 출생순위별 출생률을 보여주는데, 이것은 1,000명당 농촌 여성이 기존의 출산에 이어 계속 자녀를 낳는 비율을 말한다. 두

· · · · · · · · · · · ·

25일 1페이지에 실린 Nicholas Kristof가 쓴 '중국정부의 출산에 대한 억압: 놀랍고 가혹한 성공'이라는 글을 참고하기를 바란다. 그가 인용한 비극은 1년의 출산정액을 충족하기 위해서 1992년 12월 30일 임신한 시 7개월이 된 어머니로 하여금 출산을 유도하여 신생아가 나온 뒤 9시긴 뒤에 사망하었던 것이며 이 비극은 비공개 정부보고에서 인용한 것임을 인정했다.

46 80년대 중국 출산계획정책의 주요 변화에 대해서는 Green halgh(1986), Hardee-Cleaveland와 Banister(1988), Zeng(1989), Luther, Feeney와 Zhang(1990), Feeney와 Wang(1993)의 연구를 참고하기 바란다.

47 Greenhalgh(1986, 1993)는 한 자녀 정책의 중국 농촌에의 적용, 특히 샨시(陝西)성의 실시변혁을 자세히 기록했다. 80년대 농촌 개혁 이래, 농민의 저항과 국가권력의 약화로 인해 많은 농촌간부가 출산계획정책의 실시에 저항하고 연기시키거나 출산계획정책의 조절을 요구하였다. 따라서 중앙정부는 두 가지 방향으로 문제 해결에 나섰다. 한편으로는 형식적으로 정책을 느슨하게 하며 다른 하편으로는 성 정부 혹은 하급 정부에게 자주권을 주고 현지상황에 맞는 정책을 만들게 하며 일부 가정을 한 자녀 정책의 제한에서 벗어나게 하였다. 농민의 저항과 협상은 한 자녀 정책의 '농민화(peasantization)'를 초래했다.

번째 자녀를 낳는 여성 P_{1-2}의 비율은 1980년대의 한 자녀 정책의 영향을 거의 받지 않았다. P_{1-2}는 1979년의 100%에서 1985년의 90%, 1991년의 77%로 하락했다. 세 번째 자녀를 낳는 여성 P_{2-3}의 비율은 상당히 크게 떨어져 1979년의 81%에서 1985년의 49%, 1991년의 26%로 떨어졌다. 네 명 혹은 더 많은 아이를 낳는 여성 P_{3-4+}의 비율은 1979년의 50%에서 1991년의 18%로 하락했다.

〈그림 6-5〉중국 농촌의 출생순위 점진비율(parity progression; 1979~1991년)

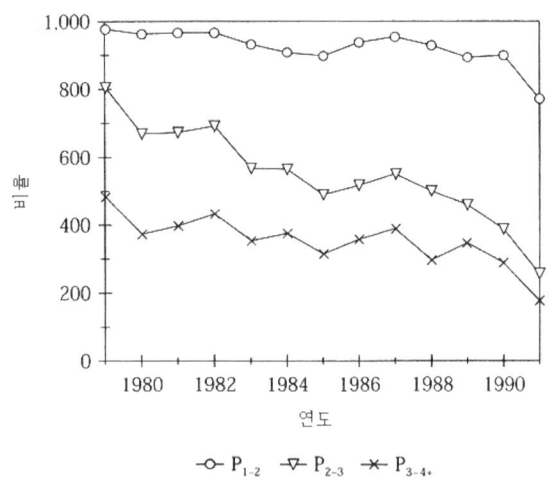

출처: Feeney and Yuan(1994).

가속화된 중국의 출산력 하락은 TFR 5.7에서 2.8, 그리고 최근에는 거의 2.1로 하락하는 와중에 정부의 간섭이 크게 작용을 하였다. 어쨌든 중국의 출산력 전환은 기본적으로 새 이념보다는 새로운 집단적 제도와 목표의 산물이다. 결혼에서 출산까지 개인적 결정의 혁명적 확대를 요구하는 서구의 출산력 전환과 달리, 중국의 출산력 전환은 가족에서 국가에 이르기까지 집단적 통제의 확대를 요구할 뿐이다. 중국인에게 의도적인 출산억제는 일찍부터 계획적인 의식적 선택에 포함되어 있었다. 따라서 중국의 매우 신속한 출산력 전환은 이러한 사실의 결과로 볼 수 있다. 즉, 중국인은 태도의 전환이 필요 없이 단지 새 목표와 제도를 세우는 것, 그리고 유효한 기술의 전파가 필요했을 뿐이다.

집단과 개인의 전략

중국 부모는 자녀의 생존과 결혼에 대해 계획하듯이 그들의 출산에 대해서도 의식적으로 계획한다. 혼인 이후 출산억제의 다양한 방법들, 예를 들어 혼인부터 출산 사이의 금욕과 전통적인 수단은 중국인으로 하여금 사회와 경제적 상황에 따라 출산력을 조절하게 하였다. 결과적으로 같은 사회계층과 혼인유형에 속하는데도 개개인의 아들 비율과 자녀수가 다르다.

이러한 행위는 특히 청 황족에게 잘 기록되어 있다. 예를 들어 낮은 귀족 남성은 높은 귀족 남성보다 평균적으로 2.5명이나 적게 출산한다.[48] 그리고 부유한 일부다처 귀족이 경제상황에 따라 배우자를 적게 얻음으로써 출산을 조절하는 데 반해, 가난한 일부일처 귀족은 자녀를 적게 출산함으로써 출산력을 조절한다. 결국 가난한 귀족이 18세기 후반에 영아살해를 3명까지 증가시켜 출산력을 18세기의 5이상에서 18세기 말과 19세기 초에는 4로 감소시켰던 것이다(Wang, Lee, and Campbell 1995).

. . . .

48 Wang, Lee와 Campbell(1995, 393)은 45세까지 살아 있는 아버지가 각 시기에 낳은 자녀수를 비교했다. 서로 다른 결혼유형의 영향의 통제를 고려하고 1681~1720년 사이에 하층귀족인 아버지는 상층귀족인 아버지보다 2.7명의 아이를 덜 낳았다. 1721~1750년 사이에 2.9명을 덜 낳았고, 1751~1780년 사이에는 1명을 덜 낳았으며, 1781~1820년 사이에는 2.3명이나 덜 낳았다.

이러한 혼인억제는 평민에게 더 일반적이었다.[49] 예를 들어 랴오닝 농촌에 기록된 남아 출생률의 상승은 곡물가격과 정비례한다. 즉, 곡물가격이 낮은 해에 더 많이 태어났고 가격이 높은 해에 덜 태어난 것이다. 부유함의 상징과 부부의 사회적 지위의 중요한 결정요인으로서의 가족구조는 출산결정에 있어서 중요한 역할을 한다. 소규모의 단혼가족에 비해서 규모가 큰 복합가족은 흉년에 출산력이 조금 하락하고 풍년에는 출산력이 더 많이 상승했다.[50] 가족에서 개인의 지위와 직업 또한 출생 자녀수에 크게 영향을 준다. 군인, 수공업자, 관리의 자녀수는 평민보다 상당히 많다(Lee and Campbell 1997, 180~183). 일부다처에 대한 기록이 부족한 족보 자료에서는 이러한 패턴이 그다지 현저하지 않지만, 1550~1850년간 저장(浙江)의 세 가계의 인구에 대한 연구에서 나타나듯이 더 높은 직위를 소지한 가계가 다른 가계보다 아이를 더 많이 출산한다(Harrell 1985).

사회계층의 양극에 처하는 중국 부모는 사회와 경제상황에 따라 출산을 조절할 뿐만 아니라 이미 낳은 자녀의 수와 성별에 따라서 그들의 출산계획을 세우기도 한다. 청 황족과 랴오닝 농민의 경우 모두 아들이 없는 아버지가 아들이 있는 자보다 출산간격이 더 짧은 것으로 나타난다(Wand, Lee, and Campbell 1995, 397). 그리고 한 아들을 가진 랴오닝 부모 같은 경우, 단산의 가능성이 전체적으로 더 높다. 이러한 성별구별로 인한 단산 패턴으로 마지

. . . .

49 이러한 억제들은 가끔 지역사회가 강제로 가한 것이다. 예를 들어, 1947년 페이샤오통(費孝通)은 광서의 요라는 소수민족 사람 중 아래와 같이 관찰했다. "성별에 상관없이 한 부부에 2명의 아이밖에 가지지 못했다. 두 아이를 이미 가지고 있을 경우 임신하면 유산시켜야 한다. 유산시키지 않고 낳더라도 키우는 사람이 없는 영아는 살해당할 운명이다."(페이샤오통 費孝通 1947/1998, 248)

50 Lee와 Campbell(1997, 99~101). 경제불황이 초래한 두 개의 저출산력 시기에는 생활수준이 상대적으로 좋은 복합가족 부모의 경우 여아출산력이 각각 28%와 51% 감소했다. 핵가족 부모의 경우 여아 출산력이 각각 42%와 71% 감소했다. 이와 동시에 출산력이 상승하면서 복합가족 부모의 경우 여아 출산력이 1/2이나 증가했으며 핵가족 부모의 경우 여아 출산력이 1/5만 증가했다.

막에 출생한 자녀는 500:100의 높은 성비를 초래했다(Lee and Campbell 1997, 96). 이러한 단산 행위는 최근의 가족계획정책에 다시 나타났다. 그 결과 셋째와 넷째의 성비는 1976~1980년의 109에서 1985~1989년의 123으로 상승했다(Coale and Bannister 1994, 468).

이러한 의도적인 혼인후 출산억제 패턴은 1914~1930년에 태어난 3만 명 가까이 되는 중국 농촌의 문맹 여성을 상대로 한 전국적 샘플에서도 드러난다. 그들의 출산행위는 정부가 주도한 가족계획이나 현대적 피임방법에 영향을 받지 않는다. 아들과 딸을 모두 가진 여성은 아들 혹은 딸만 가진 여성에 비해 일관된 억제 패턴을 보여준다. 자녀를 모두 가진 이 여성들은 각 출산에 이어 다음 출산을 하는 비율이 현저히 낮을 뿐만 아니라 출산간격이 더 길고, 이른 나이에 종산한 것이다(Zhao Zhongwei 1998).

사회적으로 구별되는 이러한 행위가 최근 중국의 출산력 전환 과정에서도 계속 존재하는 것은 놀라운 일이 아니다. 개인의 교육, 거주지 그리고 직업은 1950년대에서 1970년대 초의 출산력과 피임의 사용을 해석하는 중요한 요소가 되었다.[51] 1960년대 이후에 도시에서 교육을 받은 자들이 더 일찍 그리고 더 많이 피임과 낙태를 사용했으므로 그들의 출산력도 더 낮았다. 예를 들어 1960년대와 1970년대 초 전국적인 가족계획정책이 실시되기 전에 고등교육을 받은 도시 여성과 교육을 못 받은 농촌 여성의 낙태에 대한 격차는 10 : 1이었다(Wang 근간).

중국인들의 혈연적 계승에 대한 집착으로 인해 연구자들은 결혼의 유일한 목적이 출산뿐이라고 종종 잘못 인식하게 된다. 사실 모든 당사자의 관심사는 출산이 아니라 어떻게 배우자를 가족에 융합시켜 소비와 생산에 도움이

---

51 Lavely와 Freedman(1990), Poston와 Gu(1987)는 80년대 초 성 단위에서 높은 사회경제 발전수준이 낮은 출산력과 관련된 것을 보여주었다. Birdsall와 Jamison(1983), Tien(1983)와 Peng(1989)은 모두 비슷한 결론을 내렸다.

될 수 있는가의 문제이다.[52] 가족의 질서가 개인의 방종보다 더 중요하기 때문에 노골적이고 지나친 친밀감은 크게 격려되지 않는다. 자녀의 출산수와 출산기간은 환경에 더 많이 영향을 받는다. 출산은 집단의 목표와 제한에 따라 동거하는 친족들과 협의해야 한다. 부부는 결국 혼인 후의 억제를 자주 행해야 하고 그것에 실패할 때에는 영아살해를 할 수밖에 없었던 것이다.

바꿔 말하자면 이러한 결정과정은 종래부터 개인의 특권이 아니었기 때문에 출산억제는 청대와 현대 중국에서 모두 가능한 일이다. 이런 의미에서 지금의 가족계획정책은 가족으로부터 지역공동체, 혹은 더 큰 범위로 확대되었을 뿐이다.

이 책의 세 번째 부분에서는 인구 프로세스 과정의 비교와 사회조직의 비교에 대한 이해를 위해 중국의 인구학적 행위가 가지는 폭넓은 의미를 검토할 것이다. 그 후에는 중국의 인구학적 시스템의 역사적 배경을 분석하고 나아가 서구의 개인주의와 중국의 집단주의의 유산에 대해 대조할 것이다.

---

52 A. Wolf와 Huang(1980)은 이런 가족과 관련된 문제를 상당히 구체적으로 검토했다. 하지만 M. Wolf(1968)도 또한 참고하기 바란다.

3부

함의

제 7 장

시스템

> 가정을 세우는 데 느끼는 두려움은 혼인율을 떨어뜨린다. 따라서 일반적으로 예방적 억제는 ─ 그것이 초래하는 폐단을 고려하지 않더라도 ─ 이런 맥락에서 근대 유럽 인구를 생계수준에 맞게 제한한 가장 강력한 억제라 할 수 있다.
>
> ─ 맬서스 『인구론』(1803년 판)

맬서스의 유산

맬서스는 도덕적 억제가 유럽 인구학적 시스템에 성공적이었던 것○○ 생각했다. 영국이 이러한 행위와 영향력을 보여주는 가장 확실○○ ○○했다. 맬서스는 자신의 영국 사회에 대한 분석을 "인구에 대○○ ○○적 억제는 모든 계층에 상당한 정도로 보급되었다"는 표현으로 시작했다(1826/1986, 236). 그는 상위 계급부터 신사, 상인, 농부, 노동자와 하인에 이르기까지 각 계급에서의 이러한 행동에 대한 다양한 이유들을 찾아냈다. 그에 따르면 이러한 행위는 인구를 억제함으로써 부의 축적과 빈곤의 퇴치를 가져온다고 한다.

더구나 만혼은 노동가치와 저축률을 높은 수준으로 유지하게 하며, 일반적으로 부를 보장한다고 본다.[1]

리글리(E. A. Wrigley)와 스코필드(R. S. Schofield)의 최근 연구들은 영국의 인구추이에 대한 맬서스의 모델을 확인해 왔다(Wrigley and Schofield 1985; Schofield 1985; Wrigley 등 1997). 많은 여성들(5~25%)이 혼인하지 않을 뿐 아니라, 이들의 비율이 경제적 조건에 상당한 영향을 받아 변동한다는 것이다. 혼인율의 이런 변화들은 전 시기에 걸쳐 인구증가율에 지대한 영향을 주었다. 특히 18세기에는 그것이 절대적이었다. 이것은 40~44세 미혼남성과 미혼여성 인구가 1/4에서 1/10로 감소하고, 혼인연령이 26세에서 23세로 낮아졌기 때문이다. 18세기 중반까지 미혼여성 비율의 변동은 혼인율에 상당한 변화를 가져오는 거의 유일한 요인이었다. 그 후 혼인연령에서의 변화를 제외하면 이 비율은 거의 변하지 않았다.

이 연구들은 실제 임금과 혼인율의 상관관계에 대한 이해를 증진시켜 왔다. 혼인율이 임금에 따라 증가하거나 하락할 수 있다는 맬서스의 추측은 사실이지만, 이 둘 사이에는 '주요 전환점마다 15~20년 정도'의 분명한 시간차가 존재한다(Wrigley and Schofield 1981, xxi). 즉, 혼인이 경제적 상황에 좌우되는 것은 독립하여 성인일 때보다는 자식으로 있을 때 더욱 그러하다. 따라서 임금과 혼인시기 사이의 시간차는 직업을 가지는 시기와 그 이후의 저축률과 관련된다. 독립 가구를 구성할 정도의 재산을 모았을 때, 그들은 현재 상황을 고려하지 않은 채 혼인한다. 경제적 상황이 당대의 혼인에 영향을 주지 않을 수는 있다. 그러나 부의 축적을 촉진하거나 방해하기 때문에

. . . .

1 "혼인의 연기는 미혼남성의 소비억제를 통한 저축을 가능하게 하며, 혼인의 결과에 대한 부담에도 불구하고 혼인할 수 있게 하는 맑은 정신, 근면함, 절약의 관습을 배양한다. 이런 점에서 식량의 한계에 맞춰 지속적으로 인구를 억제하는 예방적 억제의 작용은 인구의 꾸준한 성장에도 불구하고 혼인 전 노동자들의 임금상승과 저축량을 실제적으로 높일 수 있다."(맬서스 1803/1992, 218; 1826/1986, 475)

그것은 이후의 혼인시기와 혼인 가능성에 영향을 준다.

리글리와 스코필드는 적극적 억제와 예방적 억제에 대한 맬서스의 구분을 기반으로 인구와 경제의 관계에 대한 두 가지의 이상적인 모델을 제시했다. 출산력과 사망률이 모두 상승한 '높은' 인구압력 상황에서 인구는 이용가능한 자원의 양에 크게 영향을 받는다. 이때 인구성장은 주로 적극적 억제에 의해 조절된다. '낮은' 인구압력 상황은 이와 반대다. 낮은 인구압력은 장기적으로 생산과 재생산 사이의 긴장을 더 잘 조절할 수 있으며, 가격 충격에 더 잘 대응할 수 있다. 반면 높은 인구압력, 특히 리글리와 스코필드가 '중국의 상황'(1981, xxiv)이라고 언급한 상황에서 사회적 관습에 의해 조혼과 보편혼이 강요되었다. 중국은 높은 인구압력을 갖는 다른 지역에 비해 질병에 취약한 환경에 덜 노출되기도 했지만 출산력은 높았다. 출산력의 급속한 상승은 단기적이기 때문에 사망률 또한 높았다. 즉, '중국'의 경우 높은 혼인율은 높은 출산력을 가져왔으며, 이것은 다시 높은 사망률을 가져왔다는 것이다.

중국의 현실

이와 같이 중국 모델이 가지는 문제점은 분명하다. 가장 많은 인구와 가장 높은 인구밀도를 보여온 오랜 역사 속에서 중국은 일찍부터 낮은 합계혼인출생률, 적당한 사망률을 보이는 인구학적 시스템을 발전시켰다.[2] 하지만 높은 여아살해율을 보였으며, 결국 만성적인 남성 독신 현상을 가져왔다. 이 시스

. . . .

2 Ho(1969a, 1969b, 1975, 1977)는 이러한 높은 인구밀도를 지탱할 수 있는 농업사회와 인구증가를 촉진하는 관념적 시스템에 대해서 언급했다.

템의 기저를 살펴보면, B.C. 1000년부터 시작된 영아살해라는 특징을 찾아낼 수 있다. 혼인이 인구증가에 대한 유일한 의식적 억제였던 유럽의 시스템과 반대로 다양한 의식적 억제를 보였던 중국의 인구학적 시스템은 맬서스나 그 계승자들이 생각했던 것보다 훨씬 더 복잡했다. 그 결과 중국 여성들이 대부분 혼인하고 일찍 혼인했음에도 인구는 결코 경제를 낮은 수준으로 떨어뜨리지 않았다.

우리는 과거 중국에 인구학적 시스템이 존재했다는 것을 이미 확인했고 현재 그것이 남긴 유산을 찾아냈다. 우리는 더 나아가 두 가지 모델을 구분해 볼 수 있다. 첫째로 '내재적 억제'는 네 가지 특징적 요소 사이의 상호관계를 설명한다. 그것은 제4장에서 살펴본 영아살해, 제5장 남성의 독신 현상과 가상의 친족관계, 제6장 혼인후 억제 등이다. 둘째로 '외부적 압력'은 시스템이 기후·경제·역병 등 단기적인 외부의 압력을 받았을 경우, 각 요소들 간의 상호관계를 설명한다.

내재적 억제

내재적 억제 모델 아래에서 중국 가족은 지속적으로 자신들의 경제적·사회적 환경과 기대에 따라서 인구학적 행위를 조절했다. 〈그림 7-1〉은 이러한 내재적 억제를 보여준다. 중국인들은 출산력을 낮은 수준으로 유지하기 위해 혼인후 억제에 의지했다. 중국의 기혼 부부는 유럽과 달리 '재생산'을 시작하기까지 상당한 시간을 기다렸을 뿐 아니라 '재생산'을 유럽보다 훨씬 일찍 끝마쳤다. 서로 다른 성문화의 차이에 따라, 그리고 대가족의 감시 때문에, 중국 부부는 '성욕'을 조절할 수 있었다. 그들이 자녀를 갖고 싶을 때에는 출산을 촉진할 수 있었고, 그렇지 않다면 출산을 그만두거나 기다릴 수도 있었다. 또한 중국 부부는 전통적인 피임법과 낙태법을 알 수도 있었다. 그 결과 합계혼인출생률은 유럽보다 훨씬 낮았던 것이다.

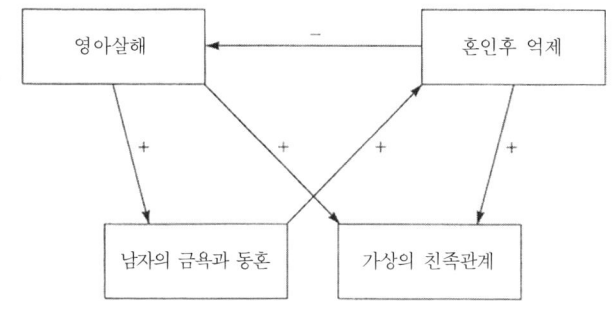

또한 중국 가족은 자녀들을 살해하기도 했다. 그 결과 그들은 가족규모를 줄였을 뿐 아니라 성별에 따른 가족구성도 조절했다. 일부 부부는 혼인후 억제가 실패했을 경우 영아살해에 의존했지만, 다른 부부들은 딸의 수를 줄이기 위해, 때로는 아들의 수를 줄이기 위해서도 영아살해를 시도했다. 영아살해의 발생은 시간과 장소에 따라 다양하지만, 영아살해와 혼인후 억제의 조합은 한 가족에서 성인으로 성장한 아이들의 수가 유사한 혼인율을 보이는 다른 사회에서보다 확실히 적다는 것을 의미했다.

여아살해는 혼인 가능한 여성을 부족하게 하고 그로 인해 혼인형태를 다양하게 만들었다. 과거 많은 중국 남성들이 매우 늦게 혼인하거나 끝내 혼인하지 못한 반면, 중국 여성들은 대부분 상당히 빨리 혼인했다. 혼인시장(marriage market)에서의 경쟁은 매우 격렬해서 일부 남성들에게 혼인할 수 있는 유일한 방법은 데릴사위, 부계친족 또는 입양한 친족과의 혼인이었다. 이런 다양한 혼인 유형은 보편혼제(major marriage)와 비교할 때 낮은─ 종종 상당히 낮은─ 출산력, 2~4배 높은 이혼율을 특징으로 한다. 따라서 혼인시장의 불균형은 여성의 부족뿐 아니라 낮은 합계혼인출생률에 의해서도 인구증가를 억제했다.

이런 낮은 합계혼인출생률은 중국 인구학적 시스템에서 인구성장에 주요한 억제가 되었다. 윌리엄 래블리(William Lavely)와 웡(R. Bin Wong 1998)에 의하면, 여아살해율 10%는 연간 인구증가율을 약 30% 감소시킨다. 출산력에 대한 그들의 연구는 중국이 만약 유럽의 합계혼인출생률을 따른다면 인구증가율이 50% 상승할 것이라고 주장한다. 즉, 낮은 합계혼인출생률이 여아살해보다 인구성장에 더 큰 영향을 주었다는 것이다. 성별 선택적 영아살해는 중국 인구학적 시스템에서 성별에 따른 혼인율의 차이를 가져왔다. 이것은 출산력이 낮고 완만한 중국의 인구성장에 더 직접적인 영향을 주었다.[3]

마지막으로 중국 인구학적 시스템의 특징적인 성격 중 하나인 입양 또한 여아살해와 낮은 출산력의 산물이었다.[4] 그 효과는 성별에 따라 달랐다. 중국 부부는 여아살해의 결과로 며느리를 얻을 수 없게 되었기 때문에 여아를 입양했고, 낮은 출산력으로 인해 후사(後嗣)를 얻을 수 없게 되어 남아를 입양했다. 사실 생물학적 후사가 없는 부부의 수는 낮은 출산력과 높은 유아사망률의 상황에서 예상보다 높았다. 예를 들어 황족 중 20%는 아들이 없었는데, 이는 예상치보다 거의 2배나 높은 것이었다(Wrigley 1978). 아들이 없는 부부 중 일부는 생물학적 원인에 의한 것이었으며, 일부는 이후 자신들의 출산력이나 자녀들의 생존율을 잘못 예측한 것이었다. 나머지 일부는 절제와 희생에 대한 유교적 가족의 과도한 요구로 인한 희생자였다.

중국에서의 가상의 친족관계와 다양한 혼인 유형의 발달로 인해 생물학적

. . . .

3 우리는 인구에 대한 사망률과 출산력의 상대적 의미를 비교하는 시뮬레이션을 연구했다. 예를 들어 다른 조건이 유지된 채 여아 사망률이 100‰까지 증가하면, 300년 뒤에는 인구규모를 25% 정도까지 줄일 수 있다. 반면 중국의 혼인율과 사망률이 동일한 채로 영국의 수준으로 합계혼인출생률이 상승한다면 300년 동안 인구규모는 거의 50배로 증가할 수 있다.
4 청대와 현대 중국에는 이미 입양과 영아유기에 대한 상당한 수의 문학작품들이 있었다. 특히 A. Wolf and Huang(1980); Johnson, Huang, and Wang(1998); and Leung(1997)을 보라.

한계, 불완전한 의사결정, 권력의 남용 등을 극복할 수 있게 되었다. 또한 약 10%의 아들들은 데릴사위 혼인을 통해 가상의 친족에 속하게 되었고, 그리고 이보다 조금 더 많은 비율의 딸들은 민며느리 혼인을 통해 가상의 친족에 속하게 되었으며, 몇 퍼센트의 아이들은 다른 가정에 직접 입양되었다. 〈표 7-1〉은 혼인을 제외한 입양의 비율을 보여준다. 비록 그 비율은 지역·시기·인구에 따라 다양하지만, 과거에 중국 유아 10~100명당 적어도 1명은 입양되었는데, 이것은 근대 초기 서구에 비해 매우 높은 것이다.[5] 현대 중국의 입양 기록은 불완전하지만, 그 규모는 과거보다 조금 낮은 것으로 보인다.

구휼과 양육 외에도 입양에는 다양한 목적이 있다. 중국의 부모들은 가족 노동력과 노후, 자녀들의 혼인, 의례와 종교적 목적을 위해서 아이들을 입양했다.[6] 그 결과 입양은 영아에서부터 성인에 이르기까지 모든 연령에서 이루어졌지만, 노인은 입양되는 경우가 드물었다.[7] 혼인처럼 입양도 다양한 유형으로 구분할 수 있다. 며느리로서 혹은 사위로서 입양하는 경우가 있으며,[8] 과부와 홀아비, 독신남, 심지어 내시까지도 아이를 입양했다. 자녀의 목적은 무엇보다도 인간과 사회의 생물학적 한계를 극복하기 위한 부계 남성의 후사로서의 의미가 가장 중요했다.

· · · · · · · · · · · · ·

5 중국의 입양률이 상대적으로 높은 것은 많은 근대 서구 국가들에서 입양이 불법이었기 때문이며, 입양률에 대한 이용 가능한 통계가 없기 때문이다. 하지만 오늘날 서구의 입양률은 중국에 필적한다. 예를 들어 1986년 미국에서 신생아(380만 명) 중 입양아(104,088명)의 비율은 2.5%를 넘는 것으로 보고되었다(National Committee for Adoption 1989).
6 에도시대 일본의 입양률에 대한 Kurosu黑須 and Ochiai落合(1995)의 이와 유사한 설명을 보라.
7 청 황족의 입양률에 대한 분석에서 1,204명의 아들 중 30% 정도가 1세 이전에, 절반은 5세가 넘어서, 20%는 20세가 넘어서, 5%는 30세가 넘어 입양되었다. 가장 늦게 입양된 자는 60대였다(Wang and Lee 1998). 이와 유사하게 타이완 농부들의 인구를 연구한 A. Wolf와 Huang의 연구(1980)에서 남성 입양의 절반 정도는 아이가 1세 또는 그 이상일 때 이루어졌으며, 15%는 5세 이후에 이루어졌다(〈표 15-4〉, p. 212).
8 자녀가 없는 부부가 우선 딸을 입양하고 이후 사위로 아들을 입양한 경우의 기록도 존재한다.

<表 7-1> 중국의 특정 시기, 지역에서의 입양률

시기	지역	%	조사수량
1730	베이징	5.9	662
1750	베이징	6.1	897
1790	베이징	11.8	1,145
1840	베이징	6.2	1,087
1906-1910	타이완	5.8	666
1911-1915	타이완	7.2	758
1916-1920	타이완	5.6	750
1921-1925	타이완	5.9	819
1926-1930	타이완	4.5	968
1931-1935	타이완	3.1	1,070
1929-1933	중국 남부	0.8	2,679
1929-1933	서남고원	2.7	2,100
1929-1933	양쯔강 하류	1.3	14,321
1929-1933	중국 북부 평원	1.2	18,985
1970	전 중국	0.7	50,100
1980	전 중국	1.1	35,104
1986	전 중국	2.2	43,560

출처: 베이징(北京): Wang and Lee(1998). 이 비율은 5세까지 살아남은 아들 100명당 입양된 아들의 수이다. 시기는 출생년에 따른다.

* 타이완(臺灣): A. Wolf and Huang(1980, 207). 시기는 출생년에 따른다.
* 전 중국 1929~33: A Wolf and Huang(1980, 328). 이 연구는 J. Lossing Buck의 중국 101개 지역 35,976 가족에 대한 조사에 기반했다.
* 전 중국 1970, 1980, 1986: 1988년 중국 국가 가족계획위원회[計生委, Family Planning Commission]에서 진행한 전국 2‰ 출산력 조사에 근거한다. 이 비율은 출생아수에 대한 입양아수의 비율을 말하며, 표본규모는 출생아수를 말한다.

따라서 대부분의 입양은 타인보다는 친족들 사이에서 행해졌다. 이는 어느 정도 부계혈연이 중요하기 때문이며,[9] 어느 정도는 가족의 집단적 심리 때문이며, 또 어느 정도는 생물학적 가족과 입양한 가족으로부터의 사회적 압력의 결합 때문이었다. 이 압력은 입양된 자녀들이 부모의 기대에 따라 살도록 만들었다. 친족 내 입양은 법적 요구이기도 했다.[10] 그 결과 입양된 아이들은 서구와 달리 자신의 친부모를 알 수 있었다. 오늘날에도 중국인들은 친족 내 입양〔過繼〕과 비친족 간 입양〔抱養〕을 구분하고 있다.[11] 다양한 유형으로 널리 보급된 입양은 적은 자녀를 기르기 원하는 친부모들의 욕구가 낳은 결과이다. 뿐만 아니라 자녀가 없는 부부에게도 중요한 보장이 되었다.

즉, 입양은 중국의 인구학적 시스템에 주요한 특징이며 필수적인 부분이었던 것이다. 따라서 입양률은 출산력과 사망률 모두에 영향을 받았다. 〈그림 7-2〉는 1700~1850년 청 황족의 잘 기록된 인구자료를 이용해 출산력, 영아살해, 입양 사이의 관계를 보여준다. 출산력이 높고 영아살해가 적었던 17세기 초에 입양률은 2% 이하로 낮았다. 출산력 감소와 영아살해의 증가로 인해 이 비율은 18세기 전반까지 점점 높아져 18세기 말에는 12%로 정점에 이르렀다. 이후 그 비율은 영아살해의 감소와 함께 19세기 초에 다시 떨어져 18세기 초의 수준으로 내려갔다.

. . . .

9 따라서 입양은 부모 중 한 명 혹은 모두 사망했을 때에도 이루어질 수 있다. 비록 실제로는 가족의 다른 구성원들에 의해서 이루어지는 것이기는 하지만, 심지어 요절한 유아도 자신의 아들을 입양할 수 있다.

10 이것은 청 황족의 경우이다. 조정에서는 황족 구성원들에게 가능하면 가까운 친족으로부터 입양할 것을 요구했다. 가까운 친족이 없는 경우에만 예외가 인정되었다. 황족 가계기록은 정확성을 유지해야 했으며, 입양은 권리와 이익의 변화를 가져왔기 때문에 황족의 입양은 승인을 필요로 했다. 아들을 입양한 과부는 그 아들의 이름으로 보조금을 받게 되었다 (Wang and Lee 1998).

11 過繼는 '후사로서 온' 것을 의미한다. 抱養은 입양과 유사하게 '데려와 기르는' 것을 의미한다.

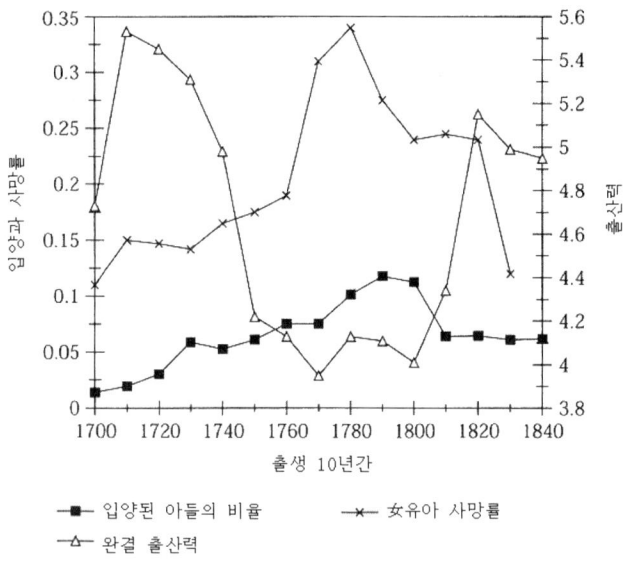

〈그림 7-2〉 청 황족의 입양과 인구 행위(1700∼1850년)

출처: Wang and Lee(1998).

따라서 중국의 인구학적 시스템은 부부와 부모의 애정, 그리고 성관계 규제의 필요성, 자녀를 살해하거나 포기하는 선택, 다른 자녀의 입양 사이의 균형이라는 선택의 다양성으로 특징지을 수 있다. 중국 가족은 자신들의 가족적 상황에 따라 집단의 효율성을 최대화하기 위해 인구학적 행위를 지속적으로 조절했다. 개인을 희생하는 비용을 치름으로써 이러한 인구학적 조절은 중국 가족의 번영을 보장했다.

외부적 압력

또한 중국인 부모들은 가족 구성원들의 경쟁 권리(competing entitlement)에 대해서 균형을 맞추어야 했을 뿐 아니라 외부의 경제적 조건에 따라 이 균형을 조절해야 했다. 경제적 변동은 인구학적 행위에 영향을 주었다. 〈그림 7-3〉은 곡물가격 인상이라는 외부의 경제적 압력에 대응한 중국의 인구학적 시스템을 묘사한다. 그 결과 혼인후 억제와 영아살해, 그리고 약간의 혼인 연기라는 측면에서 증가가 발생했다.

〈그림 7-3〉 외부 압력에 의해 억제된 인구성장

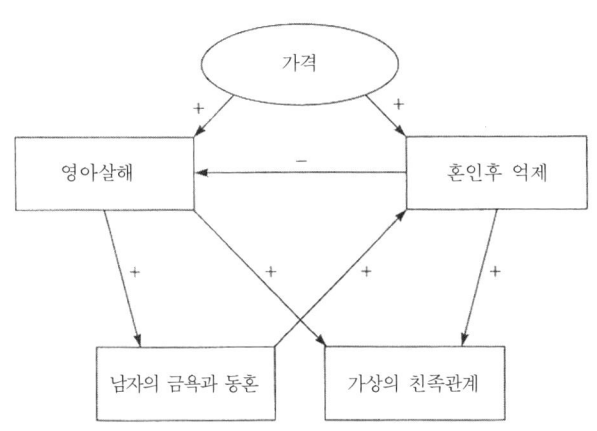

대부분의 산업화 이전 사회에서 곡물 가격 상승은 일반적으로 사망률 상승, 혼인율과 출생률 감소를 가져오는데, 중국도 예외는 아니었다(Dupâquier 외 1981; Bengtsson, Fridlizius, Ohlsson 1984; Weir 1984a; Bengtsson, Ohlsson 1985; Landers 1986k; Galloway 1988, 1994). 곡물 가격은 칭 말기 중국 인구의 출산력과 사망률 모두에 상당한 영향을 주었다. 게다가 이런 영향은 매우 즉각적으로 나타났다. 〈표 7-2〉는 랴오닝성 농촌지역 남녀의 조출생률(crude birth rate)이 곡물 가격과 '부정적' 상관관계를 가지는 것을 보여주며, 또한 남성의 조사망 률은 곡물 가격과 '긍정적' 상관관계를 가지는 것을 보여준다. 여성의 조사망 률과 곡물 가격 사이에 명백한 상관관계가 부재한 것은 여아살해에 대한 기록이 부족하기 때문이다. 곡물 가격의 상승과 여아살해의 증가는 여아

출생 기록이 부정확하도록 만들었다. 또 다른 연구들은 여아살해와 유아사망률이 곡물 가격과 강하게 관련되어 있음을 지적했다(Lee, Campbell, and Tan 1992; Lee and Campbell 1997). 영아살해와 낮은 등록률은 출생 등록, 특히 여아의 등록과 곡물 가격 간의 더 강한 '부정적' 상관관계를 설명해 준다.

<표 7-2> 곡물 가격과 사망률 · 출생률 간의 상관관계
(1774~1873년 랴오닝 농촌지역)

곡물		호(戶) 사망률		호 출생률					
				All		Complex[a]		Simple[b]	
		여성	남성	여성	남성	여성	남성	여성	남성
쌀	High	–	–	-0.62	–	-0.46*	–	-0.46*	-0.36
	Low	–	–	-0.60	-0.37*	-0.48	–	-0.54	-0.46
조	High	–	–	-0.65	-0.37	-0.55	-0.33*	-0.50*	-0.56
	Low	–	0.32	-0.49	–	-0.42	–	–	-0.45
수수	High	–	–	-0.57	–	-0.46*	-0.33*	-0.39*	-0.39
	Low	–	0.26	-0.58	-0.40*	-0.54	–	-0.46*	-0.49
밀	High	–	–	-0.68	–	-0.36*	–	-0.54	-0.34
	Low	–	0.43	-0.44	-0.38*	-0.48	–	–	-0.39
콩	High	–	–	-0.45	–	-0.63	–	–	-0.51
	Low	–	0.39	-0.57	-0.40*	-0.36	–	-0.40*	-0.47

출처: Lee and Campbell(1997)
주석: *표가 없는 모든 상관관계는 0.001의 유의도(significance)를 가지며, *표는 0.01의 유의성을 뜻한다. – 는 0.01 이하의 유의도를 갖는 상관관계를 가리킨다. 우리의 계산은 모든 호(戶)에 대해서는 1774년부터, 단순 및 복합 호에 대해서는 1789년부터, 여성의 출생은 1840년, 남성의 출생은 1873년부터 시작한다. 모든 값은 펑톈부(奉天府)의 연평균을 통해 조정되었다. 출생률 및 사망률은 다오이(道義)와 주변 마을들의 연평균이다.
a. 둘 이상의 부부를 포함한 호
b. 하나의 가족만 있는 호

하지만 중국의 인구학적 시스템에서 특정한 출생 · 혼인 · 사망에 대한 억제가 다양한 것은 경제조건에 대한 반응이 개인에 따라 매우 다를 수 있었다는 것을 의미한다. 이러한 개인 수준의 반응들을 분석하는 기술들이 이미 존재한다.[12] 그러나 현재까지의 중국 인구사에 대한 대부분의 연구들은 특히 랴오닝 지역의 인구에 관심을 가져왔다. 또한 이 연구들은 사회적·경제적 차이나 일시적 변화에 대해 출산력이나 혼인율보다 덜 민감한 사망률— 넓게는 영아살해를 포함하는— 에 초점을 맞춰왔다(앞의 Campbell and Lee 1996). 그럼에도 그 결과 경제조건에 따라 변화하기 쉬운 사회적 관계의 다양성이나 관계의 조합 등이 이미 정의되었다.

그 결과, 지금 우리는 차별, 특권, 영향력, 그리고 특히 유교적 계층이라는 측면에서 발생하는 소외의 미묘한 뉘앙스를 알 수 있게 되었다. 예를 들어 여자 고아가 유기되는 데에 비해서 남자 고아는 다른 가족 구성원들에 의해 길러진다. 랴오닝에서 여자 고아의 사망률은 적어도 한 명의 부모가 생존해 있는 여아보다 훨씬 높은 것과 달리, 남자 고아의 사망률은 다른 남자 아이들의 사망률과 비슷하다. 더 놀라운 것은 시어머니의 존재가 어린 며느리에게 유리하다는 점이다. 만약 시어머니가 생존해 있다면, 혼인한 여성은 낮은 사망률을 보인다. 16~35세의 과부는 같은 나이의 혼인한 여성보다 사망률이 높았지만, 36~55세 과부의 사망률은 같은 나이의 혼인한 여성의 사망률과 비슷했다. 나이 든 남성은 아내들이 그들에게 의존하는 것보다 더 아내에게 의존적이었다. 56~75세 여성에게 남편의 생존은 큰 영향을 주지 못하지만, 아내가 없는 나이 든 남성은 훨씬 높은 사망률을 보인다. 한편 아들이나 손자가 노후보장을 위한 것이라고 하더라도, 아들이나 손자가 생존해 있으

. . . .

12 이 연구들은 처음으로 개인 수준에서의 분석이 갖는 장점을 인식하고 가족재구성 작업에 도입한 Etienne van de Walle(1976)에 의해 개척되었다. 벨기에 도시인 베르비에(Verviers)의 여성들에 대한 Alter의 1988년의 연구는 Walle의 방법을 확장시켰으며, 급속히 발전한 역사사건 분석의 기술들을 적용시켰다. Bengtsson(1989, 1993, 1997)은 처음으로 시계열적 연간 가격과 임금을 이러한 분석틀에 결합시켰다. 그의 연구는 경제조건의 단기 변동에 대한 연구와 함께 가족 내 생명주기 사건들에 대한 분석을 함께 진행시켰다. 생애 사건과 시계열이라는 서로 다른 두 연구방법을 종합하는 것이 현재 진행중인 연구들의 기반이 되고 있다.

면 나이 든 남성이나 여성의 사망률은 둘 다 떨어지지 않는 것으로 나타난다.

이러한 분석은 가정이 당면한 경제적 상황의 영향을 진정시킬 수 있는 정도를 보여준다(Lee and Campbell 1997; 앞의 Campbell and Lee). 랴오닝에서 풍년에는 가족 구성원들이 증가한 잉여분을 동등하게 분배하지 않기 때문에 일반적으로 물가가 높을 때 가정이나 혈연(lineage)에 따른 사망률의 차이는 더 좁혀진다. 가정에서 권력을 가진 구성원은 잉여의 많은 부분을 차지하며, 힘이 없는 구성원들은 흉년일 때보다 상황이 크게 좋지 않다. 물가가 상승하면 권력이 있는 구성원의 소비가 힘없는 구성원 수준으로 떨어지기 때문에 격차가 줄어든다. 즉, 압력은 계층에 의한 이익을 감소시킨다.[13]

인구성장

역사적으로 낮은 여성 생존율과 낮은 합계혼인출생률이라는 인구학적 기제는 중국에서 근대 이전까지 총체적으로 낮은 수준의 인구성장— 세계 지역보다 낮은 연간 1만 명당 5명 이하— 이 가능하도록 만들었다.[14] 이러한 조절은 거의 2천 년 간 중국의 항상적인 인구학적 시스템을 지속시켰다. 1세기에 이미 중국에는 7,500만 명이 존재했던 것으로 보인다. 1700년까지 중국의 국경은 두 배 가까이 확장되었음에도 인구는 두 배의 증가에 그쳤다.

그러나 18세기 초, 모든 것이 변했다. 1750년부터 1950년 사이, 중국의 인구는 연간 5‰의 비율로 증가하여 2억 2,500만 명에서 5억 8천만 명으로 거의 세 배가 되었다. 1950년 이후로 중국의 인구는 거의 연간 2%의 비율로

· · · · · · · · · · ·

13 여기에는 예외가 없다. 팔기 직무에 따른 차이는 가격상승에 따라 확대되며, 이웃들의 농업 수입이 떨어질 경우 국가로부터 정해진 봉급을 받는 개인들의 특권은 두드러질 수 있다.
14 중국을 제외한 세계의 연간 인구성장률은 거의 1‰의 속도로 급속히 두 배가 되었다 (McEvedy and Jones 1978; Biraben 1979).

증가하면서 5억 8천만 명에서 12억 명으로 두 배가 되었다. 다시 말해 시기마다 인구증가율이 급격하게 높아진 것이다.

중국의 출산력 전환은 유럽의 그것과 매우 달랐다. 〈그림 7-4〉는 유다 매트라스(Judah Matras) 등이 그려낸 구조를 가지고 중국의 전환과 다른 지역의 전환을 대조한 것이다. 이 구조는 조혼과 만혼, 높은 출산력과 낮은 출산력이라는 네 가지 유형의 출산력시스템으로 구성된다(Matras 1965; Macfarlane 1986). 맬서스가 예상했듯이 유럽, 특히 영국 사회의 전환은 C에서 D로의 경로를 따른다. 결혼연령이 이미 비교적 늦었기 때문에 출산력 전환은 기본적으로 출산력 억제로의 변화만을 수반한다. 그에 비해 대부분의 발전된 국가에서 출산력 전환은 A에서 D로의 경로, 즉 출산력 억제와 혼인의 연기 등을 필요로 한다.

〈그림 7-4〉 중국과 서구의 출산력 전환

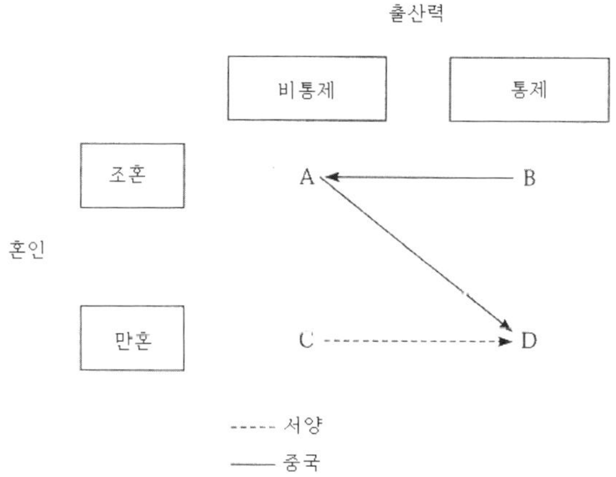

중국은 훨씬 복잡한 경로를 걸었다. 중국의 출산력 전환은 서구나 발전된 사회들의 일반적인 유형과 닮지 않았다. 중국은 우선 B에서 A로, 그리고 그 다음에 A에서 D로 이동했다. 출산력은 근본적으로 낮았다. 그러나 18세

기 경제적 기회의 증가, 그리고 20세기 가족 권위의 쇠퇴와 함께 출산력 시스템이 B에서 A로 변화하면서 중국의 출산력 억제는 완화되었다. 이것은 인구성장의 두 가지 국면을 형성했다. 1700년 1억 5천만 명에서 1900년 5억 명으로 2세기에 걸친 느린 인구증가와, 5억 8천만 명인 1950년 이후 50년 만에 2배인 12억으로 증가한 최근의 인구폭발이 그것들이다. 하지만 이 폭발은 인구억제를 다시 시작하려는 집단적 욕구를 가져왔으며, A에서 D로의 이동과 함께 현재 중국의 가족계획을 만들어냈다.

첫 번째 단계: 경제적 기회의 증가

B에서 A로의 첫 국면은 경제적 기회에 큰 영향을 받았다. 〈그림 7-5〉는 중국 인구학적 시스템의 대응을 보여준다. 혼인후 억제와 영아살해는 부모들이 고용 가능성의 증가를 예상함으로써 감소하기 시작했다. 여아살해의 감소와 함께 혼인 기회가 미혼남성들에게 열리게 되었다. 이런 상황에서 다양한 혼인 유형을 취할 이유는 별로 없었다. 또한 어떤 유형이더라도 가상의 친족 관계의 필요성도 적어졌다.

중국에서 이러한 변화는 지역에 따라 다르게, 그리고 두 단계로 나누어 일어났다. 우선 국경의 확장으로 인해 증가된 경제적 기회는 사람들로 하여금 고향을 떠나 변경에 정착하도록 했다. 동시에 분업의 발달과 그로 인한 상업의 활성화는 이 이주자들에게 다양한 잉여작물들을 재배하도록 부추겼다. 이렇게 그들은 곡물과 다양한 상품작물들을 공업제품이나 화폐와 교환할 수 있었다. 영아살해가 감소하고, 출산력 통제가 완화되어 그 결과 인구가 증가하게 되었다. 이 국면은 비록 획일적이거나 보편적이지는 않았지만, 18세기부터 19세기 초 사이에 점진적으로 발생했다.[15]

. . . .

15 이 과정을 자세히 설명한 사람은 아무도 없었다. 증가하는 경제적 기회와 특히 이주 기회

〈그림 7-5〉 18~20세기 초, 중국의 인구학적 시스템과 인구성장

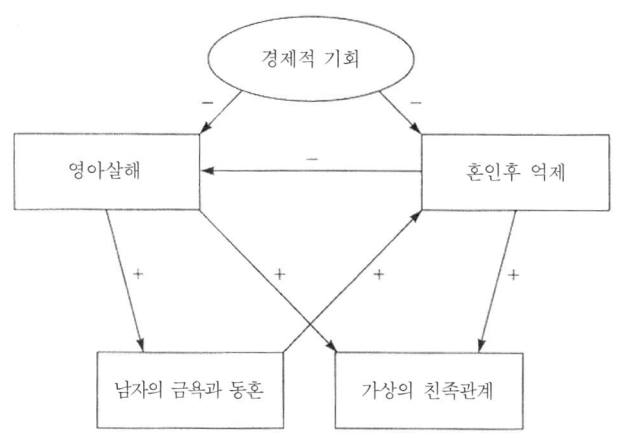

　3장에서 설명한 농업의 확대와 농촌의 노동력 집약화의 결과, 중국의 인구는 경작 가능한 여유지가 있는 농촌지역에서 비약적으로 증가하게 되었다. 서구의 인구증가와 달리 중국의 초기 인구증가는 산업화와 이에 따른 도시화의 결과가 아니었다. 중국 인구에서 도시가 차지하는 비율은 유사한 국면의 다른 인구 대국의 경우와 비교할 때 느리게 증가했다. 1700년에 도시인구가 차지하는 비율은 많아야 5% ― 이는 대략 영국과 비슷하다― 에 불과했다. 하지만 영국의 도시인구가 1900년 총인구의 85%로 급증하고 현재 90%를 넘은 것과는 달리, 중국의 도시인구는 1900년 10%에 불과했고 오늘날에도 30% 정도이다(De Vries 1984; G. Skinner 1986). 중국의 대대적인 도시화는 상대적으로 늦으며 여전히 진행중이다.

　지난 2~3세기 동안 인구증가의 대부분은 중국 변경지역에서 발생했다.

의 증가가 인구에 미친 영향에 대해 논하는 Lee(1978, 1982b, 1994), Lee and Wong(1991)의 연구를 보라.

〈지도 7-1〉 1776~1990년, 중국의 지역에 따른 인구증가율

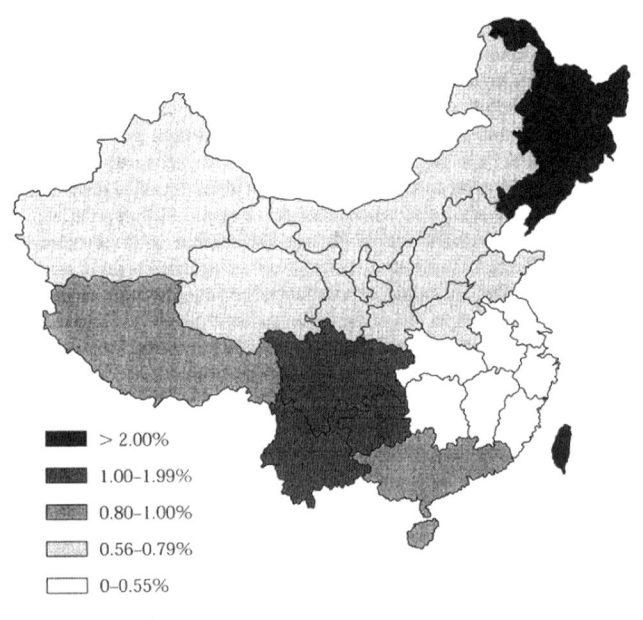

> 2.00%
1.00–1.99%
0.80–1.00%
0.56–0.79%
0–0.55%

출처: 량팡쭝梁方仲(1980); 야오신우姚新武와 인화尹華(1994)

〈지도 7-1〉은 비교적 완전한 첫 인구조사가 있었던 1776년부터 이용 가능한 가장 최근의 인구센서스인 1990년까지 각 지역의 인구증가율을 보여준다. 대부분 지역에서 증가율은 연간 0.5~1%인 전국평균과 거의 비슷하다. 다만 양쯔강 하류지역만은 인구증가율이 예외적으로 낮다.[16] 반면 대부분의 변경 지역은 1~2%로 매우 빠른 증가율을 보였다. 남서부의 양쯔강 상류지역과 북동부 지역의 인구증가율은 예외적으로 높다. 18세기 말부터 20세기 초까

. . . .

16 19세기 후반 양쯔강 하류지역에서의 인구 감소는 태평천국전쟁으로 인한 것이다. 하지만 Bernhardt(1992)와 리보쭝(李伯重, 1994)은 1950년 이전에도 인구증가율과 인구압력이 상대적으로 낮았다고 주장한다.

지 총인구에서 양쯔강 하류지역이 차지하는 인구 비율은 28%에서 17%로 줄었지만, 남서부는 6%에서 15%로 세 배, 양쯔강 상류는 3%에서 12%로 네 배가 되었다. 또한 북동부는 1% 미만에서 9%로 거의 10배가 불어났다.[17]

변경지역에서의 이러한 높은 인구증가율은 이주와 자연적 증가의 산물이다. 우리는 지난 3백 년 간의 몇 차례에 걸친 연속적인 국내 이주와 변경 정착을 확인할 수 있다(Lee and Wong 1991; Ge, Cao, and Wu 1993; Ge 1997). 주로 양쯔강 중류지역에서 쏟아져 나온 1천만 명의 이주민들은 양쯔강 상류지역에 정착했다. 양쯔강 중류와 양쯔강 상류로부터 발생한 3백만 명의 이주민들은 남서부 지역에 정착했다. 북중국의 1,200만 명의 이주민들은 북동부지역에 정착했다. 수백만 명 이상이 가까운 지역으로ㅡ 푸젠(福建)에서 타이완(臺灣)으로, 강북(江北)에서 강남(江南)으로, 광동(廣東)에서 광시(廣西)로, 샨시(陝西)에서 간쑤(甘肅)로, 간쑤에서 신장(新疆)으로ㅡ, 나머지는 동남아시아와 그 외 지역으로 이주했다. 모든 정착자들의 수를 정확하게 재구성하는 것은 불가능하지만, 이러한 이주가 중국의 인구지도(demographic map)에 미친 영향은 상당한 것이었다. 18세기 중반, 변경의 정착자들이 가장 선호하던 6개 지역ㅡ 서부와 남서부의 쓰촨(四川), 윈난(雲南), 구이저우(貴州), 동북부의 랴오닝(遼寧), 지린(吉林), 헤이룽장(黑龍江)ㅡ 의 인구는 총인구에서 5%에 불과했지만, 20세기 초까지 이 지역의 인구는 중국 전체의 25%를 차지하게 되었다(량팡종梁方仲 1980).

다시 말해 인구증가는 청대의 지리적 유동성의 증가와 관계가 있었다(Lee 1978, 1982b). 우리는 이러한 이주의 물결을 만들어내는 특정한 기제를 아직

· · · · · · · · · · · ·

17 G. Skinner(1986)는 Lee의 자료를 이용하여 쓰촨(四川)의 인구에 의혹을 제기한다. 인구성장의 두 단계를 구분할 수는 있지만, 18, 19세기는 양쯔강 하류지역의 비정상적으로 낮은 인구성장률과 양쯔강 상류지역, 남서부지역의 비정상적인 높은 성장률이 눈에 띈다. 20세기 초에는 동북부지역이 예외적으로 높은 성장률을 보여준다.

찾아내지 못했다.[18] 하지만 그것이 지역에 따라 상대적인 차이를 보였다는 것은 알 수 있다. 대부분의 정착민들은 북중국과 양쯔강 중류지역으로부터 나왔다. 정착민들은 1776년 1억 2천만 명, 1912년에는 1억 8천만 명 — 이는 등록된 인구의 40~45% — 이었는데, 20세기 초까지의 이주자는 이와 거의 대등한 수준이었다. 이들 지역에서 사람들은 중국 내외의 변경지역에 존재하는 경제적 기회를 감지했으며, 이에 대한 대응으로 이 자리를 채우기 위해 인구가 증가했던 것이다.

두 번째 단계: 가족 결합의 약화

중국 인구성장의 두 번째 국면은 공산당 개혁으로 인한 새로운 경제적 기회들과 중국인들이 사회주의 재건이라고 부르는 사회적 관계 변혁의 조합을 통해 생겨났다. 변경에서의 정착은 1960년까지도 계속되었다. 동북의 헤이룽장에서의 연간 이입률(in-migrant rate)은 1954부터 1960년까지 전국평균의 2배인 100‰ 이상이었다. 1960년까지 헤이룽장 거주자들 중 1/6은 다른 곳에서 태어난 자들이었다. 1960년 호구등기제도가 설립되기 이전까지 다른 다섯 변경지역 — 북부의 네이멍구(內蒙古), 남서부의 간쑤, 닝샤(寧夏), 신장, 서부의 칭하이(青海) — 에서의 순수 이민 역시 이와 같이 높았다(장야얼莊亞兒 1995). 하지만 예외적으로 이출이 계속된 산둥(山東)을 제외하면,[19] 대부분의 새로운 이주자들은 변경으로의 첫 이주 물결이 정착했던 지역에서 나왔다. 또한 무엇보다도 중국 인구성장과 분포에 대한 이들의 영향력은 이전의 이주

. . . .

18 이것은 앞으로 미국 사회사의 주된 분야 중 하나이기도 한 특정 이주 공동체에 대한 집중적인 주제연구를 필요로 할 것이다. 중국에 대한 이러한 연구가 완료된다면, 중국 인구성장의 원인에 대해서 더 잘 이해할 수 있게 될 것이다.
19 예를 들어 공식기록을 이용 가능한 1954년부터 1960년 사이, 산둥(山東)성에서 연간 32.2~56.9‰의 이출이 발생했는데, 순 이입률은 121.4~1.7‰에 불과하다. 반면, 장수(江蘇)에서의 연간 순 이입률은 -3.1~4.4‰ 사이를 오간다.

들보다 훨씬 덜했다. 1950년 총인구에서 이들 6개 지역이 차지하는 비율은 6%였는데, 1990년 이 지역들은 9%로 증가했을 뿐이다.

청대의 인구증가와 대조적으로 20세기 도시로의 이주는 변경 이주보다 수치상 더 중요하다. 1949~1957년, 농업 총생산가치(tatal gross value fo agricultural product)는 채 두 배도 되지 못했다. 그러나 공업 총생산가치는 거의 6배 증가했으며, 중공업생산은 10배가 되었다.[20] 급속한 산업화의 전개는 1949년부터 1962년 사이, 농촌 노동력의 3배인 3천만 개의 도시 일자리를 창출했다(SSB 1982b, 17). 반면 같은 시기 농촌 노동력은 그 1/10인 29%만 증가했을 뿐이다.[21] 농촌인구는 1949년 4억 8,400만 명에서 1959년 548만 명으로 13% 증가한 반면, 도시인구는 같은 시기 5,800만 명에서 1억 2,400만 명으로 215% 증가했다(쟝아얼莊亞兒 1995, 3). 즉, 1950년대의 출산력은 1750년대와 1850년대와 같이 증가된 경제적 기회에 대한 반응으로 나타난 것이었다. 만약 이러한 비율이 1960년대에도 지속되었다면, 중국의 인구는 그 전 50년만큼 빨리 증가하지는 않았을 것이고 인도의 출산력보다도 낮았을 것이다.

그러나 사실은 이와 같지 않다. 대약진운동이 일어난 1961년부터 농촌인구가 격증하였는데, 1970년대와 1980년대 성공적인 가족계획 캠페인에 이르기까지 억제 없는 상황이 10년 넘게 지속되었다. 〈그림 7-6〉은 1950년부터 1987년까지 중국의 도시와 농촌의 합계출생률을 대조했다. 1950년대 초중반, 도시와 농촌의 합계출생률(TFR)은 6 내외로 시로 비슷했다. 이 수치는 1959년부터 1961년 대약진 기근 시기 동안 떨어졌다가, 1963년에 7 이상

. . . .

20 1952년 농업생산이 326억 위안에서 604억 위안으로 증가했지만, 총 공업생산은 140억 위안에서 784억 위안으로 증가했다.
21 이는 국가통계국에 의해 계산된 것이다(1982b, 105). 1천만 개 정도의 도시의 일자리가 1949~1952년에 생겨났고, 이후 5년 사이에는 800만 개가, 1957~1962년에는 1,300만 개의 일자리가 더 늘었다. 즉, 도시 노동자의 수는 1949~1962년 동안 1530만 개에서 4,540만 개로 거의 3배 증가한 것이다. 반면 농촌의 일자리는 1,650만 개에서 2,140만 개로 29%만 증가했다.

으로 회복되었다. 하지만 1964년 도시의 출산력이 5 이하, 1965년에는 4 이하로 급격히 떨어진 반면, 농촌의 출산력은 1972년까지도 6 이상으로 남아 있었다. 이로써 1억 5천만 명의 농촌인구가 증가하게 되었는데, 이는 이 시기 증가한 총인구의 4/5를 넘는 것이었다.

〈그림 7-6〉 중국의 인구증가와 출산력(1950~1987년)

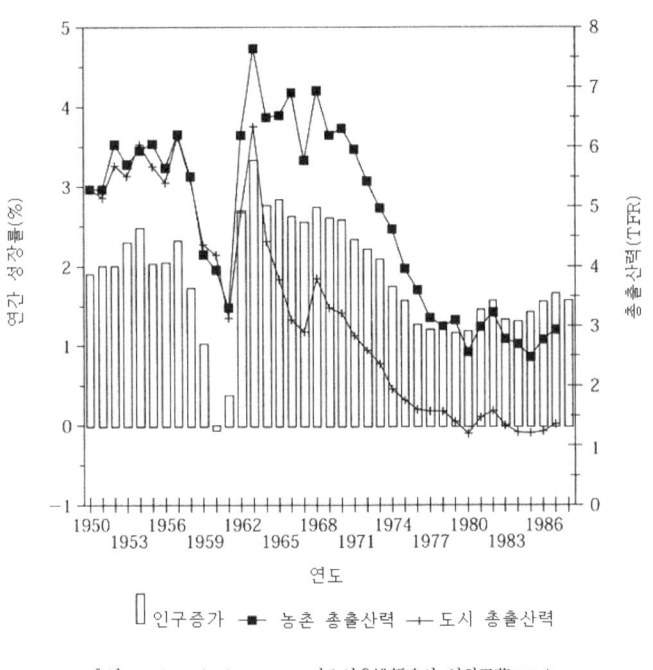

출처: Coale and Chen(1987), 야오신우姚新武와 인화尹華(1994).

다시 말해 지속적인 높은 농촌의 출산력은 1960년대 중국 인구증가에서 큰 비중을 차지한다.[22] 또한 농촌의 출산력은 도시의 출산력보다 훨씬 더

· · · · · · · · · · ·

22 1959~1969년 조사망률의 비교는, 사망률의 감소도 중요하지만 이 시기 전체 인구증가에 기여하는 정도가 25%를 넘지 않는다는 것을 보여준다.

천천히 감소했다. 1970년대 후반에는 감소가 지연되기도 했다. 국가가 한자녀 캠페인과 더불어 더 강제적이고 극단적인 대책을 사용하도록 만들었기 때문이다. 이러한 높은 수준의 농촌 출산력은 역사적으로 전례가 없는 것이었다. 농촌과 도시의 출산력 격차 역시 그러했다. 그 격차는 5억 명이나 되는 신생아였으며, 이는 1962년부터 1992년까지 30년 동안 증가한 중국 인구의 90%를 차지한다.

도시나 변경에서의 인구증가와 달리, 농촌인구의 엄청난 증가는 경제적 기회에 대한 반응으로 보이지 않는다. 그것은 인민공사기의 집체화로 인해 가족응집력과 가족통제가 약화했기 때문으로 여겨진다. 1940년대 말과 1950년대 초에 실시된 토지개혁은 수많은 농민들을 전통적인 중국 가족의 집단적인 통제로부터 해방시키고, 혼인과 분가가 보편적으로 증가하도록 만들었다. 그 결과 등록된 가구는 1947년 8,621만 가구에서 1953년 1억 3,385만 가구로 증가했다(궈쯔강郭志剛 1995, 12).[23] 가구 규모 역시 이와 함께 감소하여 1930~40년대 5명 이상에서 1953년 4.3명으로 떨어졌다(같은 책, 11).

가족의 권위(familial authority)는 크게 약화되었다. 부모는 자녀의 재산과 신체에 대한 법적 권리를 상실했다(Levy 1949; C. K. Yang 1959). 새로운 혼인법은 중매혼인을 명확히 금지했으며, 개인에게 자신의 배우자를 선택할 권리를 주었다(Busbaum 1978; Whyte 1990, 1993). 도시의 작업단위―임금이나 보수 형태―나 농촌이 공사―노동점수 형태―로부터의 집단생산에 대한 보수는 가족이 아닌 개인에게 지급되었다(Parish and Whyte 1978). 비록 의도하지는 않았더라도 가족구조와 가족 통제력에 대한 이러한 개혁은 1949년

----

23 민국시기 가구를 적게 파악했을 가능성 때문에 이러한 높은 수준의 증가가 과장된 것일 수 있음에도 가구수가 상당히 증가했다는 것은 분명하다. 이는 가구규모가 감소한 것을 통해서도 증명된다. 이는 토지개혁에 큰 영향을 받았다. 1952년 8월까지 중국정부는 4,600만 에이커 이상의 토지를 3억 명 이상의 농민들에게 재분배했다. 이것은 가구의 규모를 크게 유지하게 만드는 경제적 제한을 제거한 것이었다.

중국혁명의 중요한 결과 중 하나였다.

또한 농촌의 집단경제체제 계획에 의한 토지개혁이 곧 뒤따랐다. 이는 1958년 농촌 인민공사의 성립으로 최고조에 달하게 되었다. 99%의 농촌 노동력을 포괄하여 1978년까지 지속된 이러한 집단생산체제하에서 중국 농민 가족들은 이전과 같은 계획에 따른 인구학적 행위를 더 이상 할 수 없었다. 집체화와 공유화는 식량과 거주지와 고용을 더 이상 가족의 책임으로 돌리지 않았다. 대부분 마을에서 식량은 개인에게 분배되었기 때문에 자녀를 더 낳는 것은 가족에게 식량 공급과 경제적 복지의 증가를 의미했다.[24] 자녀를 낳는 것은 가족에게 더 많은 식량 분배를 의미했을 뿐 아니라 처벌에 대한 면책으로 여겨지기도 했다. 즉 집단체제는 낮은 출산력을 보이는 부부를 처벌했던 것이다(Nee 1985). 무상교육과 무상의료의 제공으로 국가는 자녀 양육비용의 큰 부담을 덜어주었다. 또한 모두에게 취업을 보장함으로써 집단 체제는 농민들이 결과에 대한 고려 없이 출산하도록 만들었다.[25] 특히 1957년부터 1959년까지의 인민공사는 농촌 경제 집체화의 정점을 대표하는 것이었다. 그러나 그것은 1960년대 중국 역사상 유례없는 인구폭발을 보여줌으로써 개체화된 인구의 최대 정점을 보여주는 것이기도 하다.

인구억제하에 있던 전통적 집단, 즉 가족의 붕괴는 전통적 출산력 저해요소의 해체와 함께 중국 역사상 가장 급속한 인구증가를 가져왔다. 통제 없는

. . . .

24 결국 공사가 가족들에게 분배하는 식량에 가격을 책정하긴 했지만, 그것은 '원가' 수준이었다. 게다가 공사는 종종 식량 배급을 중지하거나 그것을 세금으로 낼 수밖에 없는 가족들의 빚을 처분해 주기도 했다. 예를 들어 Parish와 Whyte가 1973년 조사한 광동(廣東)의 28개 마을 중 두 마을만이 공사 구성원들의 노동시간에 의해서만 식량을 배급했다. 대부분은 모든 개인에게 공평하게 분배하거나 또는 그것과 함께 개인의 노동량을 조합하여 분배했다(Parish and Whyte 1978, 66).

25 Johnson(1994)은 토지분배, 농촌 사회보장, 보건 등의 농촌의 제도적 조치들이 가지는 인구 성장을 촉진하는 전통에 대해서 언급한다. 또한 이러한 인구촉진 정책들을 변경하는 것은 출산제한정책 없이도 농촌의 출산력을 감소시킬 수 있었을 것이라고 주장한다(509).

높은 출산력과 함께 크게 감소한 사망률 때문에 중국의 인구는 겨우 30년 만에 5억 명에서 10억 명으로 두 배가 되었다. 새로운 집단인 국가는 이러한 붕괴의 결과를 충분히 인식하기도 전에 10년 이상 농촌 인구는 계속 증가했으며 1억 5천만 명이 새롭게 태어났다. 현재 중국 정부는 인구 통제를 위한 단위로서의 가족을 대체하고 있으며 역사상 매우 의욕적·강제적이며 성공적인 출산억제정책을 만들고 있다. 결국 가족계획은 사회주의 국가의 과제가 되었다.

맬서스적 전환에서 개인의 의사결정이 요구되는 것과 대조적으로 중국의 전환은 회복된 집단의식의 산물이었다. 중국 가족계획정책의 급속한 진전은 집단적 고려와 통제라는 오랜 중국의 전통에 의해서 촉진되었다. 그 결과 중국은 빠르게 대규모 인구의 인구학적 전환을 끝마칠 수 있었다. 중국에서 집단적 인구 과정은 인구과잉이나 빈곤화를 예방하는 데에 있어서 과거나 현재 모두에서 매우 효과적인 것이다.

1965년의 A형으로부터 1985년 D형으로의 중국의 출산력 전환은 전형적인 인구학적 전환 모델과 유사했지만, 사실 그것은 근본적으로 다른 유형이었다. 중국 출산력 감소의 특징은 관념적·여론적인 문화가 아닌 전제주의의 부흥과 가족계획의 강요에 있었다. 이러한 강력한 가족계획은 경제개혁의 적극적인 공세와 동시에 진행되었다. 시장이 개인의 인구학적 행위를 결정한다는 일반적인 견해와는 반대로, 중국은 강화된 집단성과 급격한 경제성장의 변칙적인 공존을 보여주었다.

제8장

사 회

> 사회의 개선은 개개인의 이익과 행복을 직접 이용함으로써 달성된다. 우리는 익숙하지 않은 동기에 따라 행동할 필요가 없다. 또한 명백히 알 수 없는, 멀리 확산될수록 효과가 약해지는 보편적 이익을 찾을 필요도 없다. 전체의 행복은 개개인의 행복의 결과이며 개개인으로부터 시작하는 것이다. 협력은 필요 없다. 매 걸음 성실해야 한다. 많은 사람들이 실패하더라도 자신의 의무를 충실히 한 사람은 충분한 보상을 거둘 것이다.　　　　— 맬서스 『인구론』(1803/1992, 226)

맬서스의 유산

맬서스에게 개인적 타산과 이익에 입각한 인구시스템은 전체의 이익을 보증할 수 있는 것이어야 한다. 자금축적, 사회적 지위의 개선, 가족지원을 위한 혼인의 지연에 의해서 사람들은 생활수준을 개선함과 동시에 인구성장을 억제할 수 있었다. 다시 말하면 옳은 결정은 자기 이익이 필요하고 협력은 필요하지 않다. 반대로 개인의 이익을 희생하고 전체 이익을 위하는 결정은 비현실적이라고 생각했다.

맬서스가 개인주의적·자기중심적 타산의 역할을 강조한 것은 새로운 일이 아니었다. 인간의 복지 개선에 대한 그의 약속도 새로운 일이 아니었다. 18세기 후반과 19세기 초기 사람들의 관심은 국가의 이익에서 개인의 복지로 옮겨졌다. 따라서 초기 고전파 경제학자들은 개인의 복지를 촉진하고 빈곤과 불행을 감소시키려 하였다.[1]

맬서스는 비서구와 비근대 서구에서 인구성장을 억제할 수 있었던 몇몇 공동체적 사회들이 존재하는 것을 확인했다. 그러나 그는 그것이 소규모인 경우에만 효과적이었다고 믿었다(1826/1986, 140). 그리고 맬서스는 영아살해, 산아제한, 결혼의 제한, 높은 입양률 등 실리적이고 우생학적인 해결책들이 바람직하지 않은 것이라고 생각했다. 또한 맬서스는 공유재산의 배분은 생산을 고무하지만 이것은 '고통과 몰락'도 가속화한다고 생각했다. 맬서스에게 중국은 이러한 공동체적 사회의 전형이었다. 한편으로 중국은 성장시킬 수 있는 모든 생산물을 최대화했다.[2] 다른 한편으로는 "결혼에 대한 전폭적인 장려에 의해서 국가의 막대한 생산은 매우 작은 몫으로 나누어졌다. 중국은 결국 생산수단에 비해 세계의 다른 나라들보다 인구가 많아진 것 같다"(위의 책, 396). 맬서스는 이렇게 생활수준이 낮은 사회는 개인의 재산권이 약하고 집단적 정치형태가 강하기 때문에 발생했다고 생각했다.

---

1 예를 들어 데이비드 리카도는 맬서스의 영향을 크게 받아 맬서스의 빈민 구제법(Poor Law)에 대한 평가에 대체로 동의했다. "빈민에 대해 관심을 가지고 빈민의 증가를 억제하고 그들의 조혼과 앞날을 생각하지 않는 결혼을 감소하기 위해서 의회에서 노력을 해야 빈민의 안녕과 복지는 영원히 안정될 수 있다"(1852, 58).
2 "약간의 예외를 제외하고 제국 전체는 사람을 위한 식량생산에 전념한다. 목초지는 없고 목장도 거의 없다 … 공유지도 없고 소유자의 무시나 변덕 때문에 또는 운동을 하기 위해서 방치된 토지도 없다. 휴한지도 없다. 따뜻하고 토양을 비옥하게 하는 태양 아래, 토양에 적응한 경작, 다른 토양을 혼합함으로써 결점을 보완, 비료의 사용, 관개, 갖가지의 주의와 현명한 근면에 의해서 대개의 경우 흙은 매년 2배의 농작물을 산출한다"(맬서스 1826/1986, 128).

중국의 현실

그러나 그 규모와 그 집단적 특징에도 불구하고 중국의 시스템은 인구성장을 조절할 수 있었다. 처음에는 가족을 통해서, 그리고 후에는 국가를 통해서 통제되었고 그 결과 중국은 궁핍화를 피할 수 있었다. 또한 증가하는 노동에 대한 공동체의 필요에 대응하여 인구가 팽창했을 때, 이러한 성장은 빈곤이 아니라 풍족을 반영한 것이었다. 바꿔 말하면, 중국의 인구학적 성공은 개인의 자제보다 집단에 의한 통제에 의지한 것이었다. 중국에서 이러한 통제는 몇 단계의 사회조직을 통해 작용했다. 이 장에서는 두 가지의 극단적이며 아마도 가장 효과적인 단계, 즉 가족과 국가에 대해서 논하기로 한다.[3]

가족

과거와 현재의 중국 인구동태는 주로 가족시스템의 산물이다. 개인주의에 대한 오랜 사상적 전통으로부터 사회조직이 발전해 온 서유럽과 반대로, 중국의 공동체 조직은 가족을 중심으로 한 정치적·경제적 전통에 뿌리를 두고 있다. 계층적이고 가부장적인 사회제도하에서 중국의 가족은 나이, 출생순위, 성별, 세대의 원칙에 따라 각각 구성원이 의무, 책임, 권한에서의 명백한 선이 그어졌다. 평생을 통해서 그 역할이 바뀔 때 개인의 권한과 의무는 가족 가운데 차지하는 그들의 지위에 따라 변화했다. 따라서 가족의 사회화는 일련의 복잡한 원칙에 입각한 개인 역할의 다양화가 요구되었다.

. . . .

3 이 2가지 극단에 있어서 종족이나 가업과 같은 중간조직은 덜 중요하기 때문에 우리는 여기서 이들에 대해 의논하지 않는다.

이상적인 호(戶)는 부모와 같이 사는 기혼아들들로 구성되었다. 이론상 유산은 분할될 수 있었지만 타이완과 변경의 랴오닝 성의 많은 호에서는 가장이 죽은 후에도 계속해서 같이 생활했다(Finegan 1988). 20세기 초 이전까지 이들 두 지역의 세대(世帶)형성에 관한 장기적인 실증 연구는 인구의 대부분이 복잡한 복합가족으로 살고 있었던 것을 밝혔다(A.Wolf 1985a; Lee and Campbell 1997). 이러한 패턴은 보편적이지는 않았는데, 호가 비교적 단순한 경우에도 가족관계와 그 의무는 복잡했다.

개인의 역할은 호의 구조에 따라 바뀌었지만 공동체로서의 가족은 바뀌지 않았다. 지역과 상관없이 중국의 가족은 하나의 단위였다. 가족의 결정사항은 특정한 개인의 이익이 아니라 가족과 호의 이익에 의거했다. 가족의 구성원들은 물질적·정신적으로 서로 지원했다. 그들은 가족공동체에 대한 개인의 희생과 충성도 요구했다. 그 결과 개인 혹은 개개의 부부가 아닌 확대된 가족과 호가 기본적 의사결정 단위였다.

이러한 집단의 결정사항은 특히 인구학적 행위에서 잘 볼 수 있었다. 탄생·결혼·이주·사망 등 인구학적 사건들은 모두 가족생활과 가족경제에 직접적이고 중대한 영향을 주었다. 그들은 가족의 규모, 구성, 그리고 최종적으로는 그 복지를 결정했기 때문에 개인이 관할하기 어려운 것이었다.[4] 결혼·출산·사망은 개인적 교섭과 집단의 의사결정에 의해서 정해졌다. 개인의 만족은 집단의 이익 아래 복종해야 했다.

이러한 결정을 확실히 실시하기 위해서 촌수에 상관없이 모든 세대들은 가장의 지배하에 있었다. 가장은 그의 아내, 자식들, 손아래 친족(동생, 사촌동생, 조카)과 그 가족을 포함한 호구의 모든 구성원에 대해 절대적 권력을

· · · · · · · · · · · ·

4 많은 연구자들은 중국사회에서 가족의 인구학적 의사결정의 중요성에 대해 인식해 왔다. 예를 들면 Cohen(1976)을 참조하라. Greenhalgh(1988)은 특히 어떤 인구학적 소산, 즉 출산력이 중국사회 유동성의 중요한 전략인 것을 논의한다.

가졌다. 가장은 생산과 소비의 단위로서의 가족경제를 관리했다. 가장은 가족의 제사장이며 가족의 재판관이었다. 수많은 옛 가훈들에서 반복되어 인용된 기본적 조직원칙은 다음과 같이 말하고 있다. "무릇 손아래 사람들은 일의 크고 작음을 막론하고 제멋대로 행동하지 말고 반드시 집안 어른께 여쭈어 보아야 한다. 그가 부모가 아니라 하더라도 무슨 일을 하기 전에 반드시 허가를 받아야 한다. 명령이 한 사람으로부터 나와야 가족이 질서 있게 될 수 있다(凡諸卑幼, 事無大小, 毋得專行, 必咨稟於家長. …(중략)… 雖非父母, 當時爲家長者, 亦當咨稟而行之. 則號令出於一人, 家政可得而治矣)."[5]

중국사회의 조직원칙은 유교의 전통에 유래하는데, 군신 · 부자 · 형제 · 부부 · 붕우와 같은 오륜에 요약되어 있다.[6] 세 가지 기본원칙은 잘 알려져 있다. 즉 세대(부모는 자녀보다 높다), 연령(손위 친족은 손아래 친족보다 높다), 성별(남성은 여성보다 높으며, 특히 남편은 아내보다 높다)이다. 예를 들면 부모는 자녀들이 순종하지 않는 경우 그들에게 체벌을 줄 법적 권리, 심지어는 자식들을 죽일 권리를 가졌다.[7] 특별한 이유 없이 자녀를 죽인 부모만 처벌을 받았다. 그러나 그 벌은 기껏해야 곤장 백 대의 형이며 1910년의 개정된 '개혁운동' 조례에서는 은 15냥의 벌금이 부과되었다. 한편 불효에 대한 최소의 벌도 곤장 백 대였다. 불순종과 무례의 죄는 유형(流刑)에 처해졌다. 부모가 때릴 때 말이나 폭력으로 저항하면 사형에 처해졌다. 적어도 이론상으로, 부모는 자녀에 대해 절대적 권력을 가졌다.

. . . .

5 어우양씨우(歐陽修), 취퉁주(瞿同祖)(1961, 30)에서 인용.
6 이들 다섯 가지 관계 가운데 세 가지(부-자, 형-제, 부-부)는 명확히 가족을 다루고 각각 큰 집단의 대표로서 나타난다. 따라서 부-자 관계는 모든 부모-자 관계를 포함하고 또한 확대 해석되어 노-약 관계를 포함한다. 형-제 관계는 같은 세대 가운데 손위 친족-손아래 친족 관계를 포함하기까지 확대되었다. 마찬가지로 부-부 관계는 양성간의 이상적 계층을 대표한다.
7 청 법률 가운데 가족원칙의 역할은 수많은 문장 중에 언급된다. 주용(朱勇 1987)은 최근의 사례이다. Baker(1976)의 보다 일반적인 공식을 참조하라.

진(秦, B.C. 221~206)에서 청(淸, A.D. 1636~1911)까지 중국 왕조들은 사회질서를 강화하기 위해서 가족에 의지했다. 따라서 중국 왕조들은 정치제도를 만들 때 종법(宗法)이라는 가족원리를 따랐다. 예를 들면 역대 왕조의 율령은 개인의 신체와 재산의 권리에 대해 가족이 특권을 가지는 것을 강조했다. 최초의 율령인 『진율(秦律)』의 현존하는 내용에 따르면 부모는 그 자녀의 재산을 관리한다고 되어 있다.[8] 부모는 그 자식의 신체에 대한 지배권도 가졌다.[9] 불효는 사형에 해당하는 죄였다.[10] 또한 이러한 지배권은 부모를 넘어 조부모까지 확대되었다.[11] 즉 자식들은 나이가 들어도 '인권(human right)'이 없었다. 자녀들은 자녀로서의 의무를 다할 수밖에 없었다.

청의 율령까지도 '자녀들'의 신체와 재산에 대한 부모의 권리는 성별·나이·친족관계의 정도에 의한 광범위한 친족관계로 확대되었다.[12] 대청율례(大淸律例)는 모든 법적 절차에 대해 먼 친족이라도 그 관계를 매우 정확하게 구분하도록 요구했다.[13] 따라서 청대 형사소송 기록에는 그대로 모든 가족관

. . . .

8 예를 들면 진율(秦律)에 따르면 "아버지가 자식에서 훔치는 것은 도둑이 아니다. 의붓아버지가 의붓자식에서 훔치는 것이 도둑이다"(Hulsewe 1985, 125).

9 예를 들면 부모는 자식을 임의로 추방할 수 있다. 예를 들면 잔존한 진율에는 '流放兒子'라는 항목이 있다. 이 항목은 X마을의 촌민 A에게 다음과 같이 언명해야 한다고 요구한다. "나는 같은 마을 촌민인 내 실제 아들 C에 족쇄를 채워 촉나라의 변경으로 추방할 것을 요구한다. 그가 유배지에서 떠나는 것을 금한다 … 죽을 때까지"(같은 책, 195).

10 또한 잔존한 진율에 부모가 자식을 사형에 처하는 항목이 있다. '告發兒子'라는 이 항목은 X마을의 촌민 A에게 다음과 같이 언명해야 한다고 요구한다. "내 아들인 같은 마을 촌민 C는 불효자다. 나는 그를 죽일 수 있기를 요구한다." 사형이 집행되기 전에, C는 신문을 받은 뒤 자신의 죄를 인정하고 다음과 같이 언명해야 한다. "나는 A의 실제 아들이다. 나는 참으로 A에게 불효자였다." 요컨대 추방의 경우와 달리 불효의 증거가 필요한 것이다(같은 책, 196).

11 "조부모를 때리면 자자형에 처해지고 벽 짓기 혹은 곡물 빻기에 종사한다."(같은 책, 141)

12 Guy Boulais에 따르면 십악(十惡) 가운데 불효의 법적 정의는 특히 부모의 재산권과 신체권과 연관되었다(1924/1966, 29~30).

13 이론상 다음과 같이 기록되었다. 직계 이외의 친족은 손위의 경우 숙(叔) 혹은 백(伯) 신(嬸, 고모) 혹은 고(姑), 이모, 같은 세대 친족 경우 형 혹은 제(兄弟, 종형제) 자 혹은 매(姊妹, 종자매), 손아래 경우 질(侄, 조카) 혹은 질녀(侄女, 조카딸). 그들은 같은 종족 안에서 정도에

계를 '오복(五服, 일반적으로 고증조-고조-증조-조부모)'에 대입하였으며, 때로는 이것을 넘어 더 광범위하게 가족관계가 보고되었다.[14] 많은 경우 처벌을 확정할 때 그 범죄행위 자체뿐 아니라 범인과 피해자의 친족관계도 고려했다.[15] 손아랫사람이 손윗사람에게 폭력을 행사하면 사형이었다. 손윗사람이 손아랫사람에게 같은 행위를 할 경우는 가벼운 벌로 여겨지거나 때로는 죄로 여겨지지 않기도 했다. 형벌은 친족관계가 가까울수록 무거웠고 멀수록 가벼웠다.[16]

비록 전제적(專制的)이기는 하지만 가장의 행위 역시 의무와 책임이라는 고도로 발달된 도덕률에 얽매여 있었다. 가장은 가족의 복지에 대한 책임을 졌다. 가장은 지도자이자 분배자가 되어야 했으며 자기이익만을 추구해서는 안 되었다. 이것은 유교에서 "나라나 가족의 지도자는 적음을 걱정할 것이 아니라 고르지 못함을 걱정해야 한다(有國有家者, 不患寡而患不均)"(XVI, 138)는 말에 단적으로 나타난다.[17]

전제적 리더가 가족 구성원, 특히 여성에게 제공해야 하는 가장 기본적 권리는 결혼 및 가족에 대한 보편적인 인구학적 권리였다. 중국인은 결혼과

따라 구분되었다. 친(親, 부모), 기(期, 조부모), 소공(小功, 증조부모), 대공(大功, 고조부모), 시마(緦麻, 고증부모). 실제로는 이러한 용어는 때때로 겹치고 애매하고 모순되는 경우도 있다. 예를 들면 삼촌은 보통 기숙(期叔), 기백(期伯)보다는 친숙(親叔), 친백(親伯)이라고 인식되었다. Feng Han-chi(1937)의 이들과 다른 친족용어에 관한 개요를 참조하라.

14 무복(無服, 오복 이외의 친족), 족인(族人, 종족 구성원), 동성불종(同姓不宗, 성은 같지만 같은 종족이 아님)이라는 말은 자주 사용되었다.

15 그 결과 우리는 아무리 멀더라도 범인과 피해자가 친족관계인 것을 알 수 있다. Lee(1991)는 특정한 기간과 성에서의 사죄의 기록에서 친족관계에 의거하여 청말 가정폭력의 유형을 분석한다.

16 따라서 청률에 따르면 부모를 때린 아들은 상해 유무에 관계없이 참형을 당했다. 그러나 아들을 때린 부모는 아들이 죽은 경우만 빼고 죄로 추궁당하지 않았다. 아들이 죽은 경우에도 아들이 반항했기 때문에 때린 경우 벌은 대나무 곤장 백 대의 형이며, 이유 없이 때린 경우 대나무 곤장 160대의 형과 1년의 도형이었다(Boulais 1924, 616~617).

17 Hsiao(1079, 109~110)의 배분에 관한 의논을 참조하라.

출산이 보편적 권리라고 깊이 믿었다. 우리는 이러한 권리가 어떻게 인간의 생물학적 한계를 극복하는지, 그리고 재산에 대한 권리를 짓밟는지를 이미 살펴보았다. 실제로 중국이 서양의 노예제와 같은 비자유노동의 시스템을 발전시키지 않은 이유 중 하나는 여자 종[婢]을 그들의 새 주인인 그들의 남편에게 시집 보내야 할 의무 때문이었다(Elvin 1973).

〈표 8-1〉 연령과 가족관계에 따른 기혼남성의 비율(랴오닝, 1792~1873년)

관계		16-20세		26-30세		36-40세		46-50세	
		%	수량	%	수량	%	수량	%	수량
복합 가족	호주	52	54	86	196	93	394	97	613
	형제	27	183	76	427	89	595	92	507
	부계사촌	37	257	73	286	86	210	93	94
	삼촌	-	-	88	52	90	81	93	132
	아들	34	957	81	995	87	612	90	186
	형제의 아들	26	634	75	395	79	151	87	23
	부계사촌의 아들	38	115	72	54	81	16	-	-
	합계	31	2,874	78	2,772	88	2,287	94	1,680
비복합가족		10	1,282	50	1,063	70	1,232	76	1,112
총계		25	4,156	71	3,835	82	3,519	87	2,792

출처: Lee and Campbell (1997).
주석: 주호가 살아 있는 호의 혈연관계만 계산함.

또한 가족의 리더로서 가장은 가족의 이익을 개인적 행동보다 우선해야 할 의무가 있었다. 연령집단에 따라 랴오닝 지방의 기혼남성의 비율과 아들 수를 정리한 〈표 8-1〉과 〈표 8-2〉는 호에서의 지위가 혼인과 출생의 시기와 그 비율에 영향을 주는 현상을 보여준다. 손위 친족 중 가장은 같은 세대 중 가장 빨리 혼인하고 더 많은 자녀들을 가졌다. 마찬가지로 손아래 친족 중 가장의 아들도 보통 같은 세대에서 가장 빨리 혼인하고 더 많은 자식들을 가졌다. 그러나 비록 가장이 가장 빨리 혼인하여 빨리 자녀를 가질 수 있었지만 다른 사람의 이러한 특권을 부정할 수는 없었다. 그 결과 젊은 그룹 가운데 가장과 그 가족, 같이 사는 다른 친족 사이에 이러한 차이는 중년이 되면서 사라졌다. 게다가 〈그림 4-7〉에서 보았듯이 다른 가족 구성원들은 사실상 정상적인 성비로 자녀들을 가질 수 있었지만 가장은 아들을 더 많이 가져야 했고, 따라서 더 많은 딸을 죽여야 했을 수도 있다. 때문에 영아살해는 높은 출산력의 자연스런 결과물이었다.

〈표 8-2〉 아버지 연령과 가족관계에 따른 아들의 비율(랴오닝, 1792~1873년)

관계		연령							
		16-20세		26-30세		36-40세		46-50세	
		%	수량	%	수량	%	수량	%	수량
복합 가족	호주	0.20	35	0.82	182	1.49	385	1.94	601
	형제	0.25	51	0.60	325	1.30	520	1.69	461
	부계사촌	0.09	96	0.48	211	1.00	172	1.60	85
	삼촌	0.11	9	0.64	45	1.36	85	1.83	127
	아들	0.21	332	0.73	797	1.31	521	1.72	160
	형제의 아들	0.17	179	0.64	285	1.12	121	1.50	18
	부계사촌의 아들	0.17	46	0.42	38	0.73	15	–	–
	합계	0.18	936	0.66	2,158	1.29	2,013	1.80	1,562
비복합가족		0.15	62	0.60	330	1.00	607	1.23	593
총계		0.18	998	0.65	2,488	1.22	2,620	1.64	2,155

출처: Lee and Campbell (1997).
주석: 주호가 살아 있는 호의 혈연관계만 계산함.

국가

세금과 영토확장이 주된 세입이었던 많은 국가들과 달리, 중국 국가들은 물질적 세입보다 부역에 더 많이 의존해 왔다.[18] 따라서 중국의 국가권력은 특히 인구의 동원 능력과 조직 능력에 기반을 두었다.[19] 이러한 재정지침은 국가건설뿐 아니라 중국 정치시스템이 장수하는 데에 공헌했다.

효율적으로 동원하기 위해 인구를 조직하려는 목적으로 중국의 고대국가들은 5세기부터 이미 호적제도를 발전, 완성시켰다. 그 결과 중국인들은 매우 이른 시기부터 성(姓)과 이름(名)을 가지고 있었다. 또한 중국인은 국가 조직과 인구 규제를 위해서 고도로 사회화되었다. 실제로 인구추이의 여러 측면들을 조절하기 위해 왕조마다 명시적인 율령과 정책을 규정했다. 어떤 왕조들은 결혼연령을 규정했다.[20] 또 어떤 왕조들은 출산에 대한 보상을 명기하기도 하고,[21] 결혼을 못하는 경우를 규정하기도 했으며,[22] 영아살해를

. . . .

18 조세를 경감해야 한다는 원칙은 맹자가 전개하여 사실상 2000년 동안 모든 중국 왕조에서 실시되었다. Zhou(1981, 1984)의 통사와 Lee(근간서)의 청대 말 사례연구를 참조하라.
19 장민루(張敏如, 1982)와 우선위안(吳申元, 1986)의 이들 국가정책에 대한 개론을 참조하라.
20 예를 들면 B.C. 5세기 초 월나라 왕 구천은 다음과 같이 명령했다. "젊은 남자는 늙은 여자와 결혼하면 안 된다. 늙은 남자는 젊은 여자와 결혼하면 안 된다. 만약 여자가 17세까지 시집가지 않으면 그 부모는 죄를 지은 것으로 간주된다. 만약 남자가 20세까지 장가가지 않으면 그 부모는 죄를 범했다고 간주된다(令老者無取壯妻。女子十七不嫁，其父母有罪；丈夫二十不娶，其父母有罪)"(『國語』 20.635). 전국시대(453~221 B.C.) 주요한 철학자의 하나인 묵자는 다음과 같이 썼다. "무엇이 가장 증가하기 어려울까? 사람만이 증가시키기 어렵다. 그러나 인구를 증가시킬 수 있는 정책이 있다. 예를 들면 옛 성왕은 모든 남자는 19세까지, 모든 여자는 14세까지 결혼하도록 명령했다. 성왕이 돌아가시면서 사람들은 제멋대로 하게 되었다. 지금은 일찍 결혼하고 싶은 사람은 20세에 결혼하고 늦게 결혼하고 싶은 사람은 40세에 결혼한다. 성왕 시대보다 평균 혼인연령은 10세 많아졌다. 수유기간은 약 3년이기 때문에 혼인연령을 10년 낮추면 적어도 2, 3명 아이를 더 살릴 수 있다. 조혼의 보편화를 통해 우리는 인구규모를 증가시킬 수 있다"(Sun Yirang 1986, 6.147).
21 또한 구천은 다음과 같이 명령했다. "임신한 여자는 모두 국가의사의 간호를 받을 수 있는 권리가 주어진다. 남자를 낳으면 술 항아리 두 개와 수퇘지를 보상으로 받을 수 있다. 여자를 낳으면 술 항아리 두 개와 암퇘지를 보상으로 받을 수 있다. 세쌍둥이를 낳은 여자에게

금지하거나,[23] 이주를 통제하기도 했다.[24]

가장 중요한 것은 중국 고대국가 조직은 물질보다 사람에 초점을 두었기 때문에 중국의 율령과 사회시스템이 개인이나 재산에 대한 권리보다는 개인의 자격과 의무에 대해서 더 자세하고 강력하게 서열을 매겼다는 점이다. 이런 사고에서 인권이란 존재하지 않으며 인간은 자격과 의무만 있다. 실제로 대부분의 개인은 절대로 재산권을 가지지 못했다.[25] 중국의 부모가 자녀들의 재산권을 가진 것처럼 중국의 국가는 개개인의 재산권을 가졌던 것이다. 이론상 중국의 가족처럼 중국의 국가는 매우 전제적이었다. 많은 사례연구들에서 밝히고 있듯이, 황제의 권력에 대해서는 제도적 제한이 없었고, 지리적·역사적·개인적·기술적 현실만이 그것을 제한할 수 있었다.[26]

이와 마찬가지로 중국의 국가는 가족처럼 그 정당성과 존재를 집단의 이익에 봉사한다는 전제에 의지했다. 유교사상에 따르면 좋은 정부의 가장 기본적 의무 중 하나는 가장 기본적 인간의 권리, 즉 의식주를 보장하는 것이다.[27] 그렇게 하지 않으면 정부에 부여된 기본적 도덕률에 위반될 뿐만

. . . .

는 유모가 제공된다. 쌍둥이를 낳은 여자는 특별수당인 식량이 주어진다(『國語』 20.636).
22 당(618~906)률은 가족과 개인의 행동에 대한 수많은 법률을 포함한다(W.Jihnson 1997, 121~177). 예를 들면 조항 179.1a는 "부모 혹은 남편의 복상기간 중 결혼한 사람은 모두 3년의 도형에 처한다"라고 언명한다(같은 책, 157).
23 제3장 주50을 참조하라.
24 16세기 중엽에 들어와서야 인구이동 통제가 완화되었다. 그 이전에 이동하는 사람은 여행 혹은 전거 허가가 필요했다. 이동제한의 완화는 인구의 급격한 증가가 시작됨과 동시에 일어났다. Lee(1987)를 참조하라.
25 요컨대 개인은 국가권력에 우선하는 재산권을 가지지 못한다. Allee(1994), P. Huang and Bernhardt(1994), P. Huang(1996)의 청말 재산권에 관한 서술, Scogin(1990)의 중화제국 초기 재산권에 관한 서술을 참조하라.
26 Ho(1968, 18)는 중국 전제정치의 이상적 모델에 대한 가장 간결하고 강력한 묘사를 남긴다. R. Huang(1981)의 황제가 쓸데없었다는 사실에 대한 보고는 설득력이 있는 반론자료다. 설득력은 떨어지지만 보다 새롭고 집중적인 사례로서는 Will(1990)과 Will and Wong with Lee(1991)를 참조하라.
27 따라서 맹자는 양나라 혜왕에게 말했다. "사람들이 그들이 먹을 수 있는 양보다 많은 곡물

아니라 사회불안, 최종적으로는 국가붕괴를 가져올 수 있다. 그 결과 과거 중국의 왕조들은 수리관개나 도로건설과 같은 대규모 공공사업을 기획하고 대규모 저장시스템을 통해서 구휼을 실시했다(Will 1990; Will and Wong with Lee 1991).

이러한 점에서 과거 50년 동안의 국가정책은 단순히 이러한 전통을 지속, 확대한 것이다. 그러나 근대국가는 우선 주로 개인, 특히 여성을 '봉건'사회의 억압과 권위로부터 해방시키는 것에 관심을 가졌다. 따라서 초기의 법률은 결혼의 최저연령을 제한했을 뿐만 아니라 결혼의 유형을 규제했다. 여성의 지위 향상을 위해서 이들은 중매결혼, 미성년의 결혼을 명백히 금지하고 결혼 후 아내 집에 사는 것을 장려했다.[28] 또한 이들은 여성이 노동에 참여할 것을 요구하고 남녀간 동일임금을 촉진했다.[29] 이러한 법률들은 가족의 권위를 크게 약화시켰는데, 가족 그 자체가 정부의 표적이 된 것은 아니다. 사실 현대 중국은 자녀가 부모를 부양할 의무를 헌법에 명기한 세계 유일의 국가이다.[30]

. . . .

과 생선과 거북을 얻고 그들이 쓸 수 있는 양보다 많은 재목을 얻으면 … 이것이 왕도의 첫걸음입니다(穀與魚鼈不可勝食, 材木不可勝用, … 王道之始也)"(『맹자』 1970, 51).

28 수많은 연구들은 이러한 계획들의 내용과 영향에 대해 실증, 분석한다. 사례로서는 Croll (1981), Andors(1983), K. Johnson(1983), Stacey(1983), M. Wolf(1992)를 참조하라. 어떤 연구자들은 여성의 지위에 관한 중국사회주의개혁의 일반적 영향에 대해 비판적이지만 첫 번째 국가계획이 여성의 지위를 개선할 기초가 된 것에는 대부분 동의한다.

29 1950년대 후반과 1970년대 도시여성은 도시남성과 똑같이 고용보증을 받았을 뿐만 아니라, 농촌여성이 정식적 노동력으로서 참여하는 것이 처음에는 장려되고 후에는 요구되었다. 여성노동력참여와 임금에 관해서는 Parish and Whute(1978)와 M. Whyte and Parish(1984)를 참조하라.

30 이것 외에 1950년대에서 1970년대를 통해 수많은 제도적 약점에 의해 가족공동제의 중요성은 계속 강화되었다. 따라서 시골에서 1950년대 시작된 농촌공동체는 개인마다 노동투입량을 기록했지만 임금, 식량, 자유지(自留地)의 분배는 개인단위가 아니라 가족단위였다. 마찬가지로 도시에서 1970년대 시작된 가족관계는 일, 식량, 주거, 기타 이익을 얻기 위해 점점 중요하게 되었다. Whyte(1995)의 국가정책이 어떻게 가족 역할을 장려했는지에 대한 의론을 참조하라.

한편 1960년대 인구폭발 후 비로소 국가는 인구계획과 인구조절에 개입하기 시작했다. 정부는 이주를 엄격히 통제하고 만혼과 장기간의 출산간격만이 아니라 가족규모의 축소까지 지시하는 가족계획정책을 도입했다. 이러한 노력의 성공은 국가의 권위와 정당성을 증명한 것이다. 또한 이것은 국가의 권위주의적 체제와 위압적 기능 때문이다. 현대 중국은 표면상 헌법과 법률에 구속되어 있지만, 정부는 헌법제정 후 50년 동안 적어도 여섯 번이나 헌법을 개정했다.[31] 근본적으로 새로운 형식의 사회와 경제를 만든다는 혁명의 목표에서 출발하여, 정부는 그 활동범위를 사회조직과 개인적 행동의 모든 유형으로까지 확대시켰다. 그러나 가부장제에 입각하여 사회적 동원정책을 실시한 청대까지와는 달리 현대 중국 정부의 의무는 경제적 번영뿐 아니라 평등하면서도 통합적인 사회를 만드는 것이다. 따라서 정부는 자신의 목표와 집단의 이익을 연계하기 위해서 인민을 동원했으며, 이를 시행하기 위해서 대중의 참여에 의존한다.

　　강제적 권력이 국가의 공적 조직에서 '대중(the masses)'으로 확대되었다. 그것은 공산당으로의 권력집중과 중앙으로부터 인민으로의 유례없는 권력의 위임이라는 모순된 일들을 동시에 진행하도록 만들었다.[32] 한편으로 정부는 가족계획정책을 국가의 사회, 경제계획의 하나로서 중앙집중화했다. 다른 한편으로 정부는 이 목표를 성취하기 위해서 인민에게 책임을 전가했다. 개개인은 자신의 인구학적 행위뿐 아니라 주위 사람들의 행동까지 감시하는 책임을 가진다. 절제는 단순히 개인적인 인구학적 결정이 아니라 국가정책의 목표가 되었다.

. . . .

31 현재 중국헌법은 1949년에 초안되고 1954, 1975, 1978, 1979, 1980, 1982년 등에 개정되었다.
32 '대중노선(mass line)'의 전통에 대한 고전적 서술은 Selman(1971)을 참조하라. Schurmann(1968) 와 Soloman(1971)은 사회주의 중국의 정치적 이데올로기와 대중동원의 사용에 대해 자세한 분석을 했다.

근대 국가가 과거에 유례없는 정도의 인구조절을 실시할 수 있었던 요인은 경제에 대한 전례 없는 직접적 통제에 있었다(Riskin 1986). 집단적 국가경제는 정부의 통제를 가능하게 하는 조직체계를 만들었을 뿐만 아니라 집단성과 책임감을 상승시켰다. 이 집단성이라는 새로운 감각을 통해 정부는 반대의견을 가라앉히고 정부의 목표와 정책을 내면화하기 위한 정치캠페인을 통해 대중을 동원할 수 있었다. 그 결과 대중은 새로운 집단목표의 공동실천자가 되었다.

이러한 강제력이 적용된 직접적인 계층은 이제 중국의 가족이 아니라 도시의 '단웨이(單位)'와 농촌의 마을이었다.[33] 인민을 국가가 통제하는 단위로 조직함으로써 국가는 경제, 사회, 그리고 정치적 통제를 하나의 제도에 효율적으로 결합했다. 이 조직들은 생산뿐 아니라 소비와 분배의 단위였다. 이들은 단지 경제적 단위였을 뿐 아니라 사회적·정치적 단체이기도 했다. 개개인은 수입·주거·식량·의료뿐 아니라 결혼이나 출생에 대한 허가까지도 노동단위에 의존했다. 그 결과 가족계획정책을 위반한 개인은 승진을 못하거나 일이나 땅을 잃을 뿐 아니라 공영주택·공교육·공공의료와 같은 혜택을 상실할 위험까지도 무릅쓰게 되었다.

물론 몇 가지 점에서 이 '단웨이'는 중국의 전통적 가족과 닮았다. 과거의 가장처럼 단웨이의 리더들은 생산을 계획하고 복지를 재분배하고 도덕적 통제를 실시한다. 단웨이의 구성원들은 동일한 권리와 의무를 공유하고, 필요하면 집단의 이익을 위해서 희생하도록 기대되었다. 따라서 현대 중국은 이러한 단웨이에 대한 강한 의존과 그 단위로부터의 강한 기대, 양쪽을 발전시켜 왔다.[34] 그러나 이러한 자격은 여전히 일련의 원칙 ― 연령, 성별, 세대

---

33 Walder(1986)와 Bian(1992)은 이러한 도시의 단웨이(單位)를 조직 분석하고 묘사한다. Madsen (1984)은 지방정책을 배경으로 하는 농촌생활에 대해 조사한다.
34 2, 3년 전까지 대부분의 도시부 중국인은 노동단위를 복지의 주된 원천으로 기대했다. 중

— 에 따라 할당되었지만, 정치적 입장, 도덕적 행동 같은 기준까지 포함하여 확대되어 왔다.[35] 더 중요한 것은 가족이 친족관계에 의해서 정의되는 보편적 조직인 것에 비해, 단웨이는 '꽌시(關係)'라 불리는 개인적 관계에 입각한 특수한 제도로 점차 발전했다.[36]

꽌시의 이러한 불공평성을 피하기 위해 정부는 관원들에 대한 감시를 확대, 강화했다. 1991년 이후 모든 계층의 공무원은 그들 자신이 정책을 준수해야 할 뿐 아니라 부하들의 준수에 대한 책임도 지고 있다. 가족계획정책의 할당을 어기면 좌천 혹은 면직까지 당한다. 만장일치〔一票否決〕로 잘 알려진 이 시스템 때문에 지방공무원들은 집단의 이익뿐 아니라 자신의 이익을 위해서도 가족계획정책에 할 수 있는 모든 방법을 동원했다.[37] 단웨이의 경제적·정치적 영향력을 고려하면 이러한 정책 실시가 도시의 공무원들에게는 비교적 쉬운 반면, 이러한 영향력이 없는 고립된 농촌지역의 공무원들은 체벌 혹은 폭력에 의지했다(Aird 1990).

. . . .

국사회과학원(中國社會科學院)이 최근 중국 도시 30개소에서 실시한 조사에 따르면 회답자의 97.5%가 자신의 노동단위가 자신의 건강보험에 책임을 진다고 생각하고, 회답자의 96.6%가 자신의 노후자금에 책임을 진다고 생각하고, 회답자의 91.8%가 자신의 주거에 책임을 진다고 생각하고, 회답자의 85.9%가 피고용자의 가족쟁의의 중개를 해야 한다고 생각한다(『大衆文摘』1997. 8. 15에서 인용). 또한 중국과 네덜란드 도시인구의 사회네트워크에 대한 비교연구는 역설적이지만 1990년대의 최근까지 중국우 친족관계에 입각한 사회네트워크는 매우 적었다고 보고했다. 네덜란드인 회답자의 53%가 정서, 이익, 사회적 지원이 원천으로서 친족의 이름을 들었는데 똑같이 대답한 중국인은 불과 38%였다. 차이는 특히 정서와 사회적 지원에서 뚜렷하다. 네덜란드인의 74%가 중국인의 경우 40%만이 우울할 때 친족에게 의지한다고 대답하고 네덜란드 34%, 중국인 불과 10%가 '외출(go out)'하는 사회적 모임으로서 친족의 이름을 들었다. 중국인에 있어서는 동료가 더 큰 역할을 한다(Ruan et al. 1997).

35 Walder(1986)는 중국 공장 속에 정치적 태도와 도덕적 행위의 중요성에 주목하고 중국전통과 공산주의 이데올로기에 의거한 이들 새로운 기준을 분석한다.

36 꽌시(關係)는 1970년대 후반부터 중요해지고 1980년대 초 일상회화 가운데 가장 보편된 말이 되었다. M. M. Yang(1994)의 현대중국에서 꽌시(關係)의 의미, 사용법, 함의에 관한 심도 깊은 인류학적 연구를 참조하라.

37 Zeng(1996)은 중국 산아제한계획 프로그램에서 이 새로운 시스템의 부담에 대해 논의한다.

또한 전통적 중국 왕조들은 유교적 도덕관을 농촌사회에 보급하기 위해서 향신들에게 의존했는데, 현대국가는 중간조직인 노동단위나 간부에 의한 개입에 의지할 뿐만 아니라 여론을 전파하고 사회적 압력을 가하기 위해서 직장의 조직이나 거주지의 사회적 통제에 의지했다.[38] 그러나 집단의 이익과 국가적 목표의 결합은 노동단위에 머물지 않고 현대사회에 깊이 침투했다. 그 결과 공공정책을 위반한 모든 개인은 늘 공적 감시를 받으며, 모든 관계의 평가에서 공적인 수치를 당하게 된다. 여론(輿論)으로 불리는 이러한 대중의 압력은 점점 공동체에 있어서 중요한 역할을 하게 된다. 유교적 합의〔五倫〕로 부터 현대적 복종〔輿論〕으로의 이러한 이행은 중국사회가 가족에서 공적 문화로 이행하는 것과 나란히 진행된다.

중국의 인구시스템은 항상 개인원칙이 아니라 집단원칙에 따라 작용했다. 청 말기 집단의 목표는 가족 수준에서 존재했으며, 같이 거주하는 구성원 간의 일상적인 교섭과 협력을 통해서 성취되었다. 현대 중국에서 집단은 국가수준으로 바뀌었다. 단웨이나 마을과 같은 중간조직에 의한 협력과 강제에 크게 의존하여 수행되어 왔으며, 또한 편재된 여론의 압력에도 크게 의존하고 있다.

가족계획정책은 분명 중국정부의 최근 정책들 가운데 가장 성공적이고 효과적인 정책 중 하나이다. 한 연구는 1970년부터 1987년까지 출산력이 절반 이상 감소한 것이 가족계획정책의 직접적인 결과라고 평가했다(Feeney and Wang 1993, 1994). 중국에서 인구성장을 제한하는 프로그램에 대한 필요성은 크게 받아들여졌으며, 정책에 대한 불만은 주로 한 부부가 단 한 자녀밖

38 예를 들면 Fei Xiaotong(1946)의 중국 향신의 생활과 역할에 대한 사회학적 분석을 참조하라. Henderson and Cohen(1984)와 Frolic(1980)의 중국 도시의 근무지와 거주지의 이러한 사회통제에 대한 서술, 그리고 Madsen(1984)의 중국 농촌 사회통제에 관한 서술을 참조하라.

에 가지지 못하게 한다는 데에 맞춰져 있었다. 정부와 학계의 논의는 정책이 필요한지 아닌지가 아니라 어떻게 정책을 실시할 것인가에 집중되었다.[39] 따라서 농촌지역의 한 부부당 자녀수의 명확한 기준, 얼마나 엄밀하게 제한을 실시하는가, 순종을 위해 어떠한 처벌과 장려를 결합할 것인가에 대해 논의해 왔으며, 많은 조정이 있었다(Greenhalgh 1986, 1993; Zeng 1989, 1996). 가족계획정책에 대한 필요성은 널리 받아들여졌다. 1989년 봄 수백만 명의 중국인들이 베이징과 중국 각지에서 여러 가지 정치와 사회문제에 관해서 정부에 대해 불만을 내걸고 가두시위에 나섰을 때도 사실 산아제한계획정책에 대한 비판은 전혀 없었다.

중국정부는 유사한 캠페인을 통해서 여러 가지 정책과 공산주의사상 보급을 시도했지만 가족계획정책만큼 성공한 것은 없었다. 정치적·경제적 목표를 내세운 캠페인은 일부에게만 이익이 된다고 이해되지만,[40] 가족계획정책은 모두에게 이익이 된다고 받아들여졌다. 다른 캠페인은 특정한 사람들의 희생을 요구했지만,[41] 가족계획정책은 모두의 희생이 필요했다.[42] 다른 캠페인들은 배타주의로 특징지어지는데, 가족계획정책은 보편성을 가지고 있다. 사실상 예외는 없다.[43] 그리고 다른 캠페인들과 달리 부정행위도 거의 없

. . . .

39 이에 대조해 실제로 1970년대 이후 정부의 다른 정책구성은 모두, 특히 경제개혁은 공산당 내부와 사회에서 여러 가지 당파에서 크게 반대를 받고 복잡한 교섭과 절차를 통해 마침내 실행되었다. 어떤 사례의 경우 몇 년이나 걸렸다.

40 예를 들면 문화대혁명(1966~1976)과 1950년대 후반의 반우파투쟁은 모두 다른 정치 견해를 가진 지식인과 공무원이 대상이 되었다.

41 예를 들면 이것은 문화혁명 때의 상산하향운동에 들어맞는다. 당시 중국 도시인구의 10%에 상당하는 약 2,000만 명의 청년들이 시골에 보내졌다. 도시에 사는 가족 가운데 아이들만 이러한 경험을 겪을 것이 요구되었다.

42 청대 말기 특권층일수록 특권층 가족의 구성원들은 곤란할 때 희생이 되어야 하였다. 따라서 좀 더 국가복지를 누리고 좀 더 높은 생활수준을 누리는 도시거주민은 산아제한계획을 주도하도록 기대되었다. 그 결과 과거 20년 동안 농촌 부부는 평균 2명 이상의 자녀를 가졌는데 도시 부부 대부분은 하나만 가졌다.

43 주요한 예외는 국가가 차차 산아제한계획을 진행하려고 시도하는 소수민족이다. 그 결과

다.[44] 정치적 영향력이나 경제적인 부를 가졌더라도 모든 사람들의 출산이 제한되었다. 실제로 특히 지도자들은 바른 행동의 개인적 표본이 되어야 한다.

또한 이전의 왕조들이 법적 제재와 도덕적 설득을 통해 유교적 가치, 즉 오륜을 강화한 것과 같이, 현대국가는 극단적인 공적 강제와 광범위한 공교육을 가지고 가족계획정책을 강화했다. 가족계획정책은 제6장에서 언급한 공식적인 가족계획정책 기구와 기관원들만이 아니라 혼인교육의 불가결한 일부가 된다. 또한 초등학교에서 시작하는 성교육의 주요 내용이 된다.[45] 실제로 오늘날 광고, 간판, 칠판, 책, 만화, 카세트테이프, CD, 희극, 영화, 뉴스, 그림, 연극, 시, 포스터, 라디오, 노래, TV, 비디오, VCD, 그리고 웹사이트, 수많은 연설 등등의 미디어에서 가족계획정책은 혁명의 레토릭(rhetoric)을 거의 대신하게 된다. 물론 개별적인 끝없는 모임들까지 한 자녀 갖기 운동을 독려하기 위해 동원된다. 그 결과 오늘날 중국에서 가족계획정책은 시민문화와 정치문화의 핵심을 차지할 뿐만 아니라 일반대중의 통념처럼 중요한 일련의 유행문화가 되었다.

중국 국민이 널리 받아들이고 굳게 믿는 가족계획정책의 목표는 국가적·공적 강제력 사용을 합리화한다. 이러한 압력이 과도할 때, 이러한 희생이

소수민족의 전체 출생률은 1979년 전국 2.8에 비해 아직 4.5이며, 1989년 전국 2.3에 비해 2.9였다. 티베트족과 위구르족과 같은 소수민족은 여전히 출생률이 매우 높다(각자 4.1과 4.5). 그러나 만주족(합계출생률TFR=1.86)과 조선족(TFR=1.55)은 그보다 많은 한족인구와 마찬가지로 출생률 감소를 달성했다(양수장楊書章 1993). 대체로 소수민족인구는 1964년 6%에서 1982년 7%, 1990년 8%까지 성장해 왔다(Yao and Yin 1994).

44 이것은 특권층 개인이 시스템을 남용하거나 정책 요구를 피하는 일이 없다는 것을 의미하지 않는다. 그러나 일반인의 경우 이러한 위반의 대부분은 보통 벌금시스템을 통해 처리된다. 공무원에 의한 위반은 보통 엄격히 처벌된다. 그 결과 인구학적 부패는 경제적·정치적 부패보다 적다.

45 실제로 지금 중국 성교육의 대부분은 산아제한계획교육의 맥락에서 실시된다. Hong and Herschatter(1988)와 Evans(1995)를 참조하라.

필수적이고 불가피하다고 믿는 서구의 관찰자들과 달리, 많은 중국인들은 국가 강제력의 희생자들에게 동정을 표한다.[46] 그런 점에서 강제적 중절과 피임수술이라는 모순된 심리는 마치 과거 젊은 부부가 자녀를 죽이거나 버렸을 때 가족구성원이 갖는 심리와 닮아 있다. 모든 집단주의적 사회는 '대의'라는 명목으로 수많은 개인의 희생을 요구한다. 그러나 중국문화에서 이러한 희생은 필요한 것이라고 생각될 뿐만 아니라 일반적으로 칭송되어 왔다.[47] 이것은 지금의 가족계획정책에는 맞지 않는데, 그 이유는 이미 이러한 통제가 보편화되고 일상화되었기 때문이다.

거주하는 지역의 가족계획 기준을 위반한 부부는 보통 큰 비난을 받는다. 많은 자녀를 가진 부부는 국가의 관점에서 공식적인 범죄자는 아니지만, 대중의 관점에서 그들은 무책임한 무임승차자로 매도된다. 그들은 이기적이고 '봉건적'일 뿐 아니라 남의 희생을 이용하고 중국사회의 기본원칙 — 공동체 내의 평등주의 — 에 위배된다.[48] 공산주의 이데올로기에 의해서 무장되고 대중동원으로 힘을 얻은 가족의 권리에 대한 전통은 평등주의의 전통을 강화시킨다. 가족계획정책을 실시하면서 평등에 대한 강한 감각은 '대중의 위협'

. . . .

46 중국인의 대부분은 정부의 인구정책이 필요하다고 인정한다. 후베이(湖北), 샨시(陝西), 상하이(上海)에서 1985년 실시된 대표적 조사는 재생산연령의 여성에게 독자정책의 주된 이유를 무엇이라고 생각하는지 질문했다. 그들에게 다음과 같이 다섯 가지 선택지를 주었다. 인구통제, 경제발전, 모자의 긴강, 기타, 모르겠다. 회답자의 대부분(샨시 50%, 후베이 63%, 상하이 약 80%)은 인구통제라고 답했다. 10~20%의 여성은 모자의 건강을 위해서라고 생각하고 나머지 약 10%는 나라의 경제발전을 위한 필요라고 하였다(SSB 1986, 1:98).

47 지방 업적의 상징을 공개하는 것에 중국은 긴 역사를 가지고 있다. 그러나 많은 경우 옛날의 아치, 현수막, 석비는 공적 증서로 대체되었다. 일반적으로 현대 정부는 군대 내에서 하나의 자녀만 가진 가족, 혹은 모범적 가족이나 개인에게 현재 산아제한계획 프로그램이 초기단계 때인 1970년대 후반과 1980년대 초 한 자녀만 가지는 것을 맹세한 부부를 포함하여 이러한 증서를 수여했다.

48 중국 현재 경제성장에서 주목할 만한 하나는 사회 전체에 불공평이 커지는데도 대부분의 기관이 구성원 속의 평등주의를 유지하려고 노력해 온 것이다. 이 현대사회의 '중국적 특징'은 서양이 아니라 중국인 사회과학자들의 상당한 관심을 모아 왔다(옌샤오평閆肖鋒 등 1990).

이라는 분위기를 만들어냈는데, 그것은 현대국가가 사용하는 가장 가혹하고 강제적인 방법보다도 효과적이고 영향력이 컸다.

따라서 가족계획정책은 중국사회에서 집단활동에 대한 새로운 수준의 모델이 될 것이다. 가족계획정책 속에서 공익을 얻기 위해, 그리고 가족으로부터 국가로 정책이 이동되기 위해, 집단적 전략으로서 압력과 여론을 조합한 것은 현대국가의 가장 큰 성공 중 하나였다. 현 정부의 생존 여부는 다른 정책영역에서 유사한 전략을 계획하고 유사한 정책을 고안하는 능력에 달려 있다. 이것이 성공하는 한 정부는 증가하는 개인주의적 행위들을 허가하면서도 지금의 집단적 권위의 유산을 유지한다는 목표를 달성할 수 있을 것이다.

서구사회가 오늘날 보편적 인권으로서의 '개인의 권리'라는 자의식의 전통에서 발전해 온 것에 비해, 중국사회는 오늘날 보편적 의무로 받아들여지는 '개인의 자격'이라는 오랜 전통에서 발전해 왔다. 서구 정부가 개인주의에서 개인의 참여에 입각한 보편적 민주주의로 발전해 온 것에 비해, 중국 정부는 가족의 배타적 집단주의에서 참여와 동원에 입각한 사회주의사회라는 보다 보편적인 집단주의로 발전했다. 서구사회가 집단의 이익은 자신의 이익에 의거한, 개인의 타산을 통해서만 달성될 수 있다는 맬서스, 스미스의 전제를 고집한 것에 비해, 중국사회는 집단의 이익은 평등한 분배와 전제주의적인 시행의 상호결합이 필요하다는 오랜 신념을 따랐다. 개인주의적 사회가 인권을 지키기 위해 법적 통치를 필요로 하는 것에 비해, 집단주의적 사회는 집단의 목표를 성취하기 위해 전제적 통치를 필요로 한다. 개인주의적 사회는 개인의 자유를 위한 비용으로서 어느 정도의 사회적 불공평과 경제적 불평등을 허용하는 것에 비해, 집단주의적 사회는 집단의 복지를 위한 비용으로서 개인의 희생과 헌신을 필요로 한다.

따라서 중국의 인구학 연구는 인구동태를 비교하기 위한 방법일 뿐 아니라 사회구조와 사회적 행위를 비교하기 위한 방법이기도 하다. 다음 두 가지 원칙은 서구의 일반적인 실용주의적 사회이론이다. 첫째, 모든 인간은 우선

부유해지기를 원하고, 그 다음으로 시장경제, 사유재산, 법치를 요구한다. 둘째, 이렇게 복잡한 사회와 경제는 이것을 유지하기 위해서 광범위한 개인의 참여를 필요로 하고, 이러한 공공정치 참여는 근본적으로 권위주의에 반대된다. 바꿔 말해, 서구의 정치적·사회적 이데올로기가 보편적으로 승리함에 따라, 이렇게 생각하는 사람에게 민주주의와 개인주의의 고조는 피할 수 없는 것이 된다(Fukayama 1992). 이것이 불가능하다면 이들은 다른 시스템의 존재가 궁극적인 문명충돌의 전조가 된다고 믿는다. 이들의 세계관 속에서 융화, 타협, 공생은 불가능한 것이다.

양극 중 '하나'로서 중국의 신화는 많은 사회이론에서도 쉽게 발견된다. 이 점과 관련해 맬서스는 남들보다 더 조심스럽고, 사려 깊으며, 강력하고, 성공적이었다.[49] 2세기 동안 맬서스의 패러다임은 광범위한 영향력을 끼쳐 사회적·경제적 행위에 대한 이해를 형성해 왔다. 또한 맬서스의 중국 인구동태에 대한 구체적 이해는 잘못되었다— 2세기 전 중국에 대한 제한적인 이해 수준을 고려하면 대단한 것은 아니지만—. 중국은 유럽과 달리 행동한다는 맬서스의 직관은 맞다. 그러나 중국과 유럽의 차이는 인구억제의 특징이 아니라 오히려 인구동태에 대한 사회적 배경에 있다. 중국 인구동태의 뚜렷한 특징— 여아와 자녀의 사망률이 높으며, 대부분의 여성들이 혼인하고, 기혼여성의 출산력이 낮으며, 여성과 남성의 입양이 많은— 은 집단의 이익과 집단적 제도에 기인한다. 이에 반해 서구, 특히 맬서스에 의해서 확인된 영국 인구동태의 특징— 낮은 혼인율과 만혼— 은 개인의 이익과 개인의 전략에 기인한다. 더 나아가 중국과 서구라는 극단적 대비가 존재한다면, 이것은 이러한 인구동태 자체에 있는 것이 아니라 각 사회의 서로 다른 사회

---

49 예를 들면 Perdue(1998)는 몽테스키외가 그의 '동양의 전제주의(oriental despotism)'의 모델을 만들기 위해 어떻게 체계적으로 사실을 왜곡했는가에 대해 서술한다. 증거의 사용에 세심하게 주의한 맬서스와 비교하면 맬서스의 학식을 증명할 수 있다.

적·정치적 방향성에 있다.

따라서 중국의 현실에 대한 면밀한 고찰과 서구의 개인주의와 중국의 집단주의에 대한 비교는 인구동태뿐 아니라 문명을 비교해서 이해할 때 중요한 의미를 가진다. 현대 인류의 1/5과 역사적으로 적어도 인류의 1/4을 차지해 온 중국의 경험은 과학적 보편주의를 표방한 문화적 배타주의를 교정할 중요한 수단을 제공한다.

제 9 장

인구학, 이데올로기 그리고 정치

사람의 다양한 경험을 간단한 이원적 대립으로 줄이려는 시도에는 신중함과 범위의 한정이 요구된다. 개인주의와 집단주의는 중국과 서구의 많은 인구학적 차이를 설명해 주기도 하며 동시에 인간 행위의 보편적 특징이기도 하다.[1] 개인주의가 크게 유행한 현대 유럽에서조차 실제 사회정치규범과 속박으로부터 자유로웠던 개인은 적었다. 그와 반대로 중국에서는 집단주의가 성공을 거두었지만 오히려 각 개인들은 그들 가자의 능동성을 늘 발휘할 수 있었다. 그럼에도 인구학적 행위와 시스템에 대해 앞장에서 시도한 비교

----

[1] 사회 이상가 특히 정치철학자들은 인간 행위의 기본적인 특성의 존재에 대한 오랜 인식과 그것들이 함축하고 있는 것에 대한 해석을 가지고 있다(Triandis, 1995). 그러나 몇십 년 전에 사회과학자들 특히 임상심리학자들이 개인주의와 공동체주의와 같은 인간들의 특성을 측정하고 개념화하기 시작했다. 이런 연구들은 몇몇 사회의 개인들이 다른 사회의 사람과 동일한 경향을 보일 수 있다는 것과 같은 사회내의 구성원이라도 연령, 나이, 성별, 교육, 종족과 직업 등의 측면에 의해서 다르게 공존할 수 있다는 것을 증명해 준다.

분석에서는 동양과 서양의 문화적·이데올로기적 정치 경향에 따른 사회적인 결과를 묘사했고 이런 결과들에 대해서 수량적으로 측정했다.

인구학

인구학은 사회조직과 사회행위 비교에 대한 새로운 인식을 제공했다. 최근까지 중국 연구에서 자료 부족은 연구를 진행하는 데에 방해가 되고 있다. 이 소량의 자료 역시 소수 엘리트들의 사회적 행위와 개인적 생각들에 대한 기록이 전해져 온 것일 뿐이다.[2] 그러나 최근 중국과 대만에서 현대의 인구학 자료와 역사당안관(歷史檔案館)에서 다량의 역사인구학 자료가 수집되었는데, 이 두 자료들 모두 비교적 결함이 적었다.[3] 출생·결혼·사망과 같이 정의가 간단하면서도 항상적인 사건으로 구성된 기록들은 소작농들에 대한 좀 더 객관적인 접근을 제공해 줄 뿐만 아니라 과거 엘리트들의 행위에 대한 객관적인 접근도 제공해 준다. 게다가 기록들 가운데 존재하는 편견과 오류들은 종종 규칙적이기 때문에 식별이 가능하고 때때로 바로잡을 수도 있다. 따라서 인구학은 우리에게 인간 경험을 고찰할 수 있는 새로운 시각을 준다. 인구학의 기술과 자료들에 대한 처리 방법은 2세기 이전에는 상상할 수 없었던, 맬서스 관점을 조절할 수 있는 도구를 제공해 줬다.

유럽에서 이루어진 이런 연구들은 점증하는 개인주의 행위에 대해서 보여준다. 북서부 유럽 특히 영국에서는 만혼과 핵가족이 유행했다. 하지만 남부

. . . .

2 결과적으로 중국 사회조직과 행위에 대한 많은 연구들은 이상적 모델을 묘사하는 것에 초점이 맞춰진 경향이 있다(M. C Yang 1945/1965, Lang 1946, Hu 1948, Freedman 1966, Baker 1976).
3 역사 자료들에 어떻게 접근할 것인가에 대해서 소개해 놓은 '기록 자료들의 논의에 관한 부록'과 Thatcher(1998)를 참조하라.

와 동부 유럽에서는 조혼과 대가족이 성행했다(Laslett and Wall 1972; Wall and Laslett 1983). 존 헤이날(John Hajnal 1965, 1982)은 서부 유럽의 혼인시스템을 개인들의 의사결정에 기반을 둔 혼전의 노동 및 저축과 관련지었다. 반면 피터 라슬렛(Peter Laslett 1983)은 가족시스템에서 가장 중요한 차이는 가내조직이 가족노동력을 통제할 수 있는 능력이 있는지에 달렸다고 생각했다. 잭 구디(Jack Goody 1983)의 연구에 따르면 유럽의 개인주의적 혼인 경향은 오래전 가톨릭이 불법적인 동거와 집단통제 정책에 대해 반대한 정책에서 기인한 것이라고 했다. 그 결과 8세기 초반이 되면서 이전에는 혼인이 두 가족의 결합이라고 간주되었던 것이 그 이후로는 두 개인의 영혼의 결합으로 간주되었다. 중매에 의한 혼인이 일반적이고 부계 우월적인 경향이 있었지만, 그 와중에도 역시 개인의 동의와 상호 애정이 요구되었다(Ozment 1983; Burguiere 1987).

다른 연구들은 유럽에서 보이는 출산력 감소의 기원과 그 확대에 대해 보여준다. 역사적 인과관계의 기저가 되는 과정에 대해서는 여전히 불명확하다. 비록 그렇지만 많은 학자들은 출산력 전환이 가정 내 개인들의 가족계획 증가와 20세기 초 개인들의 사생활과 활동능력의 확장에 따른 결과라고 주장한다(Gillis, Tilly, and Levine 1992). 이 과정은 18세기 프랑스에서 시작되었지만 19세기 후반까지는 북부 이탈리아, 영국, 벨기에, 독일 그리고 스칸디나비아와 같이 유럽의 발전된 국가들 이외에는 퍼지지 않았다. 20세기 후반에 이르러서야 남부와 동부 유럽으로 퍼지게 되었다.[4] 각 지역에서 이런 과정은 유사했다. 초기 출산력 감소는 유태인, 귀족, 도시 부르주아와 같이 특정 사회 그룹들에 의해서 일어났고 뒤이어 대중들이 뒤따랐다(Perrenoud 1979;

- - - - - - - - - - - -

4 이런 혼내 출산력은 Coale and Treadway(1986, 42~44)로부터 측정한 것임. 프랑스의 출산력 감소는 1870년 이전에 상당한 기간 동안 발생했다. 일찍이 1831년 프랑스의 총 혼인내 출산력은 6.93으로 20년 이후인 1851년의 영국과 웨일즈보다 20% 정도 더 낮다.

Bardet 1983; Livi-Bacci 1986; Bardet and Dupaquier 1997). 모든 지역에서 초기 출산력 하락은 10% 수준이었고 이것은 반동 없이 일정하게 지속적으로 진행되었다.

유럽과 대조적으로 중국에서는 결혼, 출산력 그리고 심지어 사망률조차도 인간의 힘에 영향을 받는다. 하지만 이런 힘은 개인에 의한 것이 아니라 가정이나 국가와 같은 사회적 집단의 행동에 의한 것이다. 과거 중국 가장들은 가족 이익이나 다른 이익들을 위해서 여러 가지 형태로 자녀들을 혼인시켰다. 뿐만 아니라 혼인한 부부에게도 자녀들의 성별 제한이나 피임 등을 통해서 출산력 제한을 요구했다. 이런 정책들은 오늘날 국가 차원에서 여전히 지속되고 있다. 이런 집단적 전략들은 중국 부모들에게 자녀들을 죽이거나 출산력을 억제하도록 압력을 가하기도 한다. 집단의 경제력과 사회적 요구에 따라 다른 아이들을 양육하도록 만들기도 했다. 그것은 또한 압력의 결과로서나 혹은 압력을 회피하는 방법으로서 중국의 부모들이 양자를 들이도록 부추겼다. 집단의 통제는 매우 강력해서 오늘날 연인들이 언제 결혼을 할 것인지 혹은 몇 명의 자녀를 가질 것인지에 대해 결정하지 못하게 할 뿐만 아니라, 최근까지도 자신들의 주거지와 직업, 정치적 선호도까지 결정할 수 없게 했다.

이데올로기

이러한 연구에 대한 일부 서구 사회이론가들의 인식은 영국, 더 나아가서는 서구의 개인주의가 이러한 인구행위와 가족제도에서 유래한다고 주장했다. 앨런 맥팔레인(Alan Macfarlane 1978, 1986, 1987)은 특별히 맬서스 모델이 영국의 인구시스템이나 개인주의적 경향과 서로 떨어질 수 없이 연결되어 있다고 말했다.[5] 엠마뉴엘 토드(Emmanuel Todd 1982)는 조금 더 나아가 전지구적 범위에서의 여러 정치체제의 차이는 여러 가족시스템의 차이로부터 비롯된다고 말한다. 이런 관점들에서 본다면 핵가족 사회들은 민주주의로의 전환을 촉진했다고 할 수 있으며 대가족 시스템은 독재와 공산주의로 기울어져 있다고 할 수 있다. 그 결과 서구의 민주주의와 동양의 전제주의는 그들 각각의 인구와 가족문화에 의해서 이미 결정되어 있었던 것이다.

이런 거시적 주장은 분명 매력적이지만 인구학과 이데올로기의 유사성, 그리고 동양과 서양의 대조가 확실해지기 위해서는 더 많은 고찰이 요구된다. 개인주의가 서구사회에서 승리하여 지배적인 자리에 있지만, 플라톤과 아리스토텔레스로부터 토마스 홉스와 칼 마르크스에 이르기까지의 저작물에는 여전히 집단적 행위에 대한 지적·철학적 전통이 풍부하게 담겨져 있다.[6] 마키아벨리에 따르면 민주주의가 처음 만들어질 때는 시민들의 집단적인 열망과 봉건사회를 지지했던 귀족들의 개인적 열망이 서로 상당히 닮아 있었다고 한다.[7] 달리 말하면 서구 정치철학에는 많은 집단적 요소들을 특징

· · · · · · · · · · ·

5 MacFarlane(1978, 1986)은 이 병렬관계에 더해 해석하기를 시장경제는 단지 개인들이 지불한 가격과 획득한 임금자원에 대한 압박이 포함된 경제적인 현실이 반영되어 있다고 말했다. 맬서스의 결혼시스템은 인구성장과 경제환경을 서로 연결시켰다. 그 결과로 적극적 억제가 예방적 억제로 대체되었는데 이것은 시장이 좀 더 안정적인 기능을 보일 수 있도록 하는 환경을 만들어주었다. 개인주의에는 각각의 법과 정치 그리고 사회구조가 뒤따르기 때문에 시장경제와 맬서스 결혼시스템들을 위한 필수적인 뼈대를 제공한다.

6 이런 전통들을 요약해 놓은 McGovern(1958)을 보면 Plato는 국가가 통치 혹은 보호작용을 통해 상세한 도덕 규범과 경제 행위, 문학, 음악, 심지어 시민들의 생각까지도 통제해야 한다고 이론화했다. Aristotle은 국가의 가장 우선되는 기능은 가능하다면 교육을 통해서 시민들 중에서 '행복한 삶'을 누릴 수 있게 해주는 것이라 했다. 게다가 국가는 무엇이 '행복한 삶'인지 무엇이 '행복한 삶'이 아닌지 판단할 수 있는 유일한 법관이다. Hobbes의 주권론은 국가가 유일하게 그 권력 내에서 모든 개인과 그룹들을 통제할 궁극적인 힘을 소유해야 된다는 생각을 했다. 실제로 Hobbes는 국가가 무엇이 합법인지 아닌지를 결정할 권리뿐 아니라 무엇이 도덕인지 아닌지를 판단할 수 있는 권리를 가졌다고 믿었다. Karl Marx의 저작물은 당대 중국에서 강한 파장을 가져왔는데 그는 사회혁명의 최종단계를 공산주의라 믿었다.

7 도시가 커질 수 있는 이유는 개인이익의 추구가 아니라 공동이익에 대한 추구 때문이다. 그리고 의심할 여지 없이 공화국을 제외하고는 공동이익은 고려되지 않는다. 이와 상반되는 것은 군주제에서 일어나는데 절대 다수의 상황상 군주에게 이익이 되면 도시를 침범하

으로 가지고 있다. 이 요소들은 개인의 자유와 시민 해방의 근대정치 개념을 지배하고 있다. 특히 이런 시민 해방의 주요 개념으로는 계몽주의가 있는데, 이것은 영국 이론가들의 작품이기도 하다(Berlin 1958; Q. Skinner 1997).[8]

이와 비슷하게 집단주의는 중국 고대 정치철학의 핵심이었고 개인주의 역시 유교 이데올로기의 기본 요소였다(De Bary 1970; Munro 1985). 전통적으로 중국은 개인적인 능력과 성취 못지않게 가족과 정치적 위계 역시 중요한 가치로 여겼다. 공자는 지식인과 도덕적 엘리트가 지배하면서 모두에게 교육의 기회가 열려 있는 사회를 이상적인 사회라 여겼다. 역대 중국 정부는 이런 유교적 원리에 따라 정치기관을 능력 있고 성취 있는 인물들에게 개방하였고, 7세기부터는 높은 수준의 경쟁 시스템을 만들어 고위관료 후보를 선발하는 제도─과거제─를 시행했다. 허빙띠(何炳棣)의 잘 알려진 분석에 따르면 청대에 재직했던 4만 명의 관료들 중 절반이 과거제도를 통해서 관료가 되었는데, 엘리트 사회의 이동성은 튜더와 스튜어트 시대의 영국보다 높았다(Dibble and Ho 1961).[9] 달리 말하면 중국의 집단 사회제도에서도 개인주의적 원리와 개인의 성취에 대한 평가가 거의 배제되지 않았다는 것이다.

게다가 중국의 가족 행위는 진한(秦漢) 시대에 국가가 형제자매 심지어 부자간과 같은 중요한 집단의 관계성을 조절할 수 있을 정도로 적응력이 좋았다. 주지하다시피 첫 제국인 진대에 하나의 호(戶)에 둘 이상의 단혼가족

. . . .

게 되고 도시에 이익이 되면 군주를 침범하게 된다(Q. Skinner 1997, 62).

8 현재 보편적으로 받아들이고 있는 것은 다음과 같다. "고대 세계에서 정치적 이상으로서 개인해방에 대한 인식은 미미한 수준이었다. … 개인 권리에 대한 개념은 로마와 그리스의 법 개념에는 없었다. 유대인과 중국인 그리고 다른 고대 시민들 역시 이와 비슷한 경향을 보였다"(Berlin 1958, 13).

9 심지어 늦어도 16세기에 왕간(王艮), 왕양명(王陽明) 그리고 이지(李贄)와 같은 이상가들은 이 개인가치 관념을 확장·설명했는데 이들은 이것에서 좀 더 나아가 개인가치라는 것이 정규 교육을 받지 못하더라도 사회에서 이와 유사하게 상류층으로 이동할 수 있는 것을 의미한다고 주장했다(Ho, 1964).

이 있는 복합가족호에게는 다가구세를 부과했으며 부모와 자식 그리고 형제들이 함께 거주하지 못하게 했다(『史記』 68.5a). 그 결과 2년도 지나지 않은 사료에서는 이런 관습이 바뀌고 있음을 보여준다. "부유한 집의 아들이 장성하거나 혼인하면 분가를 했고, 가난할 경우는 데릴사위가 되었다. 아들이 아버지에게 갈퀴나 괭이를 빌려주면 그는 마치 관대한 것처럼 행동을 했고, 반면에 그의 어머니가 쓰레받기와 빗자루를 빌리면 그녀를 비난했다. 며느리는 시아버지 앞에서 가슴을 드러내어 아이를 안아 젖을 먹였지만, 시어머니와는 서로 말하지 않고 다만 끊임없이 입씨름만 했다."(『漢書』 48.2244)[10]

정치

인구행위는 정치 이데올로기와 사회전통의 방향대로 잘 흘러가지 않는다. 오히려 이것은 다소 관성적인 성향을 띠고 있다. 이것은 전통에 의해 만들어지거나 정치에 의해 형태가 바뀌기도 하고 예외적인 경우에는 근본적인 변화가 일어나기도 한다. 그러나 인구행위에서 혁명은 자주 발생하지는 않는다. 오히려 그것들은 인간들이 정치적 완고함이나 정치 혹은 사회·경제적 변화에 직면했을 때 인간의 사회적 행위의 적응력에 대한 시험이 되기도 한다. 가톨릭교회의 일부일처 규정과 현대 중국의 가족계획정책은 이런 인구혁명의 좋은 예이다.

20세기 유럽 특히 20세기 후반에 개인주의적 인구행위의 증가 역시 그렇다. 〈표 9-1〉에 요약되어 있는 이혼율을 예로 들면 최근에 급격하게 증가된

---

10 비록 B. C 2세기 초 유학자이자 정치가인 가의(賈誼)의 묘사는 의심할 여지 없이 과장되어 있지만 그가 진대 사회에 대해 일반적으로 묘사한 것은 믿을 만하다.

것을 볼 수 있다. 그러나 서구사회가 전부 그런 경향을 보이는 것은 아니다.[11] 1960~80년 영국의 이혼율은 기혼여성 1000명당 3명에서 13명으로 4배 증가했고, 미국은 1950년 2명보다 적었던 것이 1980년에는 20명을 넘어섰다. 프랑스와 스웨덴에서는 이보다 적은 이혼율을 보이고 있는데 그것은 혼전동거의 증가 때문이다. 이것은 미혼출산력의 증가가 제시된 〈표 9-2〉에 잘 나타난다. 혼전동거로 인해 프랑스에서는 혼인생활을 시작하는 비율이 1970년 10%에서 1995년 90%가 되었다.[12] 20~44세 혼전동거 여성들의 비율은 1975년 2%에서 1995년 20% 이상으로 증가했다(Touleman 1996). 다른 지역에서는 이 비율이 정확하지 않지만, 1990년 스웨덴의 혼전동거 출산력은 모든 출산의 절반 정도를 차지하고 프랑스와 영국, 미국에서는 약 4분의 1을 차지하고 있다.[13]

개인주의적 인구행위의 변혁은 정치·사회적 변화의 산물이다. 한편으로는 서구 정부들이 이혼을 손쉽게 할 수 있게 만들어 놓은 것 때문이며, 혼전동거와 미혼출산을 합법화했기 때문이기도 하다. 이것은 1960년대 말 시작된 것으로 개인의 권리가 집단의 권리를 뛰어넘었음을 증명하는 것이기도 했다(Glendon 1989).[14] 다른 한편으로는 산업화와 후기산업화로 인해 취업의

· · · · · · · · · · · ·

11 남부 유럽은 주요한 예외이다. 예를 들어 이탈리아는 1971년까지 이혼이 합법화되지 않았고 1975년까지 자유롭게 이혼할 수 없었다. 당시 새로운 가족법으로 인해 입양, 부양, 낙태와 피임이 자유로워졌다. 이외에도 합법적인 별거가 1965~1985까지 6배 증가했는데 이것은 매년 모든 결혼의 12%를 차지했다. 그러나 이탈리아 부부들의 이혼율 증가는 비교적 완만해서 1975년에 4‰였는데 이것은 북유럽의 비율보다 낮았다(Saraceno 1991).
12 이에 비해 1966년 영국의 초혼 여성 중 결혼 전 동거비율은 약 4%였는데 1993에는 그 숫자가 68%에 달했다(국가통계국, 1997). 이 자료를 우리에게 제공해 준 Nikki Hart에게 감사한다.
13 당연히 비혼인 출산비율은 계급과 인종에 따라 상당한 변화가 있었다. 예를 들어 1960~1992년 미국의 비혼인 출산비율은 백인의 경우 5% 미만에서 20%로 증가했고 흑인의 경우 25%에서 70%로 증가했다(H.Smith, Morgan and Koropeckyi-cox, 1996).
14 구체적 예시들로는 1969년 영국에서 통과된 이혼 개혁 법안과 1973년 스웨덴의 가정법 개혁, 1975년 프랑스의 이혼 개혁 법안, 1976년 서독의 결혼과 가족법 개혁, 1969년과 1985년

증가와 같은 사회·경제적 변화가 지리적·사회적 유동성을 증가시키고 종교의 영향력을 감소시켰으며 개인에 대한 인식을 강화했다. 그중에서도 특히 여성의 권리를 증가시켰다. 이에 반해 국가의 법만은 이러한 인구행위에 따른 변화를 일으키지 못했는데, 이혼·혼전동거·미혼출산은 더 쉬워지게 되었다. 법은 혼인이 평생에 걸친 가족에 대한 집단적 헌신이라기보다는 개인들 사이의 구조적 관계라는 관점을 확인해 주었다.

〈그림 9-1〉 이혼율(특정 국가, 1950~1990년)

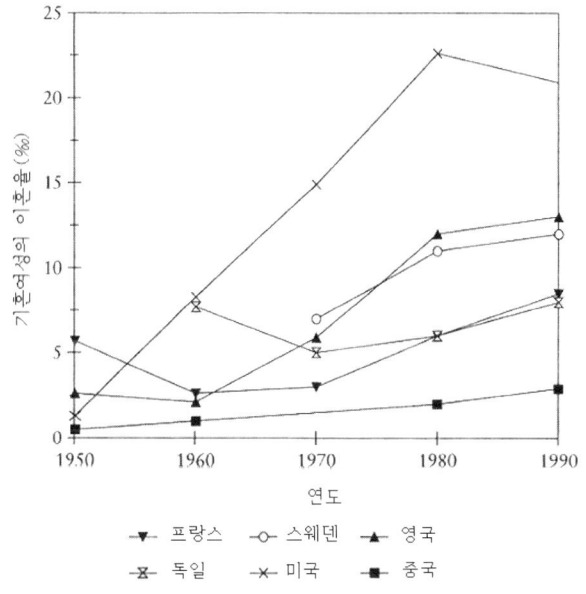

출처: 중국: 펑팡후이(馬方回)(1996); 다른 나라들: Goode(1993, 27, 139)

미국의 'No-Fault'운동 등이 있다. Glendon(1989)을 보면 이런 법률에 대한 자세한 조사와 분석이 되어 있다. 이 책을 준 Judy Treas에게 감사를 표한다.

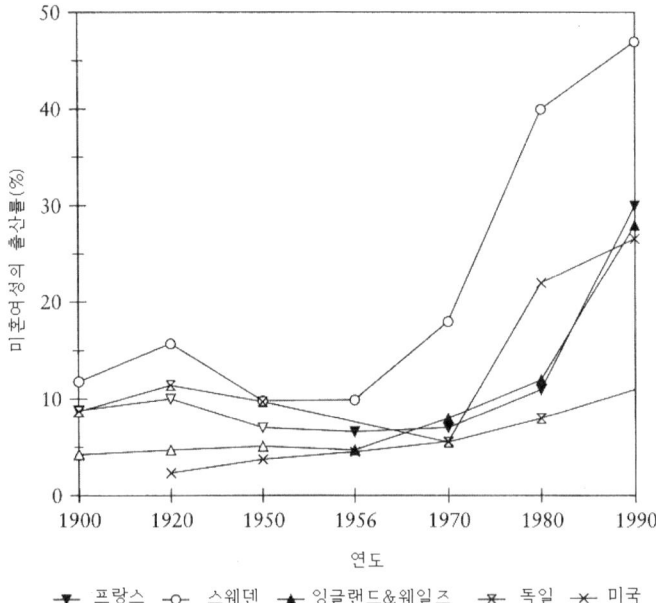

〈그림 9-2〉 미혼 출산력(특정 국가, 1900∼1990년)

출처: 1900∼1956: Goode(1963, 38); 1970∼1990: U.S Bureau of Census(1997, 834).

　　동시에 법률적으로 개인의 권리를 보장함으로써 서구 정부는 역설적이게
도 전통적인 가부장적 행위 영역을 침범했다. 가정 내 개인들의 신체적 복지
문제를 국가가 책임지게 됨으로써 정부는 전통적으로 부모가 자녀들을 벌하
던 힘을 빼앗아 버렸다. 또 정부는 남편이 아내의 신변에 대해 통제권을
가지는 것에 대해 부정하고 부부간의 모든 관계를 쌍방이 합의하에 형성할
수 있도록 규정했다. 국가는 부모가 친자녀에 대해 양육을 다하도록 법으로
규정했다. 뿐만 아니라 이혼 후에도 자녀들에게 '무책임한' 아버지들이 그들
의 자녀 양육에 대해 의무를 이행하도록 강제했다. 심지어 개인의 죽을 수
있는 권리조차도 공공의 열띤 논쟁거리가 되었다. 그러한 상황에서 국가
역시 사람의 생명을 부지불식간에 잃어버릴까 두려워하는 개인들에게 우선

적으로 합법적인 수속을 하도록 강요했다. 그 결과 개인주의의 풍조가 날로 번창하는데도 개인행위의 여러 방면들에 대한 집단통제의 권한은 이전보다 더 강해졌다.

중국의 상황은 이와 상반된다. 개인의 인구행위 가운데 집단주의적 요소가 확대되고 있음에도 일련의 입법들로 인해서 개인 인구행위는 해방되었다. 이 법은 두 가지로 나눌 수 있는데, 첫째는 1950년대 초 중국 정부가 법적으로 정략결혼과 일부다처를 금지시키고 개인들에게 그들의 배우자를 선택할 수 있는 권리를 준 것이다(Meijer 1978). 둘째는 1980년 초 국가가 이전에 장황했던 이혼절차를 간소화하고 이혼 사유를 관대하게 적용함으로써 이혼을 좀 더 손쉽게 하도록 한 것이었다(우더칭吳德淸 1995).[15]

중국에서 개인주의적 인구행위는 급격하게는 아니지만 서구처럼 증가하고 있다. 〈표 9-3〉은 1955~92년 특정 농촌지역에서의 이혼율 경향을 보여주고 있다. 이혼율이 여전히 낮은 수준인데도 1982년 1,000명의 기혼여성당 2‰였던 것이 1992년 3‰에 가깝게 증가했다.[16] 이 수준은 1960년대 영국·프랑스와 비슷하다. 1990년대 초 랴오닝 성, 상하이 그리고 베이징같이 도시화가 이뤄진 지역에서의 이혼율은 1,000명의 기혼여성들 중 6‰ 정도에 달했다. 이런 수준은 1970년대 영국·프랑스·독일과 비슷하다. 혼전성관계 역시 증가했다. 어떤 한 추정에 따르면 혼전임신을 한 비율이 1970년대에 초산 아이 1,000명당 11‰이었던 것이 1980년 34‰, 1987년에는 51‰로 증가했다(Wang and Yang 1996). 달리 말하면 1980년대 말까지 중국에서 처음

• • • • • • • • • • •

15 Honing(1984)에 전문이 인용되어 있는 1980년 중국의 결혼법은 성격차이에 의한 이혼을 승인하고 이혼이 승인되기 전 요구되었던 민사조정과정에 대한 비준을 파기했다. 우더칭(吳德淸 1995)이 이 문제에 대해서 유일하게 심도 있는 학술적인 분석을 했고 Hareven(1987)은 법원의 이혼 처리과정에 대한 활발한 묘사를 했다.

16 1979년과 1992년 중국 인구가 단지 20% 성장한 것에 비해 중국의 이혼수는 299,932건에서 849.611로 거의 3배 가까이 증가했다(펑팡훼이馮方回 1996, 423).

출산한 아이 100명당 5명은 혼전임신이라는 것이다. 따라서 이것은 개인의
혼전행위에서 분명한 변혁이다.[17]

〈그림 9-3〉 중국의 이혼율(특정 지역, 1955~1992년)

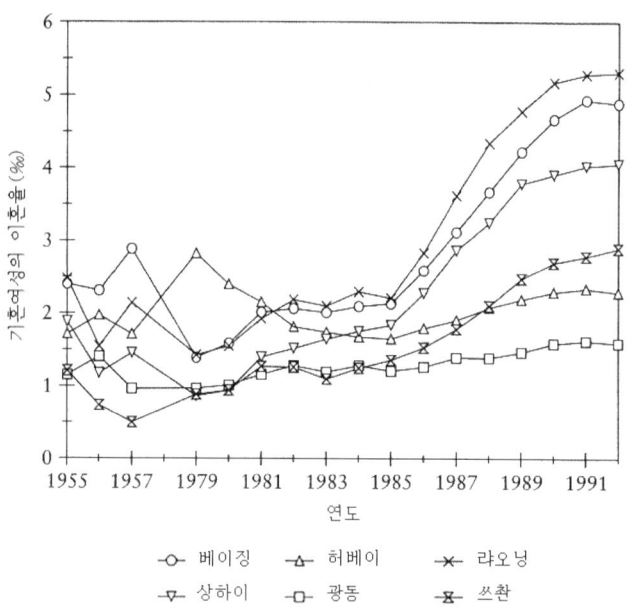

출처: 이혼수: 펑팡후이馮方回(1996, 418~451); 1953, 1982, 1990년 여성
인구에서 추산된 혼인한 여성수: 판징징範菁菁(1995).

동양 집단주의자들과 서양 개인주의자들의 이원적 대립, 인구와 이데올로
기 사이의 관계는 20세기 후반까지도 아주 과장된 측면이 있다. 그럼에도

. . . .

17 혼전임신 확률은 거주지와 교육수준에 따라 다르다. 도시인이면서 좀 더 교육받은 젊은이
들은 혼전 성관계에 대해 모험적이다. 국가통제의 완화와 개인 인내의 증가로 이런 변화와
차이가 야기되었다. 그러나 서구와는 달리 이런 혼전임신의 대다수는 결국 혼내 출산으로
전환되며 미혼 개인에 의해 양육되지는 않는다.

인간 경험의 비교는 시간과 공간을 넘어 모든 사회과학 연구에서 여전히 중요하다. 이것은 비서구와 비근대 서구세계 그리고 근대 서구세계의 인구행동에 대한 명확한 비교를 통해서 맬서스가 구분할 수 있었던 서구와 비서구의 인구행위 사이의 차이와 그가 영향력을 끼친 예방적·적극적 억제의 인구모델을 만들었다. 이것은 단지 동양과 서양의 유사한 비교를 통해서 맬서스 이후의 학자들이 맬서스의 인구추세를 사회조직이나 경제적 행위와 연결시켰을 뿐이다. 만약 이러한 비교가 없었다면 그들은 단지 인구사를 쓴 것일 뿐이고 사회이론이 될 수는 없었을 것이다.

맬서스 혹은 신맬서스 모델의 능력은 두 가지 모델의 일목요연함에 있다. 하지만 이와는 대조적으로 역사학과 일부 사회과학에서의 최근 경향은 비교를 통해서 문제를 좀 더 복잡화시키는 것이다. 심지어 수량사회과학에서도 그런 경향이 나타나고 있다. 또 인간의 경험과 동기의 다양한 척도를 측정하는 것에는 복잡하면서도 다변화 가능한 분석기술이 이용된다. 오늘날 우리는 다양한 변수, 개인에 대한 다양한 해석, 계층·종족·성별·지리·역사에 의해 구성된 집합적 계층들로 인해 혼란스럽다. 연구방법론들은 어떤 거대하게 구성된 이론이나 혹은 담론의 부재에서 초래된 도전에 직면해 있다. 세계적이거나 역사적인 맥락 속에 있는 각각의 이야기에 적합하지 않는 경우가 증가하고 있다는 것이다. 역설적이게도 세계가 점점 작아지는 것에 비해 우리가 공유하고 있는 경험의 이해는 점차 다양해지고 있다. 그래서 간단히 종합할 수 없을 정도로 복잡해졌다.

이 책은 인류 4분의 1의 인구행위의 역사를 이용해서 중국과 유럽, 예방적 억제와 적극적 억제의 대립과 관련된 오랜 맬서스주의를 고찰했다. 그리고 서구의 개인주의와 중국의 집단주의 사이에 대안적 대치점을 제시했다.[18]

18 Pye(1996)를 보면 중국에서의 개인주의와 공동체주의에 대한 다른 분석을 볼 수 있다.

그러나 맬서스와 달리 우리는 이러한 특징을 특정한 사회 혹은 시대와 연결시키지 않았고 미리 예정된 목적론과도 연결시키지 않았다. 그보다 우리는 동양과 서양 사회의 조직과 행동을 설명하고 비교할 수 있는 보편적인 스펙트럼에 대해 정의하고자 했다. 그렇게 함으로써 우리는 지난 3세기 동안 인류의 인구학적 경험에 대한 부분적인 이해를 도출해 냄과 동시에 초기 사회과학의 자민족중심주의와 목적론적 함정을 피할 수 있기를 희망한다.

중국 인구자료, 1700~2000

역사인구학 (Historical Demography)

지난 50여 년 간 인구와 가족사에 대한 연구의 발전은 인구학, 인구의 변천사 및 사회과학사의 급격한 확대에 결정적인 영향을 미쳤다.[1] 우선 1950 년대 말 한 인구학자는 가족복원(family reconstitution)이라는 분석기술을 개발 하여 결혼, 세례 및 사망 등의 기록을 바탕으로 한 인구통계학 계산방법을 만들어 냈다(Gautier and Henry 1958). 그 후 1960년대 말 다수의 역사학자 및 고고학자들은 순차적으로 각 가족의 구조를 분석하고, 복잡한 가족의 변화를 측정하는 방법도 고안하여 전파시키는 노력을 하였다(Laslett and Wall

. . . .

[1] 이 논문은 Lee and Campbell(1997, 223~237)에 대한 발전이다. 구조적으로 도움을 제공한 왕국 빈에게 감사의 뜻을 표한다.

1972). 이러한 두 가지 방법은 각 시대의 사회과학적 현상을 처음으로 수량화시킨 방법들로서 거의 모든 역사학자들이 손쉽게 사용하는 방법이 되었다. 또한 이 두 방법은 유럽의 출산력, 사망률, 혼인율, 이주율, 가족구성 형태 등을 연구하는 데 큰 영향을 미쳤다. 더 나아가 이 방법을 통해 나온 결과들은 서유럽 국가들의 과거를 객관적으로 이해하는 데 큰 도움을 주었다. 동시에 이 방법들을 통해 일반화된 기준이 제시됨에 따라 같은 시기의 다른 국가들을 이해하는 데도 큰 도움을 주었다.

이런 연구는 우리로 하여금 역사를 아래로부터 이해하게 만들었다. 한편으로 인구사(population history)는 일반인들의 인구통계학적 행동양식을 정의하였으며 다양한 사회 관습 및 경제 상황에 대한 우리들의 이해를 새롭게 바꾸어 주었다. 또 한편으로 가족사(family history)는 과거에 널리 퍼져 있던 그 시대 가족의 형태 및 구성을 보여줄 뿐만 아니라 생산조직, 재산의 상속, 가족애의 변화 등에 대해 이해할 수 있는 기회도 제공했다. 특히 유럽의 역사학자들은 이러한 현상을 봉건시대에서 자본주의 시대로의 전환과 연결시켰다. 또한 이런 연구들은 이 과정이 출산력이 낮아지고 가족의 기능이 생산의 단위에서 사회의 단위로 변화되는 것과 어떻게 연결되는지 보여주었다. 결국 우리가 현재 알고 있는 유럽 서구세계의 근대 전환에 대한 많은 이론들은 인구의 변천사 및 가족사에 근간을 두고 있다고 할 수 있다.

중국의 학자들은 오랜 세월 동안 중국사회를 유지시키는 가장 중요한 근간으로 가족 및 가호를 지적해 왔다. 중국에서 가호 및 가정의 개념은 선사시대부터 존재해 왔다(Ho 1975). 가족 및 가호의 중요성은 공자시대에도 재차 강조되었으며 맹자에 의해서 더욱 공고해졌다. 맹자는 사실 가족의 중요성에 대한 그의 견해를 더욱 견고히 하고자 오륜 중 세 가지를 가족에서 찾았다. 이것은 아버지와 아들, 형과 동생 그리고 남편과 부인의 관계로 정의했다.[2] 이후로 중국인들은 자신들의 행동양식을 부모가 자녀보다, 가족

내 연장자가 연소자보다, 남성이 여성보다 상위에 있는 사회계층의 틀에서 그들의 행위를 규정해 왔다. 중국의 역사학자들은 중국사회에서 공식적인 친족구조와 이에 상응하는 전통사회의 행동규범을 연구하는 데 많은 노력을 기울였다(Freedman 1966). 하지만 이와 관련된 정확한 기록이나 자료는 부족한 현실이다. 공식적인 가족이나 가호에 대해 연구가 많지 않으며, 청대까지도 그렇다.

중국 역사학자들은 또한 중국의 과거를 이해하는 데 있어 인구사의 중요성을 깊게 인식해 왔다. 중국은 항상 많은 인구를 가진 나라였기 때문이다. 1700년대 청대에 1억 6천만 명이었던 인구가 1900년대에 이르러 5억 명으로 증가한 것은 청대의 가장 눈에 띄는 성과이다. 이런 연구가 있더라도 우리가 청대의 인구특징에 대해 아는 것이 매우 적다. 얼마 전까지도 청대 중국인은 주요 인구 가운데 가장 적게 알려져 있었다.

변화는 갑자기 일어났다. 중국에도 유럽과 같이 새로운 자료와 새로운 방법의 응용은 중국 역사인구학으로 하여금 빛을 보게 하였다. 이 중 세 가지 방법은 중국의 인구를 조사하고 이에 따른 영향을 측정하는 데 중요한 역할을 하게 되었다. 이는 회고적인 기록으로의 족보(genealogies)와 당대의 호구등록인 호적(register), 출생·혼인·사망과 관련된 연속적인 생명기록 (Continuous Vital records)이다. 이와 같은 방법으로 인구통계학자들은 이미 주로 6개 지역에서 50만 명, 당시 중국인구의 약 오천분의 일에 대해서〈표 A-1〉에 정리된 것같이 재구성했다. 이와 같은 족보연구는 중국의 인구행위에 대한 많은 정보를 제공해 준다.

이와 같은 자료의 대부분은 족보에서 얻어진 것으로 가장 광범위한 자료

---

2 다른 두 가지 관계, 군신과 봉우관계는 비록 명확한 가족관계가 없지만 가장제의 색채를 지니고 있다.

이기는 하지만 어쩌면 가장 완벽하지 않은 자료일 수도 있다(Telford 1986).[3] 왜냐하면 이러한 족보 자료들은 각 시대의 역사적 상황과 연관성이 가장 떨어지기 때문이다. 또한 자료들이 회고적이고 많은 부분이 완전하지 않아, 많은 아들을 가지고 오래 산 기혼남이 미혼남이나 자녀가 없는 사람에 비해 기록 및 자료에 반영될 확률이 높아질 것이다(Pope 1989).

두 번째로 많이 사용되는 역사인구학 자료는 호적이다. 가족신고제는 족보에 비해 훨씬 완전한 역사인구학적 정보를 제공해 준다. 또한 당대 호구등기는 조사대상의 직업을 비롯한 다양한 지표들을 세밀하게 제공해 준다. 또한 당대 호구등기는 각 호의 가족구성에 관련된 가장 세부적인 정보를 제공한다. 지금까지 가족신고제에 관련하여 진행된 연구는 1895~1945년의 대만과 1750~1909년 중국 랴오닝(遼寧) 지방에 대한 연구로 제한적이다.[4] 대만의 가족신고제는 일본 식민지시기에 만들어진 독특한 방법이지만, 랴오닝 지방의 가족신고제는 베이징(北京)과 지린(吉林), 헤이룽장(黑龍江), 네이멍구(內蒙古) 및 허베이(河北) 지방의 제도와 유사하다(Thatcher 1998). 이외에 다른 종류의 호구등기 기록이 발굴되었다. 특히 보갑(保甲) 등기체계 자료는 중국 본토에 널리 존재하고 있다.[5] 이런 등기 기록은 농민 인구로 구성되었으므로 족보 자료보다 더 '전형적'인 의미를 가지는 동시에 자료의 등록과 연속성에 있어서 더 복잡한 처리과정을 필요로 한다.

. . . .

3 류추이룽(劉翠溶, 1978)은 아마도 족보를 통해 중국 인구사를 구축하고자 하는 최초의 역사인구학자이다. Telford(1986)은 중국 족보에서 발견된 자료의 유형에 대한 상세한 기술, Harrell(1987)과 Telford(1990b) 이런 자료의 질에 대한 평가를 참고하기 바란다.
4 A. Wolf and Huang(1980, 16~33)은 일본인의 대만의 호구기록에 대해서 훌륭하게 소개를 했고, Lee and Campbell(1997, 223~237)은 랴오닝 자료에 대해 잘 소개했다.
5 Rozman(1982)의 인구관련 정보에 대한 분석을 참고하고 G.Wskinner(1986)의 이 정보들의 완성도 및 정확성에 대한 분석을 참고하면 좋을 것이다.

〈표 A-1〉 중국 과거 인구의 재구성

시기	지역	인구규모	자료형태
1000-1749	(불확실)	4,265	retrospective genealogy (회고적 족보)
1200-1900	강남(江南)	261,420	retrospective genealogy
1250-1900	샤오산(蕭山)	6,592	retrospective genealogy
1300-1900	수저우(蘇州)	6,000	retrospective genealogy
1520-1661	안후이(安徽)	40,000	retrospective genealogy
1600-1920	베이징(北京)	100,000	Vital registration
1600-1900	만쩌우리(滿洲里)	5,000	Contemporary genealogy
1760-1910	랴오닝(遼寧)	50,000	호적
1905-1935	타이완(臺灣)	50,000	호적
합계		523,277	

출처와 주석: 분명치 않은 것: 『왕씨통보(王氏通譜)』 자오종웨이(趙中維, 1977)에서 재구성; 자오에 의하면 왕씨들은 특정한 세거지가 없었다.

* 강남(江南): 류추이롱(劉翠溶)에 의해 재구성된 12개 지역 ─ 안후이(安徽)(3), 푸젠(福建)(1), 광둥(廣東)(5), 허베이 (河北)(4), 허난(河南)(2), 후베이(湖北)(2), 후난(湖南)(3), 쟝수(江蘇)(9), 쟝시(江西)(3), 산둥(山東)(3), 타이완(臺灣)(1), 저쟝(浙江)(13) ─ 49개 족보에 기록된 남성 147,956명, 여성 113,464명
* 샤오산(蕭山): Telford(1985)와 Harrell and Pullum(1995)에 의해 재구성된 何, 林, 施, 吳씨 족보들. 하씨 족보는 1893년 출판되었으며 3,078개 사례 중 3,300명만 생애기록을 갖고 있다.
* 수저우(蘇州): 허우양팡(候楊方)과 펑시저(彭希哲)에 의해 재구성되고 Hou(1997)에 의해 보고된 『상해조씨종보 (上海曹氏宗譜)』와 『징강범씨종보(澄江範氏宗譜)』
* 안후이(安徽): Telford(1990b)에 의해 전사된 퉁청(桐城)현의 41개 족보들
* 베이징(北京): 황족으로 태어난 43,950명의 아들과 34,765명의 딸들, 그리고 황실당안자료 중 출생신고 기록이 있는 30,000쌍. 자료의 세부적인 기재와 그것들이 만들어진 제도에 대해서는 Lee, Campbell, and Wang(1993)과 리종칭(李中淸)과 귀송이(郭松義)(1994)를 보라.
* 만쩌우리(滿洲里): 라이후이민(賴惠敏)(1991)에 의해 재구성된 『우호녹씨가보(牛戶錄氏家譜)』
* 랴오닝(遼寧): 래이닝성 당안관에서 보관하거나 유타가보협회를 통해 이용 가능한 10개 지역 인구의 호적들. 다오이(道義)의 인구자료들에 대한 자세한 내용은 Lee and Campbell(1997, 223~237쪽)을 보라. 동일인이 평균 7~8회 관찰될 수 있기 때문에, 기록의 수는 500,000건 정도로 매우 커진다. 다오이(道義)에서 114,272건의 기록을 입력했다. 다른 곳의 인구는 청네이(城內)에서 29,578건, 다미(打蜜)는 25,378건, 페이청이몐청(肥城一面城)에서 100,000건, 가이저우(盖州)에서 37,188건, 가이저우(盖州)의 면정과 귀산툰(過山屯)에서 22,558건, 뉴쟝라마위안(牛庄喇嘛院) 어정(漁丁)은 70,000건(10,000명 개인들의 70,000번의 기록) 등이다.
* 타이완(臺灣): Chuang and Wolf(1995)에 의해 재구성된 일본 호적. 하이산(海山) 인구자료에 대한 자세한 설명은 A. Wolf and Huang(1980)을 보라.

세 번째 인구자료는 청나라 황족의 생명등록 기록으로 중국 역사상 제일 완전하게 정돈된 인구기록이며 많은 사회경제 정보를 제공해 왔다.[6] 이는 전형적인 종류의 자료가 아니라는 것이 확실하다. 또한 이 방법은 청나라 황실의 후손들이 절대적으로 국가의 재정지원에 의존하며 엄격히 관리받아 베이징(北京)이나 선양(瀋陽)에만 거주가 가능하던 엘리트 집단이라는 것을 고려하면 다소 이례적인 방법으로 여겨진다.

하지만 위의 인구들은 '전형적'인 중국인이라고 보기는 어렵다. 각 역사 인구는 특정 환경, 예를 들어 나이, 계급, 기후, 문화, 종족, 지리, 역사, 제도, 직업, 성별, 거주유형, 시대에 의해 규정된다. 본격적으로 중국이라는 국가의 역사인구학이 출현하기 시작한 것은 인구조사(census)와 표본조사(sample survey)가 20세기 후반에 실시되면서라고 할 수 있다. 많은 역사인구학자들은 토지소유 및 사회신분에 따라 다양하게 나타나는 혼인율, 출산력을 기록하기 시작했다(Harell 1985; A. Wolf 1985b; Telford 1990a, 1990b, 1994, 1995; Lee, Wang, and Campbell 1994; Lee and Campbell 1997). 그러므로 각 집단의 다양성을 무시하고 하나의 단순한 집합체로 이러한 현상을 이해할 경우 사실이 상당히 오도되거나 잘못 이해될 수 있다는 점을 알아야 한다. 이에 개인 수준의 생명사건사(individual level event history) 분석방법은 역사인구학자가 이와 같은 대부분의 환경적인 요인들을 통제할 수 있게 한다. 이는 근래에 발표된 많은 논문 등에서 찾아볼 수 있다(Wang, Lee and Campbell 1995; Campbell and Lee 1996, forthcoming).

또한 특정한 역사자료에 근거한 일반화는 기타 특정 인구들의 어떠한 특성을 찾아볼 수 없는 이례적인 집단을 이해하는 데 유용하게 사용될 수 있다.

---

6 Lee, Campbell and Wang(1993)은 청나라 왕조 시 인구에 대한 최고의 설명을 해줄 수 있는 영문자료이며 리종칭(李中淸)과 귀송이(郭松義)(1994)의 에세이도 참고할 가치가 있다.

그러므로 모든 중국인의 출산력이 시간, 장소, 사회 및 경제 상황과 관계없이 일률적으로 낮다면 우리는 이러한 낮은 출산력이 중국의 인구에 나타나는 전형적인 모습이라고 결론 내릴 수 있을 것이다. 이와 유사하게 서로 다른 집단의 인구 사이에 양쪽에서 다 공통점을 찾을 수 있다면 우리는 두 집단이 인구적으로 비슷한 행동양식을 나타낸다고 결론 내릴 수 있을 것이다. 예를 들어 주민들의 이주가 자유롭지 못한 집단의 경우 여아살해 및 특별히 기혼 여성들의 낮은 출생률을 목격하게 되며, 우리는 이렇게 적은 자유와 이주도 어려운 집단일수록 이들을 통제할 수 있는 더 강력한 통치체제를 가지고 있다고 결론 내릴 수 있다.

현대 인구학 (Contemporary Demography)

기존의 모든 인구학 자료의 범위가 한 지역에 제한되어 있는 것과 달리 현대의 자료는 한 국가의 범위로 정의되고 만들어진다. 지난 50년 간 중국은 방대한 양의 사회 및 인구학 자료를 만들어냈다. 중국이라는 국가를 범위로 하는 대규모 인구학 자료들은 특히 지난 15년 동안 방법론과 기술의 비약적 발전으로 급격히 성장했다. 이와 같은 발전의 첫 예는 인구조사의 수준을 높여준 확률표본조사법(probability sampling)이다. 이렇게 과학적으로 만들어진 표본조사는 질문의 질을 높일 수 있을 뿐 아니라 더 자주, 그리고 저렴한 비용으로 진행될 수 있다. 두 번째 방법은 컴퓨터를 이용하여 각종 인구통계학에 관련된 정보를 저장하고 분석하게 하여 더 복잡한 정보들을 연관시킬 수 있으며 과거와 현재의 인구 패턴에 대해 상호 비교할 수 있게 한다. 현대 중국 인구통계학 자료들은 크게 3가지 주요 방법으로 수집되고 있다. 첫 번째는 인구등록(population registration), 둘째는 인구조사(census) 그리고 마지막 세 번째는 국가기관에 의한 대규모의 표본조사(sample survey)다.

최근까지 인구등록은 중국 인구학의 주요 자료를 공급하고 있다. 1953년과 1964년 인구조사(census) 두 차례를 제외하고 1980년대까지 주민등록 (household registration)에서 나온 정보는 중국 전체 및 지역의 인구수를 파악할 수 있는 유일한 길이었다.[7] 1949년부터 중국정부는 인구등록을 국가경제계획(National Economic Planning)과 융합시키기 위해 노력했으며, 인구등록 시스템을 사회통제를 위한 도구로 사용했다.[8] 1950년대 말부터 주민등록 시스템은 거의 모든 중국인들을 아우르는 국가적 중요 제도로 진화했다.[9] 이러한 제도는 중국정부가 매년 갱신되는 인구통계를 알리는 것을 가능케 했다. 이 자료는 중국 전국 및 각 지방의 인구수만을 파악하는 데 그치는 것이 아니라 출생, 사망 및 이주 등에 대한 자료의 확보도 가능케 하였다.[10]

중국에서는 인구등록이 주민등록으로 알려져 있으며, 모든 국민들은 공장 기숙사나 군부대와 같은 쥐민후(居民戶: 도시거주자)나 지티후(集體戶: 농촌거주

· · · · · · · · · · · ·

7 중국의 국가 및 지방 인구조사 결과는 모두 가정의 인구등록에 기반을 둔 것이다.
8 이러한 노력은 1951년 정부가 도시 가정의 인구조사에 관련된 법령을 발령하면서 시작되었다. 새로운 가정인구 조사체계는 1950년대 중반 서서히 자리 잡게 되었다.
9 1964년 인구조사를 1982년 인구조사와 비교하면, 사실 이러한 국가인구조사는 1964년의 경우 그 전년 1963년의 가구인구등록 및 조사자료를, 1982년의 경우, 그 전년 1981년 인구등록 시스템의 자료를 근간으로 작성되었으며 각 조사의 오차는 각각 0.8%, 0.1%이다(장칭우張慶五, 왕웨이쯔王維志. 1997, 88). 최근의 증가된 인구의 이주는 시기적절하고 완벽한 가구 인구조사를 더더욱 어렵게 만들지만 가구 인구조사의 신빙성은 상당히 높다고 할 수 있다. 가장 최근의 기록이라 할 수 있는 1990년 인구조사 정보는 가구 인구조사의 자료에 비교하여 97.3% 동일하다(SunJinxin 1997.6). 또한 최근에 중국은 가구간 인구조사시스템을 향상시키기 위한 새로운 노력을 경주하고 있다. 가장 눈에 띄는 변화는 지난 50년 간 중국 인구조사의 근간을 이루었던 수동 가구 정보등록 및 도표작성(manual registration and tabulation system)을 전국적인 규모의 컴퓨터 정보시스템을 사용한 인구정보관리(Nationwide Computer Management System for Information for Permanant Residents)로 전환한 것이다. 1992년부터 1996년 사이 10,119개의 경찰서에 인구조사 및 관리를 위한 컴퓨터 시스템을 설치하였으며 현재 2억 4천만 명의 자료가 온라인상에서 관리되고 있다.(장칭우張慶五, 왕웨이쯔王維志 1997, 91)
10 중국 정부의 인구조사를 위한 야망을 엿볼 수 있는 자료로는 32권의 책으로 구성된 '중국의 인구'(China's Population)이며 가장 최근 자료는 1980년대에 편찬되었다(Lavely, Lee, and Wang 1990).

자)를 통해 등록하고 있다. 등록을 마친 모든 개인에게는 주민등록 호구가 주어지며 이를 통해 개인의 지리적인 위치뿐 아니라 농업 종사 여부까지도 파악이 가능하다.[11] 주민등록은 개인의 경제적 권리와 함께 음식과 옷을 배급받을 수 있는 특권, 공공교육과 공중보건 등의 권리를 정할 수 있는 기준이 된다(Cheng and Shelden 1994).

현대 중국의 인구통계학에 많은 자료를 제공하는 것은 인구조사이다. 중국에서 인구조사는 국가의 인구수만을 열거할 뿐 아니라 주민등록에서 나타난 자료를 갱신하거나 상호 비교하는 데 이용되고 있다. 지난 50년 간 중국은 1953년, 1964년, 1982년, 1990년 4번에 걸쳐 인구조사를 실시했다. 세월이 지나가면서 인구조사의 정확성은 향상되었으며 최근에 진행된 인구조사에서는 주민등록에서는 알아낼 수 없었던 많은 정보들을 포함시켰다.[12] 인구조사를 통해 얻어진 정보의 유용성은 1982년 실시되었던 인구조사부터 향상되었으며 개인차원의 정보는 계산기를 통해 읽을 수 있는 형태로 변환되었다.[13]

• • • • • • • • • • •

11 각 가정은 한 권의 책자를 배부받게 되며 각 개인은 한 장을 작성하여야 한다. 최초의 가구간인구조사 문항은 1958년에 고안되었으며 가장과의 관계, 이름, 출생년도 및 장소, 조사 시 연령, 본적, 인종, 종교, 계층적 배경(成分), 교육수준, 결혼여부, 직업, 직장주소, 징병여부 및 이주 목적지의 내용을 포함했다. 1981년에는 연령, 계층적 배경, 징병여부는 인구조사 문항에서 제외되었으며 신장, 혈액형 및 주민등록카드(身分證)를 신청하는 이유 등의 문항을 새로 추가시켰다.
12 인구조사 시 응답해야 하는 문항은 1953년의 6문항에서 1990년에는 21문항으로 증가되었다. 1953년의 인구조사에서는 가정의 주소지, 성명, 성별, 연령, 국적 및 가장과의 관계 등의 문항이 포함되었다. 1964년의 인구조사에는 계층배경, 교육정도, 직업 등의 문항이 추가되었다. 대부분의 이와 같이 추가된 문항들은 실제로는 편찬되지 않았다. 또한 직업에 관련된 문항은 실제로 도표화하지 못했는데, 그 이유는 이를 가능하게 할 직업분류 기준이 존재하지 않았기 때문이다. 1982년의 인구조사에서는 계층배경 문항을 제외시키는 대신 가구의 종류, 가족의 수, 전년의 출생가족 수, 전년의 사망가족 수, 주민등록지를 1년 이상 떠나 지낸 가족의 수, 실업가족의 수, 결혼여부, 전년의 가족내 출산 수 등을 추가로 포함시켰다. 1990년 인구조사는 영구주소지 및 이주의 이유 문항을 추가시켰다.
13 실례로 리청루이(李成瑞, 1986)의 1982년 인구조사의 문서화 및 분석, SSB(1987, 1993)와 1982년과 1990년의 인구조사 도표를 참고하면 좋다. 컴퓨터로 처리 관리된 인구조사 자료는 또한 개인차원의 연구와 분석을 위해서도 제공된다. Banister(1987)와 Coale(1984)이 좋은 예이다.

<표 A-2> 현대 중국의 인구조사들

년도	지역	샘플규모	주요 수록내용
1982	전 중국	~ 100만, 기혼여성 300,000명	15~67세 여성의 임심과 출산 기록
1985	허베이(河北), 샨시(陝西), 상하이(上海)	기혼여성 13,300명	혼내 임신, 출산 그리고 피임약 투약기록
1987	전 중국	~ 200만, 기혼여성 500,000명	임신, 출산 그리고 피임약 투약기록
1987	베이징(北京), 랴오닝(遼寧), 산동(山東), 광동(廣東), 간쑤(甘肅), 구이저우(貴州)	기혼여성 ~ 36,000명	혼내 임신, 출산 그리고 피임약 투약기록
1987	전 중국	중국 총인구의 1%, ~ 110만명	현재 인구, 혼인, 출산 그리고 사망
1992	전 중국	380,000	출산과 피임약 투약기록
1995	전 중국	중국 총인구의 1%, ~ 120만명	현재 인구, 혼인, 출산, 사망, 이민

세 번째 인구통계학 방법은 과학적으로 고안된 표본조사이며 이 방법은 사회인구통계학을 연구하는 데 특히 유용하다. 〈표 A-2〉는 이러한 실례이다. 이와 같은 자료는 지난 20년 전부터 수집 가능하게 되었다. 주민등록과 인구조사에서 얻을 수 있는 정보의 제한성을 인식하게 되면서 중국의 각 기관 및 학계에서는 순차적으로 새로이 고안된 표본조사 기술을 소개했다. 주민등록과 인구조사가 많은 경제적 비용을 발생시키면서도 제한된 숫자의 질문만을 포함했던 것과는 달리 새로 고안된 표본조사는 비교적 효율적이고 그로 인해 더 자세한 내용의 질문을 포함시킬 수 있었다. 최근에 실시되었던 인구조사가 단 21개의 질문만을 포함시켰던 것과는 대조적으로 새로 고안된 표본조사에는 100개가 넘는 질문을 포함시킬 수 있었다.

이와 같은 표본조사는 현재의 인구통계학 자료만을 제공하는 것이 아니라 최근 국가차원의 인구통계 역사 구성도 가능하게 만들었다. 이와 같은 실례가 다음 두 번의 대규모 출산력 조사라고 할 수 있다. 1982년에 실시된 '천분의 일 조사(one per thousand survey)'라는 이름으로 30만 명의 혼인경험이 있는 15~67세 여성들을 대상으로 실시되었던 출산력에 관련된 표본조사와 '천분의 이 조사(two per thousand survey)'라는 이름으로 1988년에 50만 명의 15~57세 사이의 여성들을 대상으로 실시된 출생률 및 피임 조사가 그것이다. 이 두 조사를 통해 연구진은 1940년 후반 여성의 임신, 피임 및 출생에 관련된 자세한 정보를 얻어낼 수 있었다. 이것으로 중국의 급속한 출산력 저하의 원인이 밝혀졌다(R. Freedman et. al. 1988; Wang 1988; Lavely and Freedman 1990; Zhao Zhongwei 1998).[14]

인구학자들은 이와 같은 자료들을 통해 1940년부터 40년 간의 중국 내 혼인 및 출산력에 관련된 역사를 재현해 낼 수 있었다.[15] 또한 이와 같은 정보들은 기존에 발표된 제한된 지역에서 실시되어 발표된 출산력 수준(Coale and Chen1987)과 관련된 조사결과(Coale, Li, and Han 1988; Wang and Tuma 1993; Wang and Yang 1996; Zhao Zhongwei 1998)를 재확인해 주었다.[16]

또한 앞에서 언급한 세 가지 인구조사 방법이 모두 가능해지면서 학자들

---

14 1982년의 인구조사에서는 67세까지의 여성들에게 그녀들의 임신 및 출산경험에 대한 문항을 포함시켰다. 또한 1988년 인구조사에서는 여성들의 피임에 관련된 문항도 추가시켰다. 이로 인해 1988년의 인구소사 기록은 1980년대 초반의 인구의 변화뿐 아니라 그 당시의 임신 및 피임 현황과 현대 중국의 사회인구학적 현안들에 대한 정보를 얻을 수 있나(Wang and Tuma 1993; Wang and Yang 1996; Wang forthcoming).

15 Coale(1984)은 중국인구의 변화를 이해할 수 있는 틀을 1952년에서 1982년까지의 혼인율, 출생률과 1953년에서 1964년, 1964년에서 1982년 사이의 사망률을 언급하며 우리에게 제공했다. Lavely(1986)는 중국의 부부 출생률에 관련된 자료를 제공했다. Coale and Chen(1987)은 각 연령대에 따른 구체적인 출생률, 국가차원 또는 지역차원의 부부출생률, 1940년부터 1981년까지의 도시와 농촌의 주민 거주 형태를 이해할 수 있는 정보를 제공했다. Feeney and Yu(1987)는 중국 도시 및 농촌의 주민거주 형태를 이용하여 출생률을 계산했다.

16 Coale, Li, Han(1988) and Wang and Yang(1996)은 장기 임신 간격(long birth interval)을 분석하였으며 Wang and Tuma(1993)는 과거의 결혼 행태에 대해 연구했다. Zhao Zhongwei(1998)는 중국내에서도 높은 출생률을 가지고 있던 특정 인구들도 자체적으로 출생률 억제를 현대 중국사회로 접어들기 전에 실시하고 있었다.

은 이 중 하나의 방법으로 알게 된 정보들을 다른 두 가지 방법들과 상호 비교해 볼 수 있는 기회를 가지게 되었다. 예를 들어 1982, 1964, 1953년 인구조사를 통해 나타난 생존율을 기반으로 계산된 사망률과 1982년에 독립적으로 실시된 출산력 조사, 이 두 자료를 통해 앤슬리 콜(Ansley Coale)은 1984년에 1982년 중국의 전체인구를 계산해 내는 데 성공했다. 앤슬리 콜은 독립적인 두 자료 사이에 상당한 일치점을 확인했다(Ansley Coale 1984, 21).[17]

여러 가지 장점들도 있지만 현재 사용되고 있는 인구조사 방법에도 상당한 한계가 존재한다. 기존에 역사적으로 사용되어 온 인구조사 방법들에 비해 새로 고안된 것들, 특히 세 가지 인구조사 방식의 정보는 세밀함에서 기존의 방법에 비해 많이 부족한 것은 사실이다. 예를 들어 현대적인 조사방식으로는 일반적으로 과거 한 시점이 사회경제적 변수라 할 수 있는 직업별 성취도, 가정의 구성 및 구조 등을 알아낸다는 것이 불가능하다. 그러므로 현대적인 조사방식으로는 과거의 인구학적 행위와 사회환경의 관련성을 이해하거나 연구할 수는 없는 것이다.

그렇지만 이러한 현대 인구조사 자료들은 미래의 연구에 대한 보장이 될 수 있다. 다시 말해 이미 존재하고 있는 각 지방의 기존 인구학 역사자료들과 앞에서 언급된 세 가지의 인구조사 방법으로 수거한 같은 지역의 자료들을 합친다면 아주 세밀하고 정확한 한 지방의 인구학적 결과를 만들어낼 수 있을 것이다. 이러한 연구들은 향후 중국 인구학의 이해도를 향상시키는 데 큰 역할을 할 것이다.

---

17 또 다른 인용자료로는 Feeney et al.(1989)와 Coale et al(1991)과 Feeny and Yuan(1994)을 참고할 수 있다.

이 책의 주요 집필자인 제임스 리는 동아시아 '역사인구학' 연구자 네트워크의 중심점에 있는 학자이다. 성균관대학교 동아시아학술원의 호적·족보 연구자들은 호적 전산화를 계기로 2000년대 초부터 이 네트워크와 관련을 맺고 매년 한 차례 이상 국제학술회의에서 공동연구 및 발표에 참여해 왔다. '역사인구학'이란 과거의 인구자료를 인구학 연구방법에 기초하여 분석하는 학문 분야이다. 당시 한국 연구자들은 이 학문 분야에 대해 매우 늦은 출발을 시도하고 있었으며, 이때에 이 네트워크가 손을 내밀었던 것이다. 현재 동아시아 가운데 한국이 갖는 전통시대 인구현상의 특성을 함께 논의하는 수준에 이른 것도 이 네트워크의 도움이 지대했다고 할 수 있다.

동아시아 역사인구학 연구자 네트워크, 'East Asian Population Project'는 구미의 역사인구학 연구에 대해 동아시아 여러 지역의 과거 인구현상을 어떻게 위치지을 수 있을 것인지를 고민하고 연구방법론들을 재검토하려는 목적으로 만들어졌다. 여기에는 제임스 리와 그의 오랜 학문적 파트너인 캐머론 캠벨 등을 중심으로 중국과 일본의 역사인구학 연구자들이 망라되어 있다. 구미의 역사인구학 연구 성과 가운데 연구자들이 특히 관심을 보인 것은 산업화 이전부터 출산력이 떨어지기 시작하는 지역이 있다는 점이다. 거칠게 말하면, 서유럽 지역은 피임법이 일반화되지 않은 시기부터 다른 요인으로 인해 출산에 대한 '예방적인 억제'가 이루어지는, 인구조절의 '선진적' 지역으로 인식되었던 것이다. 이에 대해 이 네트워크는 기타 지역, 그 가운데 동아시아 지역의 인구현상을 단지 '후진적'인 것으로 인식하는 데에 의문을 제기하고 있다.

동아시아학술원 중심의 호적·족보 연구자들은 2000년대 초에 중국과 일본만이 아니라 구미의 역사인구학 선구자들을 초청하여 한국에서 역사인구학 연구가 가능한지 검토해 보도록 요청했다. 당시에 단성호적대장의 전산화가 마무리되어 호적 전체 자료에 대한 계량적 분석을 통해 호적의 자료적 성격이 새롭게 밝혀지고 있었다. 이 연구들은 호적에 모든 인구와 가족이 있는 그대로 등재되는 것이 아니라, 중앙정부와 지방관아의 장단기 호구정책 변화와 함께 취사선택되는 편제과정이 반영되어 있다는 점에 주의를 요했다. 기왕의 조선시대 사회구조 연구에 대해 그에 앞서 자료적 분석이 선행되어야 함을 지적한 것이다. 그러나 호적의 자료적 성격에 대한 분석 다음으로, 역사적 사실에 접근하는 어떠한 연구가 가능할 것인가에 대해서는 명확한 답을 제시하지 못하고 있었다. 역사인구학은 그 하나의 대안으로 제기되었던 것이다.

자료상의 인구총수에 관한 통계에 기초해서 표면적인 인구변동을 추적하는 인구사 연구에 대해 역사인구학은 드러나지 않는 인구변동의 원리를 찾아내고, 그것에 기초하여 각지의 인구학적 현상을 비교하고자 하는 사회과학적인 연구이다. 여기에 동아시아학술원 연구자들은 조선시대 호적에 등재된 호구의 집계만으로 알 수 없는 것들에 대해 출생·혼인·사망이라는 일생의 이벤트를 인구학적 계량분석을 통해 분석하고, 인구변동의 요인을 추적하고자 하는 역사인구학 연구방법론을 적용해 보고자 한 것이다. 조선시대 호적 자료를 대상으로 역사인구학 방법론을 적용하는 현재까지, 새로운 연구는 두 가지 방법으로 이루어졌다. 첫째는 호적자료의 불완전성을 검토, 극복하고 인구학적 데이터로 전환하여 사용하는 것이다. 둘째는 호적등재 양식상 의도하지 않은 우연한 기록들 가운데 인구학적 요소들을 모아서 사용하는 것이다. 어느 것이든 호적작성의 의도성을 배제하고 랜덤한 데이터로 분석하고자 하는 방법이다.

상기의 동아시아 역사인구학 연구자 네트워크는 특히 호적이나 슈몬아라따메쵸(宗門改帳)・닌베쯔쵸(人別帳)와 같이 인구를 가족단위로 등록하는 주민형태의 자료들을 분석대상으로 하고 있었다. 자료의 동아시아적 공통성과 지역간 자료의 성격 차이를 비교하기 위한 연구와 함께 전산데이터의 공유를 둘러싸고 각국 연구자 사이에 논의가 진행되었다. 조선시대 호적의 전산화는 연구자들에 대한 공개를 전제로 하고, 한국학의 세계화를 목표로 수행된 국비사업이었으므로 데이터 공유에는 문제가 없었다. 하지만 자료의 성격에 대한 역사적 이해가 없고 인구학적 데이터로 가공하지 않은 상태에서 조선시대 호적자료를 그대로 통계처리할 때 발생할 분석결과의 오류는 명백해 보인다. 또한 사회과학적 분석방법에만 의존하면 역사인구학을 적용할 수 있는 데이터의 분량이 극히 한정될 뿐 아니라 분석방법도 다양화할 수 없음도 분명하다.

자료상의 문제점과 더불어 동아시아 역사인구학 연구에는 연구방법론, 즉 그 관점과 관련해서도 많은 난관이 기다리고 있다. 동아시아학술원의 역사인구학 연구모임은 구미의 선구적인 역사인구학 연구만이 아니라 중국과 일본의 연구에 대해서도 주목해 왔다. 동아시아 공통의 형태를 갖는 자료에 대해 어떠한 방법론을 구사하는지 그 자료들을 습득할 필요가 있었다. 중국의 연구 가운데 가장 인상 깊게 여겨졌던 내용은 '여아살해'에 관한 것—역시 제임스 리가 주창했다— 이었다. 이것은 일본 에도시대의 '마비끼(間引)'와 함께 아시아사회에서도 인위적이고 개별적인 인구조절이 산업화시대 훨씬 이전부터 행해져 왔음을 증명하는 것이었다. 구미의 역사인구학자들이 갖는 아시아의 '후진적' 인구현상 인식에 대해 반박하는 연구로 이해된다.

그러나 한국에는 기아(棄兒)를 수습하는 데 대한 보상은 있지만 인구조절을 위해 아이를 살해하는 자료를 발견할 수 없다. 뿐만 아니라 국가차원의 구휼정책이나 민간의 상호부조 관례가 인구현상에 영향을 미치는 것으로 보이는 조선시대 사회를 생각하면, 한국 연구자들에게 영아살해가 결코 예방적·도덕적 억제로 인식되지는 않는다. 이 책에서는 과거 중국에서 "영아살해 행위는 오랫동안 불법적인 것으로 간주되었지만, 비도덕적인 것으로 여겨지지는 않았다."고 하면서 "오늘날 중국에서 영아살해는 불법적이고 비도덕적인 것으로 간주되지만, 낙태는 오히려 합법적인 것으로 권장"되고 있음을 지적한다. 전근대사회에 '여아살해'나 '마비끼'가 서유럽과 같이 소위 '예방적 억제'의 방법으로 제시됨을 주장하는 것으로 이해되지만, 그렇더라도 구미의 역사인구학이 지향해 온 방법론을 역사인구학의 절대적 기준으로 고집해야 할지는 여전히 의문이다.

그런데 제임스 리와 왕펑이 저술한 본서를 읽고 여러 연구자들과 논평하는 기회를 가지면서 동아시아 역사인구학 연구의 그러한 의문들이 동아시아 역사인구학 연구자 네트워크를 매개로 하는 국제학술회의나 공동의 비교연구에서 해소될 수 있을 것이라는 확신을 얻게 되었다. 이 책에서 중국의 인구현상이 '여아살해'만이 아닌 여러 다른 인구학적 요인에 의해 특징지어지며 변동한다는 사실을 확인할 수 있었기 때문이다. 또한 중국 인구현상의 동인으로 한국의 그것과 유사한, 혹은 전혀 다른 사회문화적 요인을 발견할 수 있었다. 중국의 역사인구학 연구방법론의 실례가 한국의 역사인구학 연구에 상당한 도움이 될 것으로 판단되어 번역을 결정하게 되었다.

이 책을 한글로 번역하기에 앞서 역자는 동아시아학술원의 대학원생들이 참가하는 인구사연구세미나에서 본서를 윤독·정리·토론하는 과정을 거쳤다. 이후에도 이 책자의 번역과 교정에 이르기까지 고민을 함께한 동아시아학술원 인구사 연구세미나 참가 대학원생, 위나 헤리잔토, 이동규, 이용현, 장용석, 주매, 하시모토 세리, 한상우, 이들의 노고에 고마움을 표한다.

부록

참고문헌 (영문)

Aird, John. 1968. "Population Growth." In Eckstein, Galenson, and Liu, 183-328.

_____ 1990. *Slaughter of the Innocents: Coercive Birth Control in China*. Washington, D.C.: American Enterprise Institute.

Alexandratos, Nikos. 1996. "China's Projected Cereals Deficits in a World Context." *Agricultural Economics* 15: 1-16.

Alford, William. 1995. *To Steal a Book Is an Elegant Offense: Intellectual Property Law in Chinese Civilization*. Stanford: Stanford University Press.

Allee, Mark. 1994. *Law and Local Society in Late Imperial China: Northern Taiwan in the Nineteenth Century*. Stanford: Stanford University Press.

Allison, P. 1984. *Event History Analysis: Regression for Longitudinal Event Data*. Beverly Hills: Sage Publications.

Alter, George. 1988. *Family and the Female Life Course: The Women of Verviers, Belgium, 1844-1880*. Madison: University of Wisconsin Press.

Anderson, Eugene. 1988. *The Food of China*. New Haven: Yale University Press.

Andors, Phyllis. 1983. *The Unfinished Revolution of China's Women, 1949-1980*. Bloomington: Indiana University Press.

Ashton, Basil, Kenneth Hill, Alan Piazza, and Robin Zeitz. 1984. "Famine in China, 1958-1961." *Population and Development Review* 10: 613-645.

Baker, H. 1976. *Chinese Family and Kinship*. London: Macmillan.

Banister, Judith. 1987. *China's Changing Population*. Stanford: Stanford University Press.

Banister, Judith, and Samuel H. Preston. 1981. "Mortality in China." *Population and Development Review* 7: 98-110.

Barclay, George W. 1954. *Colonial Development and Population in Taiwan*. Princeton: Princeton University Press.

Barclay, George W., Ansley J. Coale, Michael A. Stoto, and James Trussell. 1976. "A Reassessment of the Demography of Traditional Rural China." *Population Index* 42: 606-635.

Bardet, Jean-Pierre. 1983. *Rauen aux XVIIe et X VIIIe siecles: Les mutations d'un espacesocial.* 2 vols. Paris: Societe d'Edition d'Enseignment Superieur.

Bardet, Jean-Pierre, and Jacques Dupaquier, eds. 1997. *Histoire des populations de l'Europe.* Vol. 1: Des origines aux premices de la Revolution. Paris: Fayard.

Barrett, Richard E. 1980. "Short-Term Trends in Bastardy in Taiwan." *Journal of Family History* 5: 293-312.

_____ 1984. "Chinese Population Processes since the Nineteenth Century." Manuscript.

Basu, Alaka Malwade. 1989. "Is Discrimination in Food Really Necessary for Explaining Sex Differentials in Childhood Mortality?" *Population Studies* 43: 193-210.

Bean, Lee L., and Geraldine P. Mineau. 1986. "The Polygyny-Fertility Hypothesis: A Reevaluation." *Population Studies* 40: 67-81.

Bean, Lee L., Geraldine P. Mineau, and Douglas Anderton. 1990. *Fertility Change on the American Frontier: Adaptation and Innovation.* Berkeley: University of California Press.

Becker, Gary. 1960. "An Economic Analysis of Fertility." In National Bureau of Economic Research, *Demographic and Economic Change ill Developed Countries: A Conference of the Universities-National Bureau Committee for Economic Research.* Princeton: Princeton University Press, 209-231.

Benedict, Carol. 1993. "Policing the Sick: Plague and the Origin of State Medicine in Late Imperial China." *Late Imperial China* 14: 60-77.

_____ 1995. *Bubonic Plague ill Nineteenth-Century China.* Stanford: Stanford University Press.

Bengtsson, Tommy. 1989. *Reallöneuariation och uuxendödlighet. Liusförlopp I Västanfors 1750-1849.* Meddelande från Ekonornisk-historiska institutionen, Lunds universitet, no. 60.

_____ 1993. "Combined Time-Series and Life-Event Analysis: The Impact of Economic Fluctuations and Air Temperature on Adult Mortality by Sex and Occupation in a Swedish Mining Parish, 1757-1850." In *Old and New Methods in Historical Demography,* ed. David Reher and Roger Schofield. Oxford: Oxford University Press, 239-253.

_____ 1995. "Combined Life-Event and Time-Series Analysis: The Impact of Economic Fluctuations and Household Cycles on Mortality in Rural Sweden, 1750-1850."

EAP Working Paper Series, no. 5. Kyoto.

_____ 1997. "The Vulnerable Child: Economic Insecurity and Child Mortality in Pre-industrial Sweden: A Case Study of Vasranfors, 1750-1850." EAP Working Paper Series no.4. Kyoto.

_____ Forthcoming. "Inequality in Deaths: Effects of the Agrarian Revolution in Southern Sweden, 1765-1865." In Bengtsson and Saito.

Bengtsson, Tommy, G. Fridlizius, and R. Ohlsson, eds. 1984. *Pre-Industrial Population Change: The Mortality Decline and Short-Term Population Movements.* Stockholm: Almquist and Wiskell International.

Bengtsson, Tommy, and R. Ohlsson. 1985. "Age-Specific Mortality and Short Term Changes in the Standard of Living: Sweden, 1751-1859." *European Journal of Population 1: 309-326.*

Bengrsson, Tommy, and Osamu Saito, cds. Forthcoming. *Population and Economy: From Hunger to Modern Economic Growth.* Oxford: Oxford University Press.

Berkner, Lutz, and Franklin Mendels. 1978. "Inheritance Systems, Family Structure, and Demographical Patterns in Western Europe, 1700-1900." *In Historical Studies in Changing Fertility,* ed. Charles Tilly. Princeton: Princeton University Press, 209-223.

Berlin, Isaiah. 1958. *Two Concepts of Liberty.* Oxford: Oxford Clarendon Press.

Bernhardt, Kathryn. 1992. *Rents, Taxes, and Peasant Resistance.* Stanford: Stanford University Press.

_____ 1995. "The Inheritance Rights of Daughters." *Modern China* 21: 269-309.

Bernstein, Thomas. 1984. "Stalinism, Famine, and Chinese Peasants: Grain Procurement during the Great Leap Forward." *Theory and Society* 13: 339-377.

Bhatia, Shushum. 1983. "Traditional Practices Affecting Female Health arid Survival: Evidence from Countries of South Asia." In *Sex Differences in Mortality: Trends, Determinants, and Consequences. Selection of Papers presented at ANU/UN/WHO Meeting,* ed. Alan Lopez and Lado T. Ruzicka. Canberra: Australia National University, Department of Demography, 165-178.

Bian Yanjie. 1992. *Work and Inequality in Urban China.* Albany: State University of New York Press.

Biraben, Jean-Noel. 1979. "Essai sur l'evolution du nombre des hornmes." *Population*

1: 13-25.

Birdsall, Nancy, and Dean T.Jamison. 1983. "Income and Other Factors of Fertility in China." *Population GIld Development Review* 9: 651-675.

Blayo, Yves. 1975. "La rnorralire en France de 1740 it 1829." *Population*, special issue, 138-139.

Blayo, Yves, and Louis Henry. 1967. "Donnees dernographiques sur la Bretagne et I' Anjou de 1740 it 1829." *Annales de demographies historiques*, 91-171.

Bledsoe, Caroline H., Alan G. Hill, Umberton D'Alessandro, and Patricia Langerock. 1994. "Constructing Natural Fertility: The Use of Western Contraceptive Technologies in Rural Gambia." *Population and Development Review* 20: 81-113.

Blum, Alain, and Irina Troitskaja. 1996. "La mortalite en Russie aux XVIIIe et XIXe siècles: Estimations locales à partir des *Reuizii.*" Population 51: 303-328.

Bond, Michael, ed. 1986. *The Psychology of the Chinese People.* Hong Kong: Oxford University Press.

Bongaarts, John. 1978. "A Framework for Analyzing the Proximate Determinants of Fertility." *Population and Development Review* 4: 1 05-133.

_____ 1996. "Population Pressure and Food Supply in the Developing World." *Population and Development Review* 22: 483-504.

Bongaarts, John, and R. Potter. 1983. *Fertility, Biology, and-Behavior: An Analysis of the Proximate Determinants.* New York: Academic Press.

Boserup, Esther. 1965/1996. *Conditions of Agricultural Growth: The Economics of Agrarian Change under Population Pressure.* Chicago: Aldine Publishing.

Boulais, Le P. Guy. *192411966. Manuel du Code* Chinois. Taipei: Ch'eng-wen.

Braudel, Ferdinand. 1981. *Structures of Everyday Life: The Limits of the Possible.* New York: Harper and Row.

Bray, Francesca. 1997. *Technology and Gender: Fabrics of Power ill Late Imperial China.* Berkeley: University of California Press.

_____ Forthcoming. "Meaning of Motherhood: Reproductive Technologies and Their Uses in Late Imperial China." In Lee and Saito.

Brown, Lester. 1995. *Who Will Feed China? Wake-Up Call for a Small Planet.* New York: W. W. Norton,

Buck, John Lossing, ed. 1937. *Land Utilization in China*. 3 vols. Chicago: University of Chicago Press.

_____ 1966. "Food Grain Production in Mainland China before and during the Communist Regime." In *Food and Agriculture in Communist China*, ed. John Lossing Buck, Owen L. Dawson, and Wu Yuan-h. New York: Praeger, 3-72.

Bulatao, R., and Ronald Lee, eds. 1983. *Determinants of Fertility in Developing Countries*. 2 vols. New York: Academic Press.

Burguière, André. 1981. "Réticences rhéoriques et intégration practique du remariage dans la France d'Ancien Regime, dix-seprièrne-dix-huirièrne siècles." In Dupâquier et al., 41-48.

_____ 1987. "The Formation of the Couple." *Journal of Family History 12*: 39-56.

Buxbaum, David, ed. 1978. *Chinese Family Law and Social Change in Historical and Comparative Perspective*. Seattle: University of Washington Press.

Cain, Mead. 1982. "Perspectives on Family and Fertility in Developing Countries." *Population Studies* 36: 159-175.

Caldwell, John C. 1976. "Toward a Restatement of Demographic Transition Theory." *Population and Development Review* 2: 321-366.

_____ 1986. "Routes to Low Mortality in Poor Countries." *Population and Development Review* 12: 171-220.

Caldwell, John c., and Pat Caldwell. 1977. "The Role of Marital Sexual Abstinence in Determining Fertility: A Study of the Yoruba in Nigeria." *Population Studies* 31: 193-213.

Caldwell, Pat, and John C. Caldwell. 1981. "The Function of Child Spacing in Traditional Societies and the Direction of Change." In Page and Lesrhaeghe, 73-92.

Campbell, Cameron. 1995. "Chinese Mortality Transitions: The Case of Beijing, 1700-1990." Ph.D. diss., University of Pennsylvania, Departments of Demography and Sociology.

_____ 1997. "Public Health Efforts in China before 1949 and Their Effects on Mortality:TheCaseofBeijing." *Social Science History* 21: 179-218.

_____ Forthcoming. "Mortality Change and the Epidemiological Transition in Beijing, 1644-1990." In Liu Ts'ui-jung et al.

Campbell, Cameron, and James Lee. 1996. "A Death in the Family: Household Structure and Mortality in Rural Liaoning, Life-Event and Time-Series Analysis, 1792-1867." *History of the Family* 1:297-328.

_____ Forthcoming. "Price Fluctuations, Family Structure, and Mortality in Two Rural Chinese Populations: A Comparison of Peasants and Serfs in Eighteenth-and Nineteenth-Century Liaoning." In Bengtsson and Saito.

Chao Kang. ,1986. *Man and Land in China.* Stanford: Stanford University Press.

_____ 1990. "The Trend of Real Wages of Farm Workers during the Eighteenth and NineteenthCenturies." In *China's Market Economy in Transition*, ed. Lee Yung-san and Liu Ts'ui-jung. Taibei: Academia Sinica, Institute of Economics, 154-166.

Chayovan, No, and John Knodel. 1991. *Coital Activity among Married Thai Women: Evidence from the* 1987 *Thailand Demographic and Health Survey.* Research Report no. 91-221. University of Michigan, Population Studies Center.

Chen, Ann, and James Lee. 1996. "Bigger Is Better: Changes in Chinese Stature, 1890-1990: A Comparison of Mainland China and the Island Province of Taiwan." Manuscript.

Chen, Lincoln, and A. K. M. A. Chowdhury. 1977. "The Dynamics of Contemporary Famine." In *International Population Conference, Mexico.* Vol. 1. Liège: International Union for the Scientific Study of Population, 409-426.

Chen, Lincoln, Emdadul Huq, and Stan D'Souza. 1981. "Sex Bias in the Family Allocation of Food and Health Care in Rural Bangladesh." *Population and Development Review* 7: 55-70.

Chen Pi-chao and Adrienne Kols. 1982. "Population and Birth Planning in the People's Republic of China." *Population Reports*, Series j, no. 25.

Cheng Tiejun and Mark Selden. 1994. "The Origins and Social Consequences of China's Hukou System." *China Quarterly* 139:644-668.

Cherlin, Andrew. 1994. *Marriage, Divorce, Remarriage.* 2d ed. Cambridge, Mass. Harvard University Press.

Choe Minja, Hao Hongsheng, and Wang Feng. 1995. "Effects of Gender, Birth Order, and Other Correlates on Childhood Mortality in China." *Social Biology* 42: 50-64.

Choe Minja, and Seung-hyan Han. Forthcoming. "Induced Abortion in the Republic of Korea: 1960-1990." In Lee and Saito.

Chu T'ung-tsu. 1961. *Law and Society in Traditional China*. Leiden: Mouton.

Chuan Hansheng and Richard Kraus. 1975. *Mid-Ch'ing Rice Markets and Trade: An Essay in Price History*. Cambridge, Mass.: Harvard University, East Asian ResearchCenter.

Chuang Ying-chang and Arthur Wolf. 1995. "Marriage in Taiwan, 1881-1905: An Example of Regional Diversity." *Journal of Asian Studies* 54: 781-795.

Coale, Ansley J. 1973. "The Demographic Transition Reconsidered." In *Proceedings of the International Population Conference*. Vol. 1. Liege: International Union for the Scientific Study of Population, 58-71.

_____ 1975. "The History of the Human Population." *Scientific American 231*: 31-51.

_____ 1984. *Rapid Population Change in China, 1952-1982*. Washington, D.C.: National Academy Press.

_____ 1985. "Fertility in Rural China: A Reconfirmation of the Barclay Reassessment. In Hanley and Wolf, 186-195.

_____ 1986. "The Decline of Fertility in Europe since the Eighteenth Century as a Chapter in Human Demographic History." In Coale and Watkins, 1-30.

_____ 1989. "Marriage and Childbearing in China since 1940." *Social Forces* 67: 833-850.

Coale, Ansley j., and Judith Banister. 1994. "Five Decades of Missing Females in China." Demography31:459-479.

Coale, Ansley J., and Chen Shengli. 1987. *Basic Data on Fertility in the Provinces of China, 1942 1982*. Honolulu: East-West Center.

Coale, Ansley J., Li Shaomin, and Han Jingqing. 1988. *The Distribution of Interbirth Intervals in Rural China, 1940s to 1970s*. Honolulu: East-West Center.

Coale, Ansley j., and Roy Treadway. 1986. "A Summary of the Changing Distribution of Overall Fertility, Marital Fertility, and the Proportion Married in the Provinces of Europe." In Coale and Watkins, 31-181.

Coale, Ansley j., and James Trussell. 1974. "Modeling Fertility Schedules: Variations in the Structure of Childbearing in Human Populations." *Population Index* 40: 185-258.

_____ 1975. Erratum. *Population Index* 41: 572.

_____ 1978. "Technical Note: Finding the Two Parameters That Specify a Model Schedule of Marital Fertility." *Population Index* 44: 203-213.

Coale, Ansley J., Wang Feng, Nancy E. Riley, and Lin Fude. 1991. "Recent Trends in Fertility and Nuptiality in China." *Science* 251: 389-393.

Coale, Ansley j., and Susan Watkins, eds. 1986. *The Decline of Fertility in Europe.* Princeton: Princeton University Press.

Cohen, Myron. 1976. *House United, House Divided: The Chinese Family in Taiwan.* NewYork: Columbia University Press.

Coleman, David, and Roger Schofield. 1986. *The State of Population Theory: Forward from Malthus.* Oxford: Basil Blackwell.

Confucius. 1979. *The Analects,* trans. D.C. Lau. London: Penguin Books.

Croll, Elizabeth. 1981. *The Politics of Marriage in Contemporary China.* Cambridge: Cambridge University Press.

Das Gupta, Monica. 1987. "Selective Discrimination against Female Children in India." *Population and Development Review* 13: 77-100.

_____ 1997. "Kinship Systems and Demographic Regimes." In Kertzer and Fricke, 36-52.

Davis, Deborah, and Stevan Harrell, eds. 1993. *Chinese Families in the Post-Moo Era.* Berkeley: University of California Press.

Davis, Kingsley, and Judith Blake. 1956. "Social Structure and Fertility: An Analytic Framework." *Economic Development and Cultural Change* 4: 211-235.

De Bary, Theodore, ed. 1970. *Self and Society in Ming Thought.* New York: Columbia University Press.

Demeny, Paul. 1986. "Population and the Invisible Hand." *Demography 23:* 473-487.

De Vries, Jan. 1975. "Peasant Demand and Economic Development: Friesland, 1550-1750." In *European Peasants and Their Markets,* ed. William Parker and E. L. Jones. Princeton: Princeton University Press, 205-265.

_____ 1984. *European Urbanization, 1500-1800.* Cambridge, Mass.: Harvard University Press.

Dibble, Vernon, and Ho Ping-ti. 1961. "The Comparative Study of Social Mobility" (debate). *Comparative Studies in Society and History* 3: 315-327.

Dickeman, Mildred. 1975. "Demographic Consequences of Infanticide in Man." In

Annual Review of Ecology and Systematics, ed. Richard Johnston, Peter Frank, and Charles Michener. Palo Alto: Annual Reviews.

_____ 1979. "Female Infanticide, Reproductive Strategies, and Social Stratification: A Preliminary Model." In *Biology and Human Sexual Behavior: An Anthropological Perspective*, ed. N. A. Chagnon and William Irons. North Scituate, Mass.: Duxbury Press, 321-367.

Ding Yizhuang. 1996. "Assigned Marriage and Eight Banner Registration among the Manchus." Paper presented at the IUSSP Conference on Asian Populatio History, Taipei, January 4-8.

Drake, Michael. 1981. "The Remarriage Market in Mid-Nineteenth Century Britain." In Dupaquier et al., 287-296.

D'Souza, Stan, and Lincoln C. Chen. 1980. "Sex Differentials in Mortality in Rural Bangladesh." *Population and Development Review* 6: 257-270.

Du Halde, Jean Baptiste. 1738-1741. *ADescription of the Empire of China and Chinese Tartary*. London: E. Cave.

Dunstan, Helen. 1975. "Late Ming Epidemics: A Preliminary Survey." *Ch'ingshih wen't-i* 3: 1-59.

Dupaquier, Jacques, et al., eds. 1981. *Marriage and Remarriage in Populations of the Past*. London: Academic Press.

Durand, John. 1974. "Historical Estimates of World Population: An Evaluation." University of Pennsylvania, Population Studies Center.

Easterlin, Richard. 1996. *Growth Triumphant: The Twenty-first Century in Historical Perspective*. Ann Arbor: University of Michigan Press.

Eckstein, Alexander, Walter Galenson, and Liu Ta-chung eds. 1968. *Economic Trends in Communist China*. Chicago: Aldine and Wesley.

Ehrlich, Paul. 1968/1971. *Population Bomb*. New York: Ballantine-Sierra Cluh.

Ehrlich, Paul, and Anne Ehrlich. 1990. *The Population Explosion*. New York: Simon and Schuster.

Elvin, Mark. 1973. *The Pattern of the Chinese Past*. Stanford: Stanford University Press.

Evans, Harriet. 1995. "Defining Difference: The "Scientific" Construction of Sexuality and Gender in the People's Republic of China." *Signs* 20: 357-394.

Faure, David. 1989. *The Rural Economy of Pre-Liberation China: Trade Increase and*

Peasant Livelihood in j iangsu and Guangdong, 1870-19 J 7. Hong Kong: Oxford University Press.

Fauve-Charnoux, Antoinette. 1987. *Evolution agraire et croissance demographique.* Liege: Ordina Editions.

Feeney, Griffith, and Wang Feng. 1993. "Parity Progression and Birth Interval in China: The Influence of Policy in Hastening Fertility Decline." *Population and Development Review* 19: 61-101.

Feeney, Griffith, Wang Feng, Zhou Mingkun, and Xiao Baoyu. 1989. "Recent Fertility Dynamics in China: Results from the 1987 One Percent Population Survey." *Population and Development Review* 15: 297-322.

Feeney, Griffith, and Yu Jingyuan. 1987. "Period Parity Progression Measures of Fertility in China." *Population Studies* 41: 77-102.

Feeney, Griffith, and Yuan Jianhua. 1994. "Below Replacement Fertility in China? A Close Look at Recent Evidence." *Population Studies* 48: 381-394.

Fei Xiaotong. 1939. *Peasant Life in China.* London: Routledge and Kegan Paul.

_____ 1946. "Peasantry and Gentry: An Interpretation of Chinese Social Structure and Its Changes." *American journal of Sociology* 52: 1-17.

Feng Han-chi. 1937. "The Chinese Kinship System." *Harvard journal of Asiatic Studies* 2: 142-289.

Field, Robert Michael. 1988. "Trends in the Value of Agricultural Output, 1978-1986." *China Quarterly* 116: 556-591.

Finegan, Michael. 1988. "Inheritance and Family Structure in Qing China: Evidence from Taiwan and Fujian." Manuscript.

Finegan, Michael, and Ted Telford. 1988. "Chinese Archival Holdings at the Genealogical Society of Utah." *Late Imperial China* 9: 86-114.

Finkle, Jason. 1985. "Ideology and Politics in Mexico City: The United States at the 1984 International Conference on Population." *Population and Development Review* 11: 1-28.

Flinn, Michael W. 1981. *The European Demographic System, 1500-1820.* Baltimore: Johns Hopkins University Press.

Floud, Roderick, Kenneth Wachter, and Annabel Gregory. 1990. *Height, Health, and History: Nutritional Status in the United Kingdom, 1750-1980.* Cambridge:

Cambridge University Press.

Fogel, Robert. 1986. "Nutrition and the Decline in Mortality since 1700: Some Preliminary Findings." In *Long Term Factors in American Economic Growth*, ed. Stanley L. Engerman and Robert E. Gallman. Chicago: University of Chicago Press, 439-555.

Freedman, Maurice. 1966. *Chinese Lineage and Society*. London: Athlone.

Freedman, Ronald, Xiao Zhenyu, Li Bohua, and William R. Lavely. 1988. "Local Area Variations in Reproductive Behavior in the People's Republic of China, 1973-1982." *Population Studies* 42: 39-57.

Frolic, Michael B. 1980. *Mao's People*. Cambridge, Mass.: Harvard University Press.

Fukayama, Francis. 1992. *The End of History and the Last Man*. New York: Free Press.

Furth, Charlotte. 1994. "Rethinking Van Gulik: Sexuality and Reproduction in Traditional Chinese Medicine." In *EngenderingChina:Woman,Culture, and State*, ed. Christina Gilmartin et al. Cambridge, Mass.: Harvard University Press, 125-146.

_____ 1998. A *Flourishing Yin: Gender in China's Medical History, 960-1665*. Berkeley: University of California Press.

Galloway, Patrick R. 1988. "Basic Patterns in Annual Variation in Fertility, Nupriality, Mortality, and Prices in Pre-industrial Europe." *Population Studies* 42: 275-303.

_____ 1994. "Secular Changes in the Short Term: Preventive, Positive, and Temperature Checks to Population Growth in Europe, 1460 to 1909." *ClimateChange* 26: 3-63.

Gamble, Sidney D. 1954. *Ting Hsien: A NorthChinaRural Community*. Stanford: Stanford University Press.

Gautier, Etienne, and Louis Henry. 1958. *La population de Crulai, paroisse Normande: Etude historique*. Paris: Presses Universitaires de France.

Gillis, John. 1985. *For Better, for Worse: British Marriages, 1600 to the Present*. Oxford: Oxford University Press.

Gillis, John, Louise Tilly, and David Levine, eds. 1992. *The European Experience of Declining Fertility, 1850-1970: The Quiet Revolution*. Cambridge, Mass.: Blackwell.

Glendon, Mary Ann. 1989. *The Transformation of Family Law: State, Law, and Family in the United States and Western Europe.* Chicago: University of Chicago Press.

Goldscheider, Frances, and Linda J. Waite. 1991. *New Families, No Families?* Transformation of the American Home. Berkeley: University of California Press.

Goldstein, Alice, and Wang Feng, eds. 1996. *China: The Many Facets of Demographic Change.* Boulder: Westview Press.

Goode, William J. 1993. *World Change ill Divorce Patterns.* New Haven: Yale UniversityPress.

Goody, Jack. 1983. *The Development of the Family and Marriage in Europe.* Cambridge: Cambridge University Press.

_____ 1996. *The East ill the West.* Cambridge: Cambridge University Press.

Goubert,Pierre. 1960. *Beauvais et les Beauvaisois de 1600 a 1730.* 2 vols. Paris: SEPYN.

Greenhalgh, Susan. 1986. "Shifts in China's Population Policy, 1984-86:Views from the Central, Provincial, and Local Levels." *Population and Development Review* 12: 491-515.

_____ 1988. "Fertility as Mobility: Sinic Transitions." *Population and Development Review* 14: 629-674.

_____ 1993. "The Peasantization of the One-Child Policy in Shaanxi." In Davis and Harrell, 219-250.

_____, ed. 1995. *Situating Fertility: Anthropological and Demographic Inquiry.* Cambridge: Cambridge University Press.

_____ 1996. "The Social Construction of Population Science: An Intellectual, Institutional, and Political History of Twentieth-Century Demography." *Comparative Studies in Society and History* 38: 26-66.

Greenough, Paul R. 1982. *Prosperity and Misery in Modem Bengal: The Famine of 1943-1944.* New York: Oxford University Press.

Grigg, D. B. 1980. *Population Growth and Agrarian Change.* Cambridge: CambridgeUniversity Press.

Gu Baochang and Krishna Roy. 1995. "Sex Ratio at Birth in China, with Reference to Other Areas in East Asia: What We Know." *Asia-Pacific Population Journal* 10.3: 17-42.

Hajnal, John. 1953. "Age at Marriage and Proportions Marrying." *Population Studies* 7: 111-136.

_____ 1965. "European Marriage Patterns in Perspective." In *Populationin History: Essays in Historical Demography*, ed. D. V. Glass and D. E. Eversley. Chicago: Aldine Publishing, 101-140.

_____ 1982. "Two Kinds of Preindustrial Household Formation System." *Population and Development Review* 8: 449-494.

Hanley, Susan B., and Arthur P. Wolf, eds. 1985. *Family and Population in East Asian History*. Stanford: Stanford University Press.

Hardee-Cleaveland, Karen, and Judith Banister. 1988. "Fertility Policy and Implementation in China, 1986-88." *Population and Development Review* 14: 245-286.

Hareven, Tamara. 1987. "Divorce Chinese style." *Atlantic Monthly*, April, 70-76.

Harrell, Stevan. 1985. "The Rich Get Children: Segmentation, Stratification, and Population in Three Chekiang Lineages." In Hanley and Wolf, 81-109.

_____ 1987. "On the Holes in Chinese Genealogies." *Late Imperial China 8*: 53-79.

_____, ed. 1995. *Chinese Historical Microdemography*. Berkeley: University of California Press.

Harrell, Stevan, and Tom Pullum. 1995. "Marriage, Mortality, and the Developmental Cycle in Three Xiaoshan Lineages." In Harrell, 141-162.

Henderson, Gail E., and Myron S. Cohen. 1984. *The Chinese Hospital: A Socialist Work Unit*. New Haven: Yale University Press.

Henry, Louis. 1961. "Some Data on Natural Fertility." *Eugenics Quarterly 8.2*: 81-91.

Hinde, P. R. A. 1985. "The Fertility Transition in Rural England." Ph.D. diss.,University of Sheffield.

Ho Ping-ti, 1955. "The Introduction of American Food Plants into China." *American Anthropologist* 57: 191-201.

_____ 1956. "Early-Ripening Rice in Chinese History." *Economic History Review* 9: 200-218.

_____ 1959. *Studies on the Population of China*, 1368-1953. Cambridge, Mass.:Harvard University Press.

_____ 1964. *The Ladder of Success in Imperial China*. New York: Columbia University Press.

_____ 1965. "An Historian's View of the Chinese Family System." In *Man and*

Civilization: The Family's Search for Survival, ed. Seymour Farber, Piero Mustacchi, and Roger Wilson. New York: McGraw-Hill, 15-30.

_____ 1968. "Salient Aspects of China's Heritage." In *China in Crisis*, ed. Ho Ping-ti and Tsou Tang. Chicago: University of Chicago Press, 1-92.

_____ 1969a. *Huangtu yu Zhongguo nongye de qiyuan* (The Loess soil of China and the origins of Chinese agriculture). Hong Kong: Chinese University of Hong Kong.

_____ 1969b. "The Loess and the Origins of Chinese Agriculture." *American Historical Review* 75: 1-36.

_____ 1975. *Cradle of the East*. Hong Kong: Chinese University of Hong Kong Press.

_____ 1977. "Chinese Civilization: The Search for the Roots of Its Longevity." *journal of Asian Studies* 35: 547-554.

Hofsten, E., and H. Lundstrom. 1976. *Swedish Population History: Main Trends from 1750 to 1970*. Stockholm: Statistiska Cenrralbyran.

Honig, Emily. 1984. "Courtship, Love, and Marriage: The Life and Times of Yu Luojin." *Pacific Affairs* 57: 252-269.

Honig, Emily, and Gail Herschatter. 1988. *Personal Voices: Chinese Women in the 1980s*. Stanford: Stanford University Press.

Hsiao Kung-chuan, 1979. *A History of Chinese Political Thought*, trans. F. W. Mote. Princeton: Princeton University Press.

Hsieh jih-chang and Chuang Ying-chang, eds. 1985. *The Chinese Family and Its Ritual Behavior*. Taibei: Institute of Ethnology, Academia Sinica.

Hsiung Ping-chen. 1995a. "To Nurse the Young: Breast-feeding and Infant Feeding in Late Imperial China." *Journal of Family History* 20: 217-238.

_____ Forthcoming. "More or Less: Cultural and Medical Factors behind Marital Fertility in Late Imperial China." In Lee and Saito.

Hu Hsien-chin. 1948. *The Common Descent Group ill China and Its Functions*. New York: Viking Fund.

Huang, Philip. 1985. *The Peasant Economy and Social Change ill North China*. Stanford: Stanford University Press.

_____ 1990. *The Peasant Family and Rural Development in the Yangzi Delta, 1350-1988*. Stanford: Stanford University Press.

_____ 1996. *Civil Justice in China: Representation and Practice in the Qing*. Stanford: Stanford University Press.

Huang, Philip, and Kathryn Bernhardt. 1994. *Civil Law in Qi11g and Republican China*. Stanford: Stanford University Press.

Hulsewe, A. F. P. 1985. *Remnants of Ch'in Law*. Leiden: E.J. Brill.

Huntington, Samuel. 1995. *The Clashes of Civilizations*. New York: Simon and Schuster.

INS (Immigration and Naturalization Service Office of Policy and Planning, Statistics Division). 1997. "Estimates of the Unauthorized Immigrant Population Residing in the U.S., October 1, 1996." News release, February 7.

Jain, Anrudh K., T. C Hsu, Ronald Freedman, and M. C Chang. 1970. "Demographic Aspects of Lactation and Postpartum Amenorrhea." *Demography 7*: 255-271.

jain, Anrudh K., Albert Hermalin, and T. H. Sun. 1979. "Lactation and Natural Fertility." In *Natural Fertility: Patterns and Determinants of Natural Fertility*, ed. Henri Leridon and Jane Menken. Liege: Ordina Editions, 149-194.

james, Patricia. 1979. *Population Malthus, His Life and Times*. Boston: Routledge and KeganPaul.

Jamison, Dean, et al. 1984. *China: The Health Sector*. Washington, D.C: World Bank.

Johansson, Sheila. 1994. "Food for Thought: Rhetoric and Reality in Modern Mortality History." *Historical Methods* 27: 101-125.

Johansson, Sten, Zhao Xuan, and Ola Nygren. 1991. "On Intriguing Sex Ratios among Live Births in China in the 1980s." *Journal of Official Statistics 7*: 25-43.

Johnson, D. Gale. 1994. "Effects of Institutions and Policies on Rural Population Growth and Application to China." *Population and Development Review* 20: 503-531.

Johnson, D. Gale, and Ronald D. Lee, eds. 1987. *Population Growth and Economic Development: Issues and Evidence*. Madison: University of Wisconsin Press.

Johnson, Kay Ann. 1983. *Women, the Family, and Peasant Revolution in China*. Chicago: University of Chicago Press.

Johnson, Kay Ann, Huang Baughan, and Wang Liyao. 1998. "Infant Abandonment and Adoption in China." *Population and Development Review 24*: 469-510.

Johnson, Wallace. 1997. *The Tang Code*. Vol. 2: Specific Articles. Princeton: Princeton University Press.

Kertzer, David. 1993. *Sacrificed for Honor: Child Abandonment in Italy*. Boston: Beacon

Books.

Kertzer, David, and Tom Fricke. 1997. *Anthropological Demography: Toward a New Synthesis.* Chicago: University of Chicago Press.

Keyfitz, Nathan. 1992. "Seven Ways of Causing the Less Developed Countries' Population Problems to Disappear-in Theory." *European Journal of Population* 8: 149-167.

_____ 1996. "Population and the Environment." *Population Studies* 50: 335-359.

Kinney, Anne Behnke, ed. 1995. *Chinese Views of Childhood.* Honolulu: University of Hawaii Press.

Kiro, Hiroshi. 1991. "Zen kindai Nihon no shusho-ryoku: Koshoshusho-ritsu wa jijitsu dattaka" (Fertility in premodern Japan: was fertility truly high?). *Jyōchi keizai ronshû* 36: 83-98.

Knodel, John. 1983. "Natural Fertility: Age Patterns, Levels, and Trends." In Bulatao and Lee, 61-102.

_____ 1988. *Demographic Behavior in the Past: A Study of Fourteen German Village Populations in the Eighteenth and Nineteenth Centuries.* Cambridge: Cambridge University Press.

Knodel, john, and Etienne van de Walle. 1986. "Lessons of the Past: Policy Implications of Fertility Studies." In Coale and Watkins, 390-420.

Kolmos, John. 1994. *Stature, Living Standards, and Economic Development.* Chicago: University of Chicago Press.

Kurosu, Satomi, and Emiko Ochiai. 1995. "Adoption as an Heirship Strategy under Demographic Constraints: A Case from Nineteenth-Century Japan." *Journal of Family History* 20: 261-288.

Kwon, T. 1993. "Exploring Socio-cultural Explanations of the Fertility Transition in South Korea." In Leete and Alam, 41-53.

Lach, Donald F., and Edwin J. Van Kley. 1993. *Asiaill the Making of Europe.* Vol.3: A *Century of Advance,* Book 4. Chicago: University of Chicago Press.

LaFleur, William. 1992. *Liquid Life: Abortion and Buddhism in Japan.* Princeton: Princeton University Press.

Landers, john. 1986. "Mortality, Weather, and Prices in London, 1675-1825: A Study of Short-Term Fluctuations." *Journal of Historical Geography* 12: 347-364.

Lang, Olga. 1946. *Chinese Family and Society.* New Haven: Yale University Press.

Langer, William. 1974a. "Further Notes on the History of Infanticide." *History of Childhood Quarterly* 2: 129-134.

_____ 1974b. "Infanticide: A Historical Survey." *History of Childhood Quarterly* 1: 553-565.

Laslett, Peter. 1977. *Family Life and Illicit Love in Earlier Generations.* Cambridge: Cambridge University Press.

_____ 1983. "Family and Household as Work Group and Kin Group: Areas of Traditional Europe Compared." In Wall and Laslett, 513-564.

Laslett, Peter, and Richard Wall, eds. 1972. *Household and Family in Past Time.* Cambridge: Cambridge University Press.

Lavely, William. 1986. "Age Patterns of Chinese Marital Fertility, 1950-1981." *Demography* 23: 419-434.

_____ 1991. "Marriage and Mobility under Rural Collectivism." In Watson and Ebrey, 286-312.

Lavely, William, and Ronald Freedman. 1990. "The Origins of Chinese Fertility Decline." *Demography* 27: 89-116.

Lavely, William, James Lee, and Wang Feng. 1990. "Chinese Demography: The State of the Field." *journal of Asian Studies* 49: 807-834.

Lavely, William, William M. Mason, and Jiang Hong Li. 1996. "Infant Mortality in a Rural Chinese County." Paper presented at the annual meeting of the Population Association of America, New Orleans, May 9-11.

Lavely, William, and R. Bin Wong. 1998. "Revising the Malthusian Narrative: The Comparative Study of Population Dynamics in Late Imperial China." *Journal of Asian Studies* 57: 714-748.

Lee, Bernice. 1981. "Infanticide in China." In *Women in China*, ed. Richard Guisso and Stanley johannson. Youngstown, N.j.: Philo Press, 163-177.

Lee, james. 1978. "Migration and Expansion in Chinese History." In *Human Migration: Patterns and Policies*, cd. William H. McNeill and Ruth S. Adams. Bloomington: Indiana University Press, 20-47.

_____ 1982a. "Food Supply and Population Growth in Southwest China, 1250-1850." *Journal of Asian Studies* 41: 709-746. A greatly expanded version was published as "Ming Qing shiqi Zhongguo xinan de jingji fazhan he renkou zengzhang," *Qingshi luncong* 5 (1984): 50-102, 287-288.

_____ 1982b. "The Legacy of Immigration in Southwest China, 1250-1850." *Annates de démographic historique*, 279-304.

_____ 1991. "Homicide et peine capita Ie en Chine à la fin de l'empire: Analyse staristique préliminaire des données." *Etudes Chinoises* 10: 113-134.

_____ Forthcoming. *The Political Economy of China's Southwestern Frontier: State Building and Economic Development, 1350-1850*. Cambridge, Mass.: Harvard University Asia Center.

Lee, james, and Cameron Campbell. 1997. *Fate and Fortune in Rural China: Social Organization and Population Behavior in Liaoning*, 1774-1873. Cambridge: Cambridge University Press.

Lee, james, Cameron Campbell, and Tan Guofu. 1992. "Infanticide and Family Planning in Late Imperial China: The Price and Population History of Rural Liaoning,1774-1873." In Rawski and Li, 145-176.

Lee, james, Cameron Campbell, and Wang Feng. 1993. "The Last Emperors: An Introduction to the Demography of the Qing (1644-1911) Imperial Lineage." In *New and Old Methods in Historical Demography*, ed. Roger Schofield and David Reher. Oxford: Oxford University Press, 361-382.

Lee, james, and Osamu Saito, cds. Forthcoming. *Abortion, Infanticide, and Reproductive Behavior inl Asia: Past and Present*. Oxford: Oxford University Press.

Lee, james, and Wang Feng. In press. "Male Nuptiality among the Qing Imperial Lineage: Polygyny or Serial Monogamy." In *Fertility and the Male Life Cycle in the Era of Fertility Decline*, ed. Caroline Bledsoe, Susana Lerner, and JaneGuyer. Oxford: Oxford University Press.

Lee, james, Wang Feng, and Cameron Campbell. 1994. "Infant and Child Mortality among the Late Imperial Chinese Nobility: Implications for Two Kinds of Positive Check." *Population Studies* 48: 395-411.

Lee, James, Wang Feng, and Ruan Danching. In press. "Nuptiality among the Qing Nobility: Implications for Two Types of Marriage Systems." In Liu Ts'ui-jung et al.

Lee, James, and R. Bin Wong. 1991. "Population Movements in Qing China and Their

Linguistic Legacy." In *Languages and Dialects of China*, ed. William Wong. Journal of Chinese Linguistics Monograph Series no. 3. Berkeley, 52-77.

Lee, Ronald. 1987. "Population Dynamics of Humans and Other Animals." *Demography* 24: 443-467.

Leete, Richard, and Iqbal Alam. 1993. *The Revolution in Asian Fertility: Dimensions, Causes, and Implications*. Oxford: Clarendon Press.

Leridon, Henri. 1977. *Human Fertility*. Chicago: University of Chicago Press.

Lesthaeghe, Ron, ed, 1989. *Reproduction and Social Organization in Sub-Saharan Africa*. Berkeley: University of California Press.

Leung, Angela. 1995. "Relief Institutions for Children in Nineteenth-Century China." In Kinney, 251-278.

Levy, Marion J., Jr. 1949. *The Family and Revolution in Modern China*. Cambridge, Mass.: Harvard University Press.

Li Bozhong. 1998. *Agricultural Development ill Jiangnan*, 1620-1850. New York: St. Martin's Press.

Li Chengrui, ed. 1986. *A Census of One Billion People*. Beijing: Population Census Office, State Council and Department of Population Statistics, State Statistical Bureau.

Li, Lillian. 1982. "Introduction: Food, Famine, and the Chinese State." *Journal of Asian Studies* 41: 687-707.

_____ 1992. "Grain Prices in Zhili Province, 1736-1911." In Rawski and Li, 69-99.

Liu Ta-chung and Yeh Kung-chia. 1965. *The Economy of the Chinese Mainland: National Income and Economic Development*, 1933-1959. Princeton: Princeton University Press.

Liu Ts'ui-jung, 1978. "Chinese Genealogies as a Source for the Study of Historical Demography." In *Studies and Essays in Commemoration of the Golden Jubilee of the Academia Sinica*. Academia Sinica, 849-870.

_____ 1981. "The Demographic Dynamics of Some Clans in the Lower Yangtze Area, ca. 1400-1900." *Academia Economica Papers* 9: 115-160.

_____ 1983. "Ming Qing renkou zhi zengzhi yu qianyi: 'Changjiang zhong xiayou diqu zupu ziliao zhi fenxi" (Population growth and migration in the Ming and Qing: Analysis of genealogical materials from the Middle and Lower Yangzi). In *Dierqu*

Zhongguo shehui jingjishi yanjiuhui lunwen ji (Papers from the Second Seminar on Chinese Social and Economic History), ed. Hsu Cho-yun, Mao Han-kuang, and Liu Ts'ui-jung. Taibei: Chinese Research Materials and Service Center, 283-316.

_____ 1985. "The Demography of Two Chinese Clans in Hsiao-shari, Chekiang, 1650-1850." In Hanley and Wolf, 13-61.

_____ 1986. "Agricultural Change and Population Growth: A Brief Survey on the case of China in Historical Perspective." *Academia Economic Papers* 14: 29-68.

_____ 1992. *Ming, Qing, shiqi jiazu renkou yu shehui jingji bianqian* (Lineage population and socioeconomic changes in the Ming and Qing periods). 2vols. Taibei: Institute of Economics, Academia Sinica.

_____ 1995a. "Demographic Constraint and Family Structure in Traditional Chinese Lineages, ca. 1200-1900." In Harrell, 121-140.

_____ 1995b. "Historical Demography of South China Lineages." In Harrell, 94-120.

Liu Ts'ui-jung et al., eds. In press. *Asian Historical Demography*. Oxford: Clarendon Press.

Livi-Bacci, Massimo. 1981. "On the Frequency of Remarriage in Nineteenth-Century Italy: Methods and Results." In Dupaquier et al., 347-362.

_____ 1986. "Social-Group Forerunners of Fertility Control in Europe." In Coale and Watkins, 182-200.

Lukes, Stephen. 1973. *Individualism*. New York: Harper and Row.

Luther, Norman Y., Griffith Feeney, and Zhang Weimin. 1990. "One-Child Families or a Baby Boom? Evidence from China's 1987 One-per-Hundred Survey." *Population Studies* 44: 341-357.

Macfarlane, Alan. 1978. *The Origins of English Individualism: Family, Property, and Social Transition*. Oxford: Oxford University Press.

_____ 1986. *Marriage and Love in England: Modes of Reproduction, 1300-1840*. Oxford: Basil Blackwell.

_____ 1987. *The Culture of Capitalism*. Oxford: Oxford University Press, 1987.

_____ 1997. *The Savage Wars of Peace: England, Japan, and the Malthusian Trap*. Oxford: Basil Blackwell.

Madsen, Richard. 1984. *Morality and Power in a Chinese Village*. Berkeley: University of California Press.

Mallory, Walter H. 1926. *China: The Land of Famine.* New York: American Geological Society.

Malthus, Thomas R. 1798/1803/1992. *An Essay on the Principle of Population, Second Edition*, ed. Donald Winch. Cambridge: Cambridge University Press.

_____ 1826/1986. *The Works of Thomas Robert Malthus*, ed. E. A. Wrigley and David Souden. 7 vols. London: William Pickering.

Mason, Karen Oppenheim. 1997. "Explaining Fertility Transitions." *Demography* 34: 443-454.

Matras, judah. 1965. "The Social Strategy of Family Formation: Some Variations in Time and Space." *Demography* 2: 349-362.

McAlpin, Michelle. 1983. *Subject to Famine: Food Crises and Economic Change in Western India.* Princeton: Princeton University Press.

McEvedy, Colin, and Richard jones. 1978. *Atlas of World Population History.* New York: Penguin Books.

McGovern, William M. 1958. "Collectivism and Individualism." In *Essays on Individuality*, ed. Felix Morley. Philadelphia: University of Pennsylvania Press, 339-367.

McNicoll, Geoffrey. 1984. "Institutional Determinants of Fertility Change." *Population and Development Review* 6: 441-461.

_____ 1992. "The Agenda of Population Studies: A Commentary and Complaint." *Population and Development Review* 18: 399-420.

Meijer, Marinus. 1978. "Marriage Law and Policy in the People's Republic of China." In Buxbaum, 436-486.

Mencius. 1970. *Mencius*, trans. D. C. Lau. London: Penguin Books.

Menken, jane, and Cameron Campbell. 1992. "Implications for Long-Term Population Growth of Age Patterns of Famine-Related Mortality Increase." *Health Transition Review* 2: 91-101.

Meuvret, Jean. 1946. "Les crises de subsistence et la demographic de la France d'ancien regime." *Population* 1: 643-650.

Ministry of Public Health of China. 1991. *Selected Edition of Health Statistics of China.* Beijing: Center for Health Statistics Information.

Mitterauer, Michael, and Reinhard Sieder. 1982. *The European Family: Patriarchy to Partnership from the Middle Ages to the Present.* Chicago: University of Chicago Press.

Muhuri, Pradip K., and Samuel H. Preston. 1991. "Effects of Family Composition on Mortality Differentials by Sex among Children in Marlab, Bangladesh." *Population and Development Review* 17: 415-434.

Munro, Donald, ed. 1985. *Individualism and Holism: Studies ill Confucian and Taoist Values.* Ann Arbor: University of Michigan, Center for Chinese Studies,

Myers, Ramon. 1980. *The Chinese Economy Past and Present.* Belmont: Wadsworth.

Naquin, Susan, and Evelyn Rawski. 1987. *Chinese Society in the Eighteenth Century.* New Haven: Yale University Press.

National Committee for Adoption. 1989. *Adoption Factbook, United States Data, Issues, Regulations, and Resources.* Washington, D.C.

National Research Council. 1986. *Population Growth and Economic Development: Policy Questions.* Washington, D.C.: National Academy Press.

Naughton, Barry. 1995. *Growing Gut of the Plan: Chinese Economic Reform, 1978-1993.* Cambridge: Cambridge University Press.

Nee, Victor. 1985. "Peasant Household Individualism." In *Chinese Rural Development: The Great Transformation,* ed. William L. Parish. Armonk: M. E. Sharpe, 164-190.

Needham, Joseph. 1962. *Science and Civilization in China.* Vol. 2. Cambridge: Cambridge University Press.

Notestein, Frank W., and Chiao Chi-mingo 1937. "Population." In Buck 1937, 1: 358-399. Office for National Statistics. 1997. *Social Focus on Families.* London: Her Majesty's Stationery Office.

Overbeek, Johannes. 1974. *History of Population Theories.* Rotterdam: Rotterdam University Press.

Ozment, Steven. 1983. *When Fathers Ruled: Family Life in Reformation Europe.* Cambridge, Mass.: Harvard University Press.

Page, Hillary, and Ron Lesthaeghe, eds. 1981. *Child Spacing in Tropical Africa: Traditions and Change.* New York: Academic Press.

Pan Ming-te, 1997. "Were They Better Off? Living Standards in the Rural Yangzi

Delta, 1650-1800." Paper presented at the Economic History Conference on Rethinking the History of Wages, Prices, and Living Standards, Davis, California.

Parish, William, and Martin K. Whyte. 1978. *Village and Family in Contemporary China*. Chicago: University of Chicago Press.

Park Chai Bin and Narn-Hoon Cho. 1995. "Consequences of Son Preference in a Low-Fertility Society: Imbalance of the Sex Ratio at Birth in Korea." *Population and Development Review* 21: 1-26.

Peng Xizhe. 1987. "Demographic Consequences of the Great Leap Forward." *Population and Development Review* 13: 639-670.

_____ 1989. "Major Determinants of China's Fertility Transition." *China Quarterly* 117: 1-37.

Perdue, Peter. 1992. "The Qing State and the Gansu Grain Market, 1739-1864." In Rawski and Li, 100-125.

_____ 1998. "Constructing Chinese Property Rights: East and West." Paper presented at the annual meeting of the Association of Asian Studies, Washington, D.C.

Perkins, Dwight. 1969. *Agricultural Development in China*, 1368-1968. Chicago: Aldine Publishing.

Perot, Michelle, ed. 1990. *From the Fires of Revolution to the Great War*, trans. Arthur Goldhammer. Vol. 4 of A History of Private Life, ed. Philippe Aries and Georges Duby. Cambridge, Mass.: The Belknap Press of Harvard University Press.

Perrenoud, Alfred. 1979. *La population de Genèue du seizième au début du dixneuvième siècle, Etude dèmograpbique*. Geneve: Julien.

Piazza, Alan. 1986. *Food Consumption and Nutritional Status in the People's Republic of China*. Boulder: Westview Press.

Pomeranz, Kenneth L. Forthcoming. *Economy, Ecology, Comparisons, and Connections: The World in the Age of the Industrial Revolution*. Princeton: Princeton University Press.

Pope, C. 1989. "Adult Mortality before the Twentieth Century: Current Evidence and New Sources." Paper presented to the UCLA Von Gremp Workshop in EconomicHistory.

Population Reference Bureau. 1994. *World Population Data Sheet*, 1994. Washington, D.C.

Poston, Dudley, and Gu Baochang. 1987. "Socioeconomic Differentials and Fertility in Subregions of China." *Demography* 24: 531-552.

Press, Frank, and Raymond Siever. 1994. *Understanding Earth*. New York: W. H. Freeman.

Preston, Samuel T. 1976. *Mortality Patterns in National Populations*. New York: Academic Press.

_____ 1980. "Causes and Consequences of Mortality Decline in Less Developed Countries during the Twentieth Century." In *Population and Economic Change in Developing Countries*, ed. Richard A. Easterlin. Chicago: University of Chicago Press, 289-341.

_____ 1996a. "The Effect of Population Growth on Environmental Quality." *Population Research and Policy Review* 15: 95-108.

_____ 1996b. "Population Studies of Mortality." *Population Studies* 50: 525-536.

Preston, Samuel, and Michael Haines. 1991. *Fatal Years: Child Mortality in Late Nineteenth-Century America*. Princeton: Princeton University Press.

Preston, Samuel, and Etienne van de Walle. 1978. "Urban French Mortality in the NineteenthCentury." *Population Studies* 32: 275-297.

Prost, Antoine, and Gerald Vincent, eds. 1991. *Riddles of Identity in Modern Times*, trans. Arthur Goldhammer. Vol. 5 of *A History of Private Life*, ed. Philippe Aries and Georges Duby. Cambridge, Mass.: The Belknap Press of Harvard University Press.

Pye, Lucian. 1996. "The State and the Individual: An Overview Interpretation." In *The Individual and the State in China*, ed. Brian Hook. Oxford: Oxford University Press, 16-42.

Rawski, Thomas. 1979. *Economic Growth and Employment in China*. New York: Oxford University Press

_____ 1989. *Economic Growth ill Prewar China*. Berkeley: University of California Press.

Rawski, Thomas, and Lillian Li, eds. 1992. *Chinese Economy ill Historical Perspective*. Berkeley: University of California Press.

Ricardo, David. 1852. *Works*, ed. J. R. McCulloch. London: Murray.

Rindfuss, Ronald, and Philip Morgan. 1983. "Marriage, Sex, and First Birth Interval:

The Quiet Revolution in Asia." *Population and Development Review* 9: 259-278.

Riskin, Carl. 1986. *China's Political Economy*. New York: Oxford University Press.

Rogaski, Ruth. 1996. "From Protecting the Body to Defending the Nation: The Emergence of Public Health in Tianjin, 1859-1953." Ph.D. diss., Yale University.

Royal Society and National Academy of Sciences. 1991. *Population Growth, Resource Consumption, and a Sustainable World: A Joint Statement*. London: Royal Society.

Rozman, Gilbert. 1982. *Population and Marketing Settlements in Ch'ing China*. New York: Cambridge University Press.

Ruan Danching, Xinyuan Dai, Linton C. Freedman, Yunkang Pan, and Wenhong Zhang. 1997. "Personal Support Networks in China and in the Netherlands." Manuscript.

Saito, Osamu. 1996. "Historical Demography: Achievements and Prospects." *Population Studies* 50: 537-553.

Salaff, Janet. 1973. "Mortality Decline in the Peoples Republic of China and the United States." *Population Studies* 27: 551-576.

Santow, Gigi. 1995. "Coitus Interruptus and the Control of Natural Fertility." *Population Studies* 49: 19-43.

Saraceno, Chiara. 1991. "The Italian Family: Paradoxes of Privacy." In Prost and Vincent, 451-501.

Schofield, Roger. 1983. "The Impact of Scarcity on Population Change in England, 1541-1871." *Journal of Interdisciplinary History* 14: 265-291.

_____ 1985. "English Marriage Patterns Revisited." *Journal of Family History* 10: 2-20.

_____ 1989. "Family Structure, Demographic Behavior, and Economic Growth." In Walter and Schofield, 279-304.

Schofield, Roger, and David Reher. 1991. "The Decline of Mortality in Europe." In Schofield, Reher, and Bideau, 1-17.

Schofield, Roger, David Reher, and Alain Bideau, eds. 1991. *The Decline of Mortality in Europe*. Oxford: Clarendon Press.

Schran, Peter. 1969. *The Development of Chinese Agriculture, 1950-1959*. Urbana:

University of Illinois Press.

_____ 1978. "China's Demographic Evolution 1850-1953 Reconsidered." *China Quarterly* 75: 639-646.

Schultz, Theodore. 1983. "Review of John C. Caldwell, *Theory of Fertility Decline.*" Population and Development Review 9: 161-168.

Schurmann, Franz. 1968. *Ideology and Organization in Communist China.* Berkeley: University of California Press.

Scogin, Hugh. 1990. "Between Heaven and Man: Contract and the State in Han Dynasty China." *Southern California Law Review* 63: 1325-1404.

Selden, Mark. 1971. *The Yenan Way in Revolutionary China.* Cambridge, Mass.: Harvard University Press.

Sen, Arnarrya. 1992. *Inequality Reexamined.* New York: Russell Sage Foundation; Oxford: Clarendon Press.

Shakai Keizaishi Gakkai. 1978. *Atarashii Edojidai shizo wo motomete* (Toward new perspectives on Tokugawa Japan). Tokyo: Toyo keizai shinposha,

Shepherd, John. 1995. *Marriage and Mandatory Abortion among the 17th-Century Siraya.* Arlington, Va.: American Anthropological Association.

Shiba Yoshinobu. 1991. "Sodai no shohi-seisan suijun shitan" (An inquiry on consumption and production of Song China). *Chugoko Shigahu* 1: 147-172.

Shirokogoroff, S. M. 1924. *Social Organization of the Ivumchus.* Shanghai: North China Branch of the Royal Asiatic Society.

Skinner, G. William. 1964. "Marketing and Social Structure in Rural China, Part I." *Journal of Asian Studies* 24: 3-43.

_____ 1965a. "Marketing and Social Structure in Rural China, Part II." *journal of Asian Studies* 24: 195-228.

_____ 1965b. "Marketing and Social Structure in Rural China, Part III." *Journal of Asian Studies* 24: 363-399.

_____, ed. 1977. *The City in Late Imperial China.* Stanford: Stanford University Press.

_____ 1985. "The Structure of Chinese History." *Journal of Asian Studies 44*: 271-292.

_____ 1986. "The Population of Sichuan in the Nineteenth Century; Lessons from Disaggregated Data." *Late Imperial China* 7.2: 1-79.

_____ 1997. "Family Systems and Demographic Processes." In Kertzer and Fricke,

53-95.

Skinner, Quentin. 1997. *Liberty before Liberalism.* Cambridge: Cambridge University Press.

Smedley, Agnes. 1958. *The Great Road: The Life and Times of Chu Teh.* London.

Smil, Vaclav. 1984. *The Bad Earth: Environmental Degradation in China.* Armonk, N.Y.: M. E. Sharpe.

_____ 1993. *China's Environmental Crisis: All Inquiry into the Limits of National Development.* Armonk, N. Y.: M. E. Sharpe.

_____ 1995. "Who Will Feed China?" *China Quarterly* 143: 801-813.

_____ 1996. "Environmental Problems in China: Estimates of Economic Costs." *East-West Center Special Reports* 5: 1-62.

Smith, Adam. 1776/1979. *The Wealth of Nations,* ed. Andrew Skinner. New York: Penguin Books.

Smith, Herbert L., S. Philip Morgan, and Tanya Koropeckyj-Cox. 1996. "A Decomposition of Trends in the Nonmarital Fertility Ratios of Blacks and Whites in the United States, 1960-1992." *Demography* 33: 141-151.

Smith, Peter. See Xenos, Peter.

Solinger, Dorothy. 1999. *Contesting Citizenship in Urban China: Peasant Migrants, the State, and the Logic of the Market.* Berkeley: University of California Press.

Soloman, Richard H. 1971. *Mao's Revolution and the Chinese Political Culture.* Berkeley: University of California Press.

Song Jian. 1981. "Population Development-Goals and Plans." In *China's Population: Problems and Prospects.* Beijing: New World Press, 25-31.

Song Jian, Chi-hsien Tuan, and jing-yuan Yu. 1985. *Population Control in China: Theory and Applications.* New York: Praeger.

Spence, Jonathan. 1975. "Opium Smoking in Ch'ing China." In *Conflict and Control in Late Imperial China,* ed. Frederic Wakeman and Carolyn Grant. Berkeley: University of California Press, 143-173.

SSB (State Statistical Bureau). 1982. *Zhongguo tongji nianjian 1981* (China statistical yearbook 1981). Beijing: Zhongguo tongji chubanshe.

_____ 1986. *China In-Depth Fertility Survey (Phase I), Principal Report.* 2 vols. Beijing: Department of Population Statistics.

_____ 1987. 1982 *Population Census of China, One-Percent Household Sampling.* 4 vols. Beijing: Department of Population Statistics.

_____ 1993. *Tabulations of the 1990 Population Census of the People's Republic of China.* 4 vols. Beijing: China Statistical Publishing House.

Stacey, Judith. 1983. *Patriarchy and Socialist Revolution in China.* Berkeley: University of California Press.

Statistika Cenrralbyrån. 1969. *Historisk statistik för Sverige. Del I. Befolkning. 1720-1967* (Historical statistics of Sweden. Part I: Population, 1720-1967). 2d ed. Stockholm.

Statistisk Sentralbyra. 1980. *Folketeljinga 1801* (Population census, 1801). Oslo: Norges Offisielle Statistikk B134.

Steckel, Richard, ed. 1997. *Health and Welfare during Industrialization.* Chicago: University of Chicago Press.

Stevenson, Paul. 1926. "Anthropometry in China: An Extended Outline of Research." *Chinese Medical journal* 40: 95-127.

Sun Jinxin. 1997. "The Characteristics of China's Four Population Censuses." In *Symposium on Demography of China. 23rd IUSSP General Population Conference.* Beijing: China Population Association, 3-14.

Szreter, S. R. S. 1988. "The Importance of Social Intervention in Britain's Mortality Decline c. 1850-1914: A Re-interpretation of the Role of Public Health." *Social History of Medicine* 1: 1-37.

Tawney, R. H. 1932. *Land and Labor in China.* Boston: Beacon Press.

Telford, Ted A. 1986. "Survey of Social Demographic Data in Chinese Genealogies." *Late Imperial China* 7: 118-148.

_____ 1990a. "Mortality and Social Structure in Late Imperial Tongcheng County." Paper presented at the annual meeting of the Association for Asian Studies, Chicago.

_____ 1990b. "Patching the Holes in Chinese Genealogies: Mortality in the Lineage Populations of Tongcheng County, 1300-1880." *Late Imperial China* 11: 116-136.

_____ 1992a. "Covariates of Men's Age at First Marriage: The Historical Demography of Chinese Lineages." *Population Studies* 46: 19-35.

  1992b. "Marital Fertility in the Ming-Qing Transition: Tongcheng County, 1520-1661." Manuscript.

  1994. "Family and State in Qing China: Marriage in the Tongcheng Lineages, 1650-1850." In *jinshi jiazu yu zhengzhi bijiao lishi lunwn ji* (A comparative history of the state and family). Taibei: Academia Sinica, Institute of ModernHistory, 921-942.

  1995. "Fertility and Population Growth in the Lineages of Tongcheng County, 1520-1661." In Harrell, 48-93.

Telford, Ted A., Melvin P. Thatcher, and Basil P. N. Yang. 1983. *Chinese Genealogies at the Genealogical Society of Utah: An Annotated Bibliography.* Taibei: Ch'eng-wen Publishing.

Thatcher, Melvin. 1995. "Local Historical Sources for China at the Genealogical Society of Utah." *Hanxue yanjiu* 3: 419-459.

  1998. "Selected Sources for Late Imperial China on Microfilm at the Genealogical Society of Utah." *Late Imperial China* 19: 111-129.

Thornton, Arland. 1988. "Cohabitation and Marriage in the 19805." *Demography* 25: 497-508.

Tien, H. Yuan. 1983. "China: Demographic Billionaire." *Population Bulletin* 38: 1-42.

Todd, Emmanuel. 1985. *The Explanation of Ideology: Family Structures and Social Systems.* Oxford: Basil Blackwell. 1990. Invention de l'Europe. Paris: Seuil.

Toulcman, Laurent. 1996. "Cohabitation est ici pour la duree." *Population 51*: 675-715.

Triandis, Harry C. 1995. *Individualism and Collectivism.* Boulder: Westview Press.

Trussell, james, and Charles Westoff. 1980. "Contraceptive Practices and Trends in Coital Frequency." *Family Planning Perspective* 12: 246-249. United Nations. 1984. *Demographic Yearbook.* New York. 1992. *Demographic Yearbook.* New York. 1993. *World Population Prospect: The 1992 Edition.* New York.

U.S. Bureau of the Census. 1997. *Statistical Abstract of the United States: 1997.* 117th ed. Washington, D.C.: U.S. Government Printing Office, Superintendent of Documents.

Vallin, jacques. 1991. "Mortality in Europe from 1720 to 1914: Long-Term Trends and Changes in Patterns by Age and Sex." In Schofield, Reher, and Bideau, 38-67.

Vallin, Jacques, and France Mesle, 1988. *Les causes de décès en France de* 1925 à 1978. Paris.

Van de Walle, Etienne. 1976. "Household Dynamics in a Belgian Village, 1847-1866." *Jounal of Family History* 1: 80-94.

_____ 1992. "Fertility Transition, Conscious Choice, and Numeracy." *Demography* 29: 487-502.

Wachter, Kenneth. 1981. "Graphical Estimation of Military Heights." *Historical Methods* 14: 31-42.

Wachter, Kenneth, and james Trussell. 1982. "Estimating Historical Heights." *Journal of the American Statistical Association* 77: 279-303.

Wakefield, David. 1992. "Household Division in Qing and Republican China: Inheritance, Family Property, and Economic Development." Ph.D. diss., University of California, Los Angeles.

Walder, Andrew G. 1986. *Communist Neo-Traditionalism.* Berkeley: University of California Press.

Walker, Kenneth R. 1988. "Trends in Crop Production, 1978-86." *China Quarterly* 116: 592-633.

Wall, Richard. 1981. "Inferring Differential Neglect of Females from Mortality Data." *Annales de démographic historique,* 119-140.

Wall, Richard, and Peter Laslett, eds. 1983. *Family Forms in Historic Europe.* Cambridge: Cambridge University Press.

Walter, John, and Roger Schofield. 1989. *Famine, Disease, and the Social Order in Early Modern Society.* Cambridge: Cambridge University Press.

Waltner, Ann. 1991. *Getting an Heir: Adoption and the Construction of Kinship in Late Imperial China.* Honolulu: University of Hawaii Press.

_____ 1995. "Infanticide and Dowry in Ming and Early Qing China." In Kinney, 193-218.

Wang Feng. 1988. "The Roles of Individual Socioeconomic Characteristics and the Government Family Planning Program in China's Fertility Decline." *Population Research and Policy Review* 7: 255-276.

_____ 1996. "A Decade of the One-Child Policy: Achievement and Implications." In Goldstein and Wang, 97-120.

_____ Forthcoming. "The Rise of Abortion in Modern China." In Lee and Saito.

Wang Feng and James Lee. 1998. "Adoption among the Qing Nobility and Its Implications for Chinese Demographic Behavior." *History of the Family 3*: 411-427.

Wang Feng, James Lee, and Cameron Campbell. 1995. "Marital Fertility Control among the Late Imperial Chinese Nobility: Implications for Two Types of Preventive Check." *Population Studies* 49: 383-400.

Wang Feng and Nancy Tuma. 1993. "Changes in Chinese Marriage Patterns during the Twentieth Century." In *Proceedings of the IUSSP International Population Conference, Montreal.* Liege: IUSSP, 337-352.

Wang Feng and Yang Quanhe. 1996. "Age at Marriage and the First Birth Interval: The Emerging Change in Sexual Behavior among Young Couples in China." *Population Development Review* 22: 299-320.

Wang Yeh-chien. 1973. *Land Taxation in Imperial China, 1750-1911.* Cambridge, Mass.: Harvard University Press.

_____ 1984. "Spatial and Temporal Patterns of Grain Prices in China, 1740-1910." Paper presented at the Conference on Chinese Economic History, Bellagio, Italy.

_____ 1986. "Food Supply in Eighteenth-Century Fukien." *Late Imperial China7*: 80-117

_____ 1992. "Food Supply and Grain Prices in the Yangzi Delta in the Eighteenth Century." InRawski and Li, 35-68.

Watkins, Susan Cotts, and Jane Menken. 1985. "Famine in Historical Perspective." *Population and Development Review* II: 647-675.

_____ 1988. "On the Roles of Crises in Historical Perspective." *Population and Development Review* 14: 165-170.

Watson, Rubie S., and Patricia Buckley Ebrey, eds. 1991. *Marriage and Inequality in Chinese Society.* Berkeley: University of California Press.

Weir, David. 1984a. "Life under Pressure: France and England, 1670-1870." *Journal of Economic History* 44: 27-47.

_____ 1984b. "Rather Never than Late: Celibacy and Age at Marriage in English Cohort Fertility, 1541-1871." *Journal of Family History* 9: 341-355.

White, Kevin M., and Samuel H. Preston. 1996. "How Many Americans Are A live

Because of Twentieth-Century Improvements in Mortality?" *Population and Development Review* 22: 415-430.

Whyte, Martin King. 1990. "Changes in Mate Choice in Chengdu." In *Chinese Society on the Eve of Tiananmen,* ed. Deborah Davis and Ezra F. Vogel. Cambridge, Mass.: Harvard University Press, 181-214.

_____ 1993. "Wedding Behavior and Family Strategies in Chengdu." In Davis and Harrell, 189-218.

_____ 1995. "The Social Roots of China's Economic Development." *China Quarterly* 144: 999-1019.

Whyte, Martin King, and William Parish. 1984. *Urban Life in Contemporary China.* Chicago: University of Chicago Press.

Wile, Douglas. 1992. *Art of Bedchamber: The Chinese Sexual Yoga Classics including Women's Solo Meditation Texts.* Albany: State University of New York Press.

Will, Pierre-Etienne. 1990. *Bureaucracy and Famine in Nineteenth-Century China.* Stanford: Stanford University Press.

Will, Pierre-Etienne, and R. Bin Wong, with James Lee, eds. 1991. *Nourish the People: The State Civilian Granary System in China, 1650-1850.* Ann Arbor: University of Michigan, Center for Chinese Studies.

Wilson, Chris. 1984. "Natural Fertility in Preindustrial England, 1600-1799." *Population Studies* 38: 225-240.

_____ 1985. "What Is Natural Fertility? The Modeling of a Concept." *Population Index* 54: 4-20.

Wolf, Arthur. 1981. "Women, Widowhood, and Fertility in Pre-modern China." In Dupaquier et al., 139-150.

_____ 1984. "Family Life and the Life Cycle in Rural China." In *Households: Comparative and Historical Studies of the Domestic Group,* ed. Robert McC. Netting, Richard Wilk, and Eric Arnould. Berkeley: University of California Press, 279-298.

_____ 1985a. "Chinese Family Size: A Myth Revitalized." In Hsieh and Chuang, 3-9.

_____ 1985b. "Fertility in Prerevolutionary Rural China." In Hanley and Wolf, 154-185.

_____ 1995. *Sexual Attraction and Childhood Association: A Chinese Brief for Edward Westermark.* Stanford: Stanford University Press.

Wolf, Arthur, and Huang Chieh-shan. 1980. *Marriage and Adoption in China,* 1845-1945. Stanford: Stanford University Press.

Wolf, Margery. 1968. *The House of Lim: A Study of a Chinese Farm Family.* New York: Appleton-Century.

_____ 1992. *Revolution Postponed: Women in Contemporary China.* Stanford: Stanford University Press.

Wong, R. Bin. 1992. "Chinese Economic History and Development: A Note on the Myers-Huang Exchange." *Journal of Asian Studies* 51: 600-611.

_____ 1997. *China Transformed: Historical Change and the Limits of the European Experience.* Ithaca: Cornell University Press.

Wong, R. Bin, and Peter Perdue. 1992. "Grain Markets and Food Supplies in Eighteenth-Century Hunan." In Rawski and Li, 126-144.

Woods, Robert, P. A. Watterson, and J. H. Woodward. 1988. "The Causes of Rapid Infant Mortality Decline in England and Wales, 1861-1921." *Population Studies* 42: 343-366; 43: 113-132.

Wrigley, E. A. 1978. "Fertility Strategy for the Individual and the Group." In *Historical Studies of Changing Fertility,* ed. Charles Tilly. Princeton: Princeton University Press, 135-154.

_____ 1986. "Introduction." In Malthus, 1-39.

Wrigley. E. A., R. S. Davies, j. Oeppen, and R. S. Schofield. 1997. *English Population History from Family Reconstitution, 1580-1837.* Cambridge: Cambridge University Press.

Wrigley, E. A., and R. S. Schofield. 1981. *The Population History of England, 1541-1871.* Cambridge: Cambridge University Press.

Xenos, Peter. 1974. "Asian Marriage Patterns in Transition." *Journal of Family History* 5: 58-96.

Xiao Yanfeng, Wang Hansheng, Shi Xianmin, and Lin Bing. 1990. "Xianjieduan woguo shehui jiegou de fenhua ye zhenghe" (Differentiation and integration of social structure in contemporary China). *Zhongguo shehui kexue* 4: 121-130.

Xie Yu. 1990. "What Is Natural Fertility? The Remodeling of a Concept." *Population Index* 56: 656-663.

Yamaguchi, Kazuo. 1991. *Event History Analysis,* Beverly Hills: Sage Publications.

Yan Ruizhen and Wang Yuan. 1992. *Poverty and Development: A Study of China's Poor Areas.* Beijing: New World Press.

Yang, C. K. 1959. *Chinese Communist Society: The Family and the Village.* Cambridge, Mass.: Harvard University Press.

Yang, Dali L. 1996. *Calamity and Reform in China: State, Rural Society, and Institutional Change since the Great Leap Famine.* Stanford: Stanford University Press.

Yang Lien-sheng. 1955. "Schedules of Work and Rest in Imperial China." In *Studies in Chinese Institutional History.* Cambridge, Mass.: Harvard Yen ching Institute, 38-52.

Yang, Martin C. 1945/1965. *Chinese Village: Taitou, Shantung Province.* New York: Columbia University Press.

Yang, Mayfair Meihui. 1994. *Gifts, Favors, and Banquets: The Art of Social Relationships in China.* Ithaca: Cornell University Press.

Yip Ka-che. 1995. *Health and National Reconstruction ill Nationalist China: The Development of Modem Health Services*, 1928-1937. Ann Arbor: Association for Asian Studies.

Yu, Y. C. 1997. "Characteristics and Prospects of the Population Census of China." In *Symposium on Demography of China, 23rd IUSSP General Population Conference.* Beijing: China Population Association, 25-35.

Zeng Yi. 1989. "Is the Chinese Family Planning Program "Tightening Up'?" *Population and Development Review* 15: 333-338.

_____ 1996. "Is Fertility in China in 1991-1992 Far below Replacement Level?" *Population Studies* 50: 27-34.

Zeng Yi et a!. 1993. "Causes and Implications of the Recent Increase in the Reported Sex Ratio at Birth in China." *Population and Development Review* 19: 283-302, 425, 427.

Zhang Qingwu and Wang Weizhi. 1997. "Household Registration, Population Statistics, and Computer Management in China." In *Symposium on Demography of China, 23rd IUSSP General Population Conference.* Beijing: China Population Association, 86-94.

Zhang Weimin, Yu Hongwen, and Cui Hongyan. 1997. "Current Changes in China's

Population: A Brief Analysis of the Population Data of China's 1995 1% Population Sample Survey." In *Symposium on Demography of China. 23rd IUSSP General Population Conference*. Beijing: China Population Association, 36-71.

Zhao Zhongwei. 1994. "Demographic Conditions and Multi-Generation Households in Chinese History: Results from Genealogical Research and Microsimulation." *Population Studies* 48: 412-425.

_____ 1997a. "Deliberate Birth Control under a High-Fertility Regime: Reproductive Behavior in China before 1970." *Population and Development Review* 23: 729-768.

_____ 1997b. "Long-Term Mortality Patterns in Chinese History: Evidence from a Recorded Clan Population." *Population Studies* 51: 117-128.

_____ In press. "Demographic Influences and Multigenerational Household in Chinese History." In Liu Ts'ui-jung et al.

참고문헌 (중문)

白鶴文・杜富權・閔宗殷 편, 1995, 『中國近代農業科技史稿』, 北京, 中國農業科技出版社.

陳全生, 1989, 「宋代生子不育風俗的盛行及其原因」, 『中國史研究』 第1期, 138-147.

_____, 1992, 『市場機制與社會變遷－18世紀廣東米價分析』, 廣州, 中山大學出版社.

陳振漢, 1955, 「明末淸初(1620-1720)中國的農業勞動生産力・地租和土地集中」, 北京 『經濟研究』第3期.

從翰香, 1984, 「論明代江南地方的人口密度及其對經濟發展的影響」, 北京 『中國史研究』 第3期.

定宜莊, 1999, 『滿族的婦女生活與婚姻制度研究』, 北京大學出版社.

杜家驥, 1994, 「淸代天花病得流傳・防治及其對皇族人口之影響初探」, 李中淸・郭松義 편 『淸代皇族人口行爲和社會環境』, 北京大學出版社, 154-169.

範菁菁, 1995, 『中國人口年齡性別結構』, 北京, 中國人口出版社.

方 行, 1996, 「淸代江南農民的消費」, 北京 『中國經濟史研究』 第3期.

費孝通, 1947/1998, 『鄕土中國, 生育制度』, 北京大學出版社.

馮方回, 1996, 『中國婚姻數據集』, 北京, 中國人口出版社.

馮爾康, 1986, 「淸代的婚姻制度和婦女的社會地位述論」, 『淸史研究集』 第5輯, 305-343.

傅衣淩, 1991, 『明淸封建土地所有制論綱』, 上海人民出版社.

傅築夫・顧抒堂, 1956, 「中國原始資本積累發生遲緩的原因」, 天津日報, 12, 7.

葛劍雄, 1991, 『中國人口發展史』, 福建人民出版社

_____, 1997, 『中國移民史』, 福建人民出版社.

葛劍雄・曹樹基・吳松弟, 1993, 『簡明中國移民史』, 福建人民出版社.

顧頡剛, 1982, 「由"烝""報"等婚姻方式看社會制度的變遷」, 『文史』, 第14集, 1-29, 第15集, 1-25. 北京, 中華書局.

郭松義, 1987, 「淸代人口問題與婚姻狀況的考察」, 北京 『中國史研究』, 第3期, 123-137; 출판예정, 『淸代婚姻家庭關系研究』, 北京商務印書館.

郭松義 등, 1991, 『淸代全史』 총6卷, 沈陽, 遼寧人民出版社.

郭文韜, 1988, 『中國農業科技發展史略』, 北京, 中國科學技術出版社.

郭志剛, 1995, 『當代中國人口發展與家庭戶的變遷』, 北京, 中國人民大學出版社.

國家統計局(SSB), 1982, 『中國統計年鑒(1981)』, 北京, 中國統計出版社.

國家統計局(SSB), 1997, 『1995全國1%人口抽樣調查資料』, 北京, 中國統計出版社.

何炳棣, 1969a, 『黃土與中國農業的起源』, 香港中國大學.

_____, 1978, 「美洲作物的引進傳播及其對中國糧食生産的影響」, 『大公報副刊三十周年文集』, 673-731, 香港『大公報』出版.

_____, 1995, 『中國歷代土地數字考釋』, 台北聯經出版事業公司.

洪煥椿, 1989, 「明清時代長江三角洲地區的經濟優勢和特點」, 洪煥椿・羅崙 편『長江三角洲地方社會經濟史研究』, 南京大學出版社.

黃榮濤・劉琰, 1995, 『中國人口死亡數據集』, 北京, 中國人口出版社.

侯楊方, 1997, 『明清時期江南地區人口于社會經濟變遷』, 複旦大學博士論文.

姜濤, 1993, 『中國近代人口史』, 杭州, 浙江人民出版社.

蔣正華・李樹苗・孫富斌, 1993, 『中國第四次人口普查死亡漏報和死亡水平研究』, 北京, 中國統計出版社.

李伯重, 1994, 「控制增長, 以保富裕 : 清代前中期江南的人口行爲」, 『新史學』, 第5卷 第3期(9月), 25-71.

_____, 1996a, 「從"夫婦並做"到"男耕女織" – 明清江南農家婦女勞動問題探討之一」, 北京『中國經濟史研究』, 第3期.

_____, 1996b, 「"人耕十畝"與明清江南農民的經營規模」, 南京 『中國農史』, 第1期.

_____, 1996c, 「"人口壓力"與"最低生活水准"質疑」, 廈門『中國社區經濟研究』, 第3期.

_____, 1997a, 「婦女"半邊天"角色的形成 – 明清江南農家婦女勞動問題探討之二」, 北京『中國經濟史研究』, 第3期.

_____, 1997b, 「有無14世紀的轉折 : 宋末至明初江南人口・耕地・技術與農民經營方式的變化」, 1997年 6月 5-11日 캐리포니아"宋元明轉變討論會"論文.

_____, 1999, 『發展與制約"明清江南生産力研究』, 台北, 聯經出版事業公司. 출판예정, 「墮胎・避孕與絶育: 宋元明清江浙地區的節育方法及其運用與傳播」, 定宜莊・郭松義・李中清 편『婚姻與家庭 : 東西比較史』, 北京大學出版社.

李中清, 1984, 『明清時期中國西南的經濟發展和人口增長』, 『清史論叢』, 第5輯, 50-102, 287-288.

_____, 1994, 「中國人口制度 : 清代人口行爲及其意義」, 李中清・郭松義『清代皇族人口行爲和社會環境』, 8-24.

李中清・郭松義 편, 1994, 『清代皇族人口行爲和社會環境』, 北京大學出版社.

李中清・安東尼(Lawrence Anthony)・休恩(Alice Seun), 1988, 「遼寧省成人死亡率, 1796-1819」, 『慶祝第一歷史檔案館六十周年論文集』, 北京, 中華書局, 第2卷, 885-898.

梁其姿, 1987,「明淸預防天花措施之演變」,『國史試論』, 1997,『施善與敎化 : 明淸的慈善組織』, 台北, 聯經出版事業公司.

梁方仲, 1980,『中國歷代戶口・田地・田賦統計』, 上海人民出版社. 1984,『梁方仲經濟史論文集補編』, 中州古籍出版社.

梁家勉, 1989,『中國農業科學技術史稿』, 北京, 農業出版社.

劉翠溶, 1983,「明淸人口之增值與遷移－長江中下遊地區族譜資料之分析」, Hsu Cho-yun, Mao Han-kuang・劉翠溶 편『第二次中國社會經濟史研究會論文集』, 台北, 中國研究資料服務中心, 283-316.

_____, 1992,『明淸時期家族人口與社會經濟變遷』, 台北, 中央研究院經濟研究所, 共2卷.

劉靜貞, 1994a,「殺子與溺嬰: 宋人生育問題的性別差異」, 中國史學會史學集刊, 第26輯, 99-106. 1994b,「宋人生子不育風俗試探: 經濟性理由的探索」,『大陸雜志』, 第88卷 (6)1-23.

_____, 1995a,「從毀胎的報應傳說看宋代婦女的生育問題」,『大陸雜志』, 第90卷(1)1-15.

_____, 1995b,「漢隋之間的"生子不育"問題: 六朝生育禮俗研究之一」,『大陸雜志』, 第89卷.

羅崙, 1989,「淸代蘇松嘉湖地方農業計量研究的發展及其推動力」, 洪煥椿・羅崙 편『長江三角洲地方社會經濟史研究』, 南京大學出版社.

馬寅初(1882-1982), 1979,『新人口論』, 北京, 新華書店.

全漢升, 1974,「鴉片戰爭前江蘇的棉紡織業」,『中國經濟史論叢』, 香港, 新亞研究所出版社, 625-650;

_____, 1976,『中國經濟史研究』 총3卷, 香港, 新亞研究所出版社.

榮壽德・李廣濟, 1986,「中國人口死因調査」,『中國人口年鑑(1985)』, 1027-1068.

孫沐寒, 1987,『中國計劃生育史稿』, 北京, 北方婦女兒童出版社.

孫以穰, 1986,『墨子閑詁』, 北京, 中華書局.

唐啓禹, 1986,『中國作物栽培史稿』, 北京, 農業出版社.

王韶伍, 1981,『中國近五百年旱澇分布圖集』, 北京, 地圖出版社.

王廷元, 1993,「論明淸時期江南棉紡織業的勞動收益及其經營形態」, 北京,『中國經濟史研究』 第2期.

魏金玉, 1983,「明淸時代農業中等級雇傭勞動向非等級性雇傭勞動的過渡」, 李文治・魏金玉・經君健,『明淸時代的農業資本主義萌芽問題』, 北京, 中國社會科學出版社.

吳承明, 1996,「利用糧價變動研究淸代的市場整合」,『中國經濟史研究』 第2期, 88-94.

吳德淸, 1995,『當代中國離婚研究』, 博士論文, 北京大學人口研究所.

吳量愷, 1983,「淸前期農業雇工的工價」,『中國社會經濟史研究』 第2期, 1-16.

吳申元, 1986, 『中國人口思想史稿』, 北京, 中國社會科學出版社.

熊秉眞, 1995b, 『幼幼 : 傳統中國的襁褓制度』, 台北, 聯經出版事業公司.

徐新吾, 1991, 『近代江南絲織工業史』, 上海, 上海人民出版社.

嚴瑞珍・王援, 1992, 『貧困與發展 : 對中國貧困地區的研究』, 北京, 新世界出版社.

閆肖鋒・王漢生・石建民・林彬, 1990, 「現階段我國社會結構的分化與整合」, 『中國社會科學出版社』 第4期, 121-130.

嚴雲翔, 1992, 「傳統中國社會的叔嫂收繼婚」, 『九州學刊』, 第5卷, 第1期(7月)91-106.

楊書章, 1993, 「中國少數民族人口的增長與計劃生育」, 『中國1990年人口普查國際討論會論文集』, 北京, 中國統計出版社, 313-324.

姚新武・尹華, 1994, 『中國常用人口數據集』, 北京, 中國人口出版社.

遊允中, 1997, 「中國人口普查的特點和展望」, 第23屆國際人口會議中國人口研討會, 北京, 中國人口學會.

張敏如, 1982, 『中國人口思想簡史』, 北京, 中國人民大學出版社.

張慶五・王維志, 1997, 「中國的戶口登記・人口統計和計算機管理」, 第23屆國際人口會議中國人口研討會, 北京, 中國人口學會.

張爲民 等, 1997, 「中國人口的當前變化, 對中國1995年1％人口抽樣調查資料的簡略分析」, 第23屆國際人口會議中國人口研討會, 北京, 中國人口學會.

趙岡・劉勇成・吳慧・朱金甫・陳慈玉・陳秋坤, 1995, 『清代糧食畝産量研究』, 北京, 農業出版社.

趙文林・謝淑君, 1988, 『中國人口史』, 北京人民出版社.

周伯棣, 1981, 『中國財政史』, 北京人民出版社.

_____, 1984, 『中國財政思想史稿』, 福建人民出版社.

中國解剖協會體質研究組 『中國人體質調查』, 1982, 上海社會科學技術出版社.

中國人口信息中心(CPIC), 1988, 『中國人口資料手冊』, 北京.

中國社會科學院(CASS) 人口研究所, 1994, 『當代中國婦女抽樣調查資料』, 北京, 萬國出版社.

竺可楨, 1972, 「中國近5000年來氣候變化的初步研究」, 『科學通報』 (北京)第1期.

朱 勇, 1987, 『清代宗族法研究』, 湖南人民出版社.

莊亞兒, 1995, 『中國人口遷移數據集』, 北京, 中國人口出版社.

찾아보기

지은이 제임스 Z. 리 James Z. Lee(李中清, 1952~)
예일대학과 시카고대학에서 역사학으로 각각 석사와 박사학위를 받았다. 캘리포니아공과대학 교수·
미시간대학 인구연구센터 교수·베이징대학-미시간대학 합동대학 원장 등을 역임했으며, 현재 홍콩과
학기술대학 인문사회과학대학 학장으로 있다. 중국 사회과학사 연구의 선도자로서, 사회과학 연구의
계량적 방법을 역사 데이터에 적용해 연구를 진행해 왔다. 그와 그의 연구팀은 누대에 걸쳐 축적된 다
양한 문헌자료와 사회조사자료, 족보, 묘비명, 구술역사자료 등을 이용하여, 18~21세기 중국에 관한 방
대한 데이터를 구축하였다.

왕펑 Wang Peng(王豐, 1957~)
중국 허베이대학에서 경제학을 전공하고, 미시간대학에서 사회학으로 박사학위를 받았다. 캘리포니아
대학(어바인) 사회학과 교수를 역임했으며, 현재 칭화대학 브루킹스 공공정책연구센터 주임으로 있다.

옮긴이 손병규
일본 도쿄대학에서 조선시대사회경제사 연구로 박사학위를 받았다. 현재 성균관대학교 동아시아학술
원 인문한국(HK)연구소 교수로 재직 중이다. 호적과 족보를 이용한 인구사·역사인구학 연구와 동아시
아 재정사 연구를 병행하고 있으며, 『호적, 1606~1923 호구기록으로 본 조선의 문화사』(2007), 『인구로
읽는 일본사』(2009) 등의 저역서가 있다.

김경호
성균관대학교에서 중국고대사를 전공하고 박사학위를 받았다. 현재 성균관대학교 동아시아학술원 인문
한국(HK)연구소 교수로 재직 중이다. 고대 동아시아 출토자료를 중심으로 한 연구를 진행하고 있으며,
『낙랑군호구부연구』(2010, 공저), 「진한초 주변민족에 대한 호적제도의 운영」(2012) 등의 논저가 있다.

인류 사분의 일:
맬서스의 신화와 중국의 현실, 1700~2000년

1판 1쇄 인쇄 2012년 8월 20일   1판 1쇄 발행 2012년 8월 30일

지은이 | 제임스 리·왕펑
옮긴이 | 손병규·김경호
편집인 | 신승운, 성균관대학교 동아시아학술원 02) 760-0781~4

펴낸이 | 김준영
펴낸곳 | 성균관대학교 출판부 02) 760-1252~4
등   록 | 1975년 5월 21일
주   소 | 110-745 서울특별시 종로구 성균관로 25-2

ⓒ 2012, 성균관대학교 동아시아학술원

값 18,000원
ISBN 978-89-7986-995-8 94910   978-89-7986-833-3(세트)

＊본 출판물은 2007년 정부(교육과학기술부)의 재원으로
    한국연구재단(구 학술진흥재단)의 지원을 받아 수행된 연구임
    (NRF-2007-361-AL0014)